딥테크 전쟁

시장을 파괴하는
창조적 독재자들

딥테크 전쟁

시장을 파괴하는 창조적 독재자들

이재훈(드라이트리) 지음

DEEP TECH WAR

DEEP TECH WAR

기술 패권의 시대,
무엇이 변하고 있는가?

‖‖‖

바야흐로 여러 기술들이 새롭게 등장하고, 관련 뉴스들이 쏟아지는 숨 가쁜 세상입니다. 우리에게 기술이 왜 중요한 것일까요? 기술로 세상을 이롭게 변화시킬 수 있을까요?

기술은 무언가 새로운 것을 만드는 능력을 의미합니다. 이러한 사전적 의미를 현대적인 관점에서 재해석해 보면, 어떤 것을 오랫동안 연구해서 갖춘 전문적인 능력이며, 이를 통해 우리 인간 생활에서 생산성과 효용을 높이는 가치를 만들어 내는 것이 바로 기술입니다. 우리가 구글에 기술이라고 검색하면, 1초도 안 되는 시간에 3,000만 개 이상의 검색 결과가 나옵니다. 엄청난 숫자지요. 왜 우리는 사방에서 기술을 외치고 있을까요? 21세기인 현재는 이미 인류 역사상 가장 발전되고 기술력이 높은 상태일 텐데 말이죠.

사람들이 기술을 외치는 이유는 여러 가지 요인에서 비롯된다고 생각합니다. 기술은 작업을 더 빠르고 효율적으로 수행할 수 있게 하여 효율성과 생산성을 향상시킵니다. 또한 기술은 새로운 제품과 서비스를 창출할 수 있는 기회를 제공하며, 이는 경제 성장과 새로운 시장 창출로 이어집니다. 인터넷과 스마트폰의 발명은 커뮤니케이션과 정보 접근 방식을 혁신적으로 변화시켰습니다. 더불어 의료 기술과 교육 기술 등 다양한 분야에서 기술은 삶의 질을 향상시킬 수 있는 잠재력을 가지고 있습니다. 원격 의료 서비스는 접근이 어려운 지역에 있는 사람들에게 의료 서비스를 제공할 수 있게 합니다. 나아가 기술은 환경 문제, 교통 문제, 에너지 문제 등 다양한 사회 문제를 해결하는 데 기여할 수 있습니다. 재생 에너지 기술은 기후 변화 문제를 완화하는 데 도움을 줄 수도 있습니다.

기술은 다양한 사회 문제를 해결하는 데 중요한 도구가 될 수 있습니다. 재생 에너지 기술은 화석 연료 의존도를 줄이고 온실가스 배출을 감소시킬 수 있으며, ICT 기술을 활용하여 전력망의 효율을 높일 수 있는 스마트 그리드smart grid 기술은 전력망의 효율성을 높이고 에너지 소비를 최적화할 수 있습니다. 또한, 원격 진료와 의료 모니터링 시스템은 병원 접근성이 낮은 지역에서도 양질의 의료 서비스를 제공받을 수 있게 하며, 빅데이터와 인공지능Artificial Intelligence, AI을 활용한 데이터 분석은 신약 개발과 질병 예측에 도움을 줄 수 있습니다. 교육 분야에서도 인터넷과 디지털 기기를 통해 전 세계 어디서나 교육을 받을 수 있게 하는 온라인 교육 플랫폼과 몰입감 있는 학습 환경을 제공하는 가상 현실ᵛᴿ 기술이 있습니다.

모빌리티mobility 기술 역시 다양한 효용을 기대할 수 있습니다. 전기차를 통해서는 내연기관internal combustion engine, ICE 차량 대비 탄소배출이 적어 기후문제 해결에 도움이 될 수 있다는 장점이 있습니다. 자율주행을 통해서는 운전에서 해방될 것이며, 기계가 운전하여 안전을 보장하는 가운데 주행 효율을 높일 수 있을 것으로 기대합니다. 로보택시robotaxi와 같은 새로운 비즈니스의 출현을 기대해 볼 수도 있습니다.

우주 로켓을 통해서 장기적으로는 달과 소행성에서 희귀광물을 채취할 수 있습니다. 또한 인간의 우주 탐사라는 과학적 탐구를 통해 인류의 지적 호기심을 해소하고, 더불어 우주 관련 첨단 기술을 통해 다양한 산업적 효용을 기대할 수 있습니다. 위성 체계는 위성 통신과 위성 사진 등 안보적으로도 중요한 요소입니다. 드론drone 역시 차세대 미래 기술로 군사 안보 분야에서 특히 중요한 위치를 차지하고 있으며, 긴급 의약품 배송 등에도 활용될 수 있는 기술적인 아이템입니다.

그러나 기술이 만능으로 모든 사회 문제를 해결할 수 있는 것은 아닙니다. 기술 발전이 모든 사람에게 동등한 혜택을 주지 않을 수 있으며, 디지털 격차는 사회적 불평등을 심화시킬 수 있습니다. 자율주행 기술로 인해 택시 운전사의 일자리가 위태로워질 수 있으며, 인간 운전자 없이 기계가 운전하는 차량에 사람이 다치거나 죽을 수도 있습니다. 또한 AI, 생명공학 등의 분야에서는 데이터 프라이버시와 같은 윤리적 문제가 제기될 수 있기에, 기술의 사용과 활용에 대해 사회에서 어디까지 수용할지에 대한 윤리적 기준과 규제가 필요합니다. 자동화와 AI의 발전은 인간 일자리를 대체할 수 있으며, 이는 노동 시장의 구조적 변화를 초래할 수 있습니다. 따라서 기술의 발전과 함께 사회적, 경제적 고려사항을 통합적으로 접근하는 것이 중요합니다.

정리해 보면, 기술은 효율성과 생산성을 높이고 새로운 혁신과 창의성을 촉진하며, 삶의 질을 향상시키고, 다양한 사회 문제를 해결하는 데 중요한 역할을 합니다. 그러나 기술의 한계와 부작용을 인식하고, 기술 발전의 혜택을 공정하게 나누기 위한 노력이 필요합니다. 윤리적 기준과 규제를 마련하고, 사회적 불평등을 줄이며, 노동 시장의 변화를 고려하는 통합적 접근이 중요합니다. 기술이 사회에 긍정적인 영향을 미치기 위해서는 이러한 다양한 측면을 함께 고려하는 포괄적인 관점이 필요합니다.

기술에 대한 강조, 딥테크와 하이테크
▶▶

그렇다면, 왜 사람들은 세상이 어디로 향하고 있는지에 대해 그토록 관심을 기울일까요? 아마 변동성과 복잡성이 높아진 시대에 빠르게 적응하고 변화하기 위한 것이 아닐까 싶습니다. 한국에서도 기술에 대한 관심이 점차 높아지고 있습니다. 2016년 3월 구글 딥마인드DeepMind의 알파고Alpha Go가 있었고, 2022년 11월 오픈AIOpenAI의 챗GPT가 있었습니다. 두 AI 모델은 한국 사회에 당시 큰 충격을 안겼습니다. 한국은 ICT 강국이고, 대외의존적 경제구조를 가졌으며, 미국과 중국의 사이에 끼어 있는 형국이기도 합니다. 기술의 중요성과 변화가 일어나는 바람의 방향에 예민하게 반응할 수밖에 없는 이유 중 하나입니다. AI 시대가 되면서 기술의 진화 속도는 더욱 빨라지고, 사회에 미칠 직간접적 영향도 상당히 크기 때문에 더욱 그런 측면도 있어 보입니다.

　기술에 대한 강조와 개념은 시대에 따라 여러 단어로 불리며 변화해 왔습니다. 현재를 포함하여 첨단기술 또는 하이테크High Technology, Advanced Technology라는 단어가 강조되는 경우가 종종 있습니다. 하이테크High-Tech는 새로운 제품 개발과 생산 과정이 복잡하고 수준이 높다는 의미에서 이렇게 이름이 붙여진 듯합니다. 제2차 세계대전 이후인 1950년대부터 군사 및 항공우주 관련 기술부터 컴퓨터와 전자 산업을 포함하여, 기술 혁신이 크게 발전한 분야를 지칭하는 단어가 되었습니다. 20세기 냉전 시기 미국과 소련의 기술 경쟁이 격화되었고, 이때 신기술은 곧 국가의 경쟁력으로 인식되어 고도화된 기술에 대한 국가 차원의 강조가 있던 시기입니다. '하이테크'라는 영어 단어가 일본에서 날카로운 기술 또는 가장 앞선 기술이란 의미로 '첨단 기술尖端技術'이란 단어로 번역되면서 한국에서도 첨단 기술이라는 의미로 광범위하게 쓰이게 되었습니다.

최근에는 딥테크Deep Technology라는 단어도 심심치 않게 찾아볼 수 있습니다. 딥테크는 하드테크Hard Technology로도 불립니다. 2010년대 스마트폰이 확산되면서 스마트폰과 인터넷을 결합한 다양한 플랫폼 서비스와 같은 비즈니스 형태가 등장했습니다. 딥테크는 이러한 비즈니스와는 다른 방식으로, 과학과 공학 기술을 기반으로 세상의 여러 문제를 해결하고자 하는 기술적인 접근을 의미합니다. 다시 말해, 컴퓨터 공학과 소재, 화학, 로봇, 에너지, 통신 등 다양한 분야에서 새로운 발견과 혁신들이 이어지면서, 어떤 과학 기술적인 문제를 해결하는 방법을 새롭게 찾아서 사회적인 가치를 만들어 내고자 합니다. 이러한 딥테크는 인터넷과 비즈니스 모델의 개선이 아니라, 실제 물리 세계의 비트와 원자를 근간으로 최전선에서 과학기술을 접목시키고자 하고 있습니다.

딥테크는 기존 기술의 한계를 극복하고, 과학적 발견과 첨단 엔지니어링 혁신을 통해 새로운 솔루션을 창출하고 있습니다. 전기차와 자율주행, 우주 탐사, 드론을 비롯하여 AI, 반도체, 로봇, 에너지, 통신, 바이오, 양자컴퓨터 등 다양한 분야를 포괄하고 있습니다. (여담으로 이번 책에서는 전기차와 자율주행, 우주, 드론 등 모빌리티를 중심으로 다루고, 다음 책에서 AI, 반도체, 로봇, 에너지, 통신, 바이오, 양자컴퓨터에 대해서도 살펴볼 예정이니, 많은 관심 부탁드립니다.)

딥테크는 기술적 진보를 통해 전통적인 기술적 업그레이드를 넘어서는 심도 있는 연구개발R&D을 근간에 두고 있습니다. 산업과 사회 전반에 걸쳐 급격하고 근본적인 변화를 일으킬 수 있는 잠재력을 지니고 있으며, 이러한 점에서 딥테크는 점차 국가의 경쟁력 강화와 지속 가능한 경제 성장의 필수적 동력으로 인식되고 있습니다.

이렇게 딥테크는 국가 경쟁력의 핵심적인 요소로 자리 잡고 있습니다. 딥테크 기술들은 높은 기술 장벽과 오랜 개발 기간을 필요로 하지만, 성공적으로 구현될 경우 산업 전반에 걸쳐 심대한 영향을 미치며 새로운 경제적 기회를 창출할 수 있습니다. 특히, 딥테크 역량을 보유한 국가는 기술 주권을 확보함으로써 상대적으로 다른 국가에 대한 의존도를 줄일 수 있고, 글로벌 경쟁에서 우위를 점할 수 있습니다. AI나 반도체와 같은 첨단 기술은 국가 간 경쟁에서 결정적인 요소로 작용할 수 있습니다. 딥테크를 통해 얻는 기술적 우위는 경제적 번영만 아니라 국가 안보에도 중대한 영향을 미치며, 이는 주권과 국가의 존망까지 연결될 수 있습니다.

왜 딥테크인가?
왜 모빌리티인가?
▶▶

저는 여러 딥테크 중 전기차, 자율주행, 우주 개발, 드론과 같은 모빌리티 기술에 초점을 맞췄습니다. 이는 모빌리티 분야야말로 인간과 사회가 처한 문제를 가장 피부로 와닿게 해소해 줄 수 있는 기술 분야 중 하나이기 때문입니다. 다시 말해, 현대 인류가 당면한 도시 문제와 인구 집중으로 인한 차량 혼잡 등 교통 문제를 해결하기 위해서 즉, 공동체 문제를 해결하고 싶은 사람들의 마음이 모여 기술을 찾게 되고, 모빌리티에 대한 관심으로 이어졌습니다. 비단 자율주행autonomous driving, AV과 전기차electric vehicle, EV와 같은 지상의 탈 것만이 대상이 아니라, UAMurban air mobility을 포함한 드론과 우주 로켓space rocket과 같은 하늘의 이동 수단까지도 현재 인류가 당면한 생존 문제를 해결하고, 미래 비전을 찾기 위한 사람들의 관심 대상이 되고 있습니다.

이렇듯 제가 모빌리티에 대해 강조하는 이유 중 하나는 인류 문명의 역사가 결국 이동 수단의 발전과 궤를 같이했기 때문입니다. 기원전 수천 년 전의 문명 초기부터 시작되는 바퀴에서 시작하여, 1886년 칼 벤츠Karl Benz가 만든 내연기관 자동차와 헨리 포드Henry Ford의 자동차 보급을 위해 양산한 모델 T의 등장, 철도와 도로의 확장까지 이제 모든 도시의 기본 프레임과 인프라는 도로망 구축과 도로 계획에서 시작하고, 모빌리티 없는 삶은 생각하기 힘듭니다.

모빌리티를 통한 사람과 물자의 이동은 우리 삶에 매우 중요합니다. 산업혁명을 통한 내연기관의 발명과 정보혁명을 통한 컴퓨터와 인터넷, 스마트폰의 확산이 있었습니다. 스마트폰 이후에는 무엇이 세상을 바꿀까요? 여러 기술들이 세상을 바꾸는 데 영향을 줄 수 있겠지만, 저는 모빌리티가 그려 나갈 미래를 말하고 싶습니다.

스마트폰이 모빌리티로 들어오면서 이제 지상과 하늘의 이동 수단은 단순히 하드웨어에 그친 '탈 것'이라는 기능적 수단이 아니고, 소프트웨어와 서비스로 무장하여 탑승자user와 소통human-computer interaction, HCI하는 공간으로서 새로운 가치를 우리에게 줄 것입니다.

기술의 시작은 인간의 삶을 개선하는데 도움이 되기 위한 활동이었습니다. 우리가 가진 기술들로 현대 사회에 놓인 여러 문제들을 해결하는 데 기여할 것입니다. 하지만 그것이 '저절로' 되진 않을 것입니다. 우리 사회 구성원들이 기술을 이해하고, 우리 사회에서 어떻게 받아들여 소비할지, 수반되는 사회적 영향들을 검토하고, 잠재적인 문제점들은 어떻게 극복해 나갈 것인지에 대해 충분히 소통하고, 사회적으로 논의할 수 있는 공론장 형성이 필요합니다.

기술 경쟁을 넘어 안보 자산으로
▶▶

최근 과학과 기술이 공학이라는 범주를 넘어서 정치적 질서 내지는 패권hegemony이라는 국제정치경제international political economy, IPE의 키워드와 맞물려 주요 안보 사안으로 주목받고 있습니다. 전통적인 안보는 국경이라는 물리적인 공간 안에서 국토와 주권을 지키기 위해서 다른 국가로부터의 군사적 도발 또는 무력 침공에 대한 대비와 억지deterrence 차원에서 고려되었습니다. 이와 대비되는 신안보emerging security는 21세기 들어 등장한 개념으로, 전통적인 군사적 위협뿐만 아니라 테러리즘, 사이버 공격, 기후 변화, 전염병, 인신매매, 난민 문제 등 비군사적 위협을 포함합니다. 따라서 이러한 문제들은 국경

딥테크 전쟁, 시장을 파괴하는 창조적 독재자들

을 초월한 글로벌 협력과 다차원적 접근을 통해 해결해야 합니다.

코로나19 팬데믹 이후, 기술은 새로운 안보재로 떠올랐습니다. 특히 미국과 중국 간의 패권 경쟁으로 인해 첨단산업 기술이 안보재로 간주되는 경향이 트럼프 행정부와 바이든 행정부를 거치며 더욱 강화되었습니다. 기술 안보technology security는 이제 단순한 기업 차원에서 대응할 수 있는 사안이 아니라, 국가의 핵심 이익과 직결된 문제로 국가 안보 차원에서 다뤄지고 있습니다. 특히, 미국과 중국 간의 기술 경쟁은 다음의 3가지 주요 사건들을 통해 드러났으며, 시간이 지날수록 격화되고 있습니다.

첫째, 2018년부터 시작된 화웨이Hwawei 통신장비의 보안 우려로 인해 미국과 파이브 아이즈Five Eyes 국가들이 화웨이 제품 사용을 금지하였습니다. 파이브 아이즈는 미국의 가장 가까운 동맹국들을 지칭하는 단어로, 미국과 영국, 캐나다, 호주, 뉴질랜드로 구성된 정보 공유 동맹입니다. 이어서 2019년부터 트럼프 대통령은 행정명령을 통해 미국 기업의 화웨이 장비 사용도 금지했습니다.

둘째, 2021년 당시 미국 한 유명 대학교에 재직 중이었던 교수가 중국의 천인계획에 참여한 혐의로 기소되었습니다. 천인계획은 중국이 해외 인재를 유치하기 위한 전략으로, 선진 국가들의 연구 성과를 탈취하려는 시도로 여겨 지기도 합니다. 이와 유사한 사건들이 일본과 한국에서도 있었습니다.

셋째, 미국은 중국의 반도체 굴기를 견제하기 위해 네덜란드의 글로벌 반도체 장비 업체인 ASML과 협력하여 중국에 대한 극자외선^{EUV} 노광기 수출을 금지하고 있습니다. 이러한 규제로 인해 중국의 반도체 기업들은 첨단 공정 기반의 차세대 칩 생산에 어려움을 겪고 있다고 전해집니다.

경제 안보와 기술 안보는 최근에 중요성이 대두된 개념으로, 관련 연구와 법제도는 현재 시점에서도 계속 진화하고 있습니다. 미국과 중국의 기술 경쟁은 단순한 기술적 경쟁을 넘어 양국 간의 상호 견제와 불신을 초래하고 있으며, 이는 세계적인 경제와 안보 환경에도 큰 영향을 미치고 있습니다. 이제 국가의 기술 경쟁력과 미래 경제의 먹거리인 첨단 기술 분야가 국가의 핵심 이익으로 정의되고 있으며, 동맹과 적이라는 구도를 떠나 개별 국가들은 눈물겹게 치열한 생존 경쟁 속에서 각자의 국익을 지키기 위해 고군분투하고 있는 상황입니다.

이처럼 세계 각국은 자국의 산업 기술 경쟁력을 확보하기 위해 치열하게 경쟁하고 있습니다. 과거에는 첨단 기술과 관련된 접근이 주로 기업 및 산업 수준에서 경제적인 이유에서 기술 보안을 요구했다면, 현재는 국가적 차원에서 첨단 기술을 안보 자산으로 인식하고 전략을 수립할 필요성이 있습니다. 이를 위해 기술 안보의 국가적 전략 수립 및 법제도 강화, 관련 정부 조직의 기능 강화, 기술 안보 강화를 위한 외교적 노력 확대 등 제도적 및 정책적 차원에서의 노력이 요구되는 상황입니다.

모빌리티 중심의 첨단 기술 전쟁
▶▶

이 책에서 기본적으로는 첨단 기술 경쟁과 지정학적 상황을 중심으로, 각국의 주요 기술과 기업들의 이야기를 다룰 예정입니다. 세부적으로 들어가서 전기차, 자율주행, 우주 개발, 드론 등 4가지 기술을 중심으로 다룰 것입니다. 각 기술 분야별로 그 기술의 탄생, 미국과 중국 등 주요 국가들의 정책 동향과 더불어 글로벌 기업들이 생존을 위해 고군분투하는 모습을 다룰 것입니다. 이를 통해 각국 정부와 기업들의 전략을 비교·분석하고, 한국이 나아갈 길을 탐구하고자 합니다.

1장에서는 전기차를 다룹니다. 전기차의 역사는 증기기관이 아닌 전기로 탈 것을 움직여 보자는 개념에서 시작되었습니다. 1879년 지멘스Siemens의 전기기관차 개발과 1897년 뉴욕의 전기택시 서비스로 시작된 전기차 이야기를 전합니다. 1920년대 석유 산업의 발전과 포드Ford 모델 T의 양산으로 내연기관이 시장을 지배하기 시작했지만, 1990년대 토요타Toyota 프리우스Prius의 등장으로 하이브리드 전기차라는 새로운 가능성이 열렸습니다. 테슬라Tesla는 지난 백여 년간 내연기관의 헤게모니를 전기차로 빠르게 전환하며, 모델 3와 모델 Y의 양산을 통해 전기차 시장을 선도하고 있습니다. 중국은 CATL(씨에이티엘, 중국어로는 닝더스다이宁德时代), BYD(비야디比亚迪), 니오(NIO, 중국어 기업명 웨이라이蔚来) 등의 기업들이 전기차 및 배터리 분야에서 고군분투하고 있으며, 한국은 배터리 메이저 3사(LG에너지솔루션, 삼성SDI, SK온)를 중심으로 전기차 시장에서 중요한 위치를 차지하고 있습니다.

2장은 자율주행입니다. 자율주행 기술의 시작은 미국 국방부Department of Defense, DoD의 방위고등연구계획국DARPA의 자율주행 챌린지였습니다. 1999년 창업한 이스라엘의 모빌아이Mobileye는 첨단운전자보조시스템ADAS을 상용화하며 자율주행 기술 발전에 기여했습니다. 미국에서는 테슬라, 웨이모Waymo, 크루즈Cruise 등이 자율주행 기술을 선도하고 있으며, 미국 내에서도 캘리포니아, 애리조나, 텍사스 등 주state 간의 혁신 경쟁이 치열합니다. 중국의 바이두Baidu와 포니AIPony.ai는 정부의 전폭적인 지원을 받아 자율주행 기술을 빠르게 발전시키고 있습니다. 한국 역시 정부의 자율주행 기술 육성 정책과 기업들의 혁신을 통해 자율주행 시장에서 경쟁력을 키워가고 있는 상황입니다.

3장에서는 우주로 갑니다. 우주 개발의 역사는 독일의 V2 로켓에서 시작하여, 소련의 스푸트니크Sputnik, 미국의 아폴로 11호로 이어집니다. 미국 항공우주국National aeronautics and space administration, NASA은 우주왕복선space shuttle 프로그램을 30여 년간 운영하기도 했습니다. 우주 공간에 인간이 머물며 다양한 과학실험을 할 수 있는 환경을 구축하기 위한 노력도 이어졌습니다. 러시아의 미르Mir 우주정거장도 있었고, 이후에 미국 주도로 여러 국가가 함께 참여한 국제우주정거장International Space Station, ISS이 운영되고 있습니다. 스페이스XSpaceX는 팰컨 9Falcon 9, 팰컨 헤비Falcon Heavy, 스타십Starship을 통해 민간 주도의 뉴

스페이스New Space 시대를 열었습니다. 블루 오리진Blue Origin은 인력 쟁탈전과 치열한 경쟁을 둘러싼 여러 어려움에도 불구하고 NASA가 추진 중인 아르테미스Artemis 프로그램에 참여하여 달 착륙선을 개발하고 있습니다. 중국은 정부 주도의 강력한 우주 탐사 드라이브와 더불어, 갤럭시 스페이스Galaxy Space와 랜드 스페이스Land Space 등의 민간 기업을 통해 우주 개발에서 미국을 빠르게 추격하고 있습니다. 한국은 한국형 발사체인 누리호와 달 탐사선인 다누리의 성공과 함께 우주항공청 설립 등 우주 개발을 위한 노력을 계속해서 이어가고 있습니다.

4장은 미래 항공 모빌리티인 드론입니다. 드론은 2차 세계대전 당시 훈련용 타깃으로 사용되었으며, 1980년대 이스라엘의 무인 정찰기 파이오니어Pioneer와 1990년대 미국의 프레데터Predator 드론을 통해 군사적으로 활용되었습니다. 최근 러시아-우크라이나 전쟁에서도 군사용 드론의 존재감이 여실히 드러났습니다. 현재 상업용 드론 시장에서 중국의 DJI는 방송, 영상 등 다양한 상용 분야에서 강자로 자리매김하고 있습니다. 미국은 방산, 배달 등 다양한 분야에서 드론을 활용하고 있습니다. 한국 역시 드론 산업 발전을 위해 다양한 정책과 지원을 마련하고 있습니다.

마지막 결론에서는 우리의 미래를 위해 필요한 인재 양성과 기술 고도화 전략 등을 논하고자 합니다. 아울러 테슬라와 스페이스X의 성공 사례를 통해 민관 협력의 중요성을 살펴볼 것입니다. 기술 혁신을 위해서는 다양한 사회적 공론장이 형성되어야 하며, 기술이 사회에 미칠 영향을 심도 있게 논의하는 데 조금이나마 보탬이 되고자 합니다.

이 책을 통해 딥테크를 둘러싼 정부와 기업들의 치열한 도전과 변화를 최대한 읽기 쉽게 구성하였으며, 각국의 정책과 기업들의 생존전략 이야기들을 통해 우리의 대안을 찾고자 했습니다. 전기차, 자율주행, 우주 개발, 드론의 4가지 모빌리티 기술 분야에 대한 이해와 관심을 조금이나마 넓힐 수 있는 계기가 되기를 바랍니다.

1장

전기차,
세계 경제를 지배할
EV 전쟁

DEEP

TECH

WAR

전기를 동력으로, 전기차의 탄생

인류 역사에서 산업혁명은 중요한 변곡점 중 하나입니다. 18~19세기 영국에서 시작된 산업혁명은 증기기관을 활용해서 물을 끓였을 때 발생하는 수증기의 힘으로 만들어 낸 동력을 여러 산업 현장과 실생활에서 활용하는 것에서 시작하였습니다. 1769년 제임스 와트James Watt는 기존 증기기관인 뉴커먼Newcomen의 방식보다 효율을 높일 수 있는 개량법을 고안하여 증기기관에 대한 특허를 취득하였고, 빠르게 상업화되면서 광산 갱도에서 물을 퍼내는 기계에 적용하거나 목화에서 실을 뽑아 면을 만드는 기계를 돌리는 데에도 활용되었습니다. 이후 증기기관차(철도)와 증기선(배) 등 교통 혁신에도 기여했습니다. 이렇게 산업 분야에 혁신을 가져온 공로를 인정받아 전력의 단위인 와트W를 제임스 와트의 이름에서 따오게 됩니다.

베르너 폰 지멘스Werner von Siemens는 독일의 발명가이자 기업가입니다. 현재 유럽 최대 규모의 기술 기업 중 하나인 지멘스를 설립했고, 전기 기술 발전에 크게 기여했습니다. 1879년, 지멘스는 베를린에서 열린 산업 박람회(베를린 공업 박람회)에서 전기기관차를 공개했습니다. 지멘스의 초기 전기기관차는 전기로 구동되는 모터를 이용하여 레일 위를 주행했습니다. 해당 전기기관차는 약 3톤의 무게를 견딜 수 있었고, 지상에 설치된 전선으로부터 전력을 공급받았습니다. 전력은 바퀴와 연결된 전기 모터로 전달되어 차량을 움직이게 했습니다. 전압은 150V였으며, 최대 속도는 시속 약 13km였습니다. 이는 철도 기술의 새로운 가능성을 보여주었으며, 전기철도가 증기기관을 대체할 수 있음을 입증하였습니다. 이후 전기철도 시스템은 유럽과 미국에서 점차 확대되었습니다. 특히, 도시 교통 시스템에서 트램tram과 같은 형태로 널리 사용되었습니다.

지멘스의 전기기관차 개발은 철도 산업에 혁신을 가져왔습니다. 전기철도는 증기기관에 비해 효율적이고, 배출가스가 없으며, 운행 비용이 낮았습니다. 지멘스의 전기기관차는 현대 전기철도의 기초를 마련했습니다. 오늘날 전 세계적으로 사용되는 고속철도, 도시철도, 트램 시스템 등은 모두 이 초기 전기기관차 콘셉트에서 발전한 것입니다.

전기차의 폭발적 인기와 한계

▶▶

1897년 뉴욕에서는 전기택시 서비스가 도입되었습니다. 당시 뉴욕의 도심은 마차와 초기 자동차들로 가득 차 있었고, 이러한 상황에서 전기택시는 매우 혁신적인 이동 수단으로 주목받았습니다. 이 전기택시는 일렉트로바트electrobat라는 이름으로 불렸으며, 50여 대 정도가 뉴욕 거리에서 운행되었습니다. 전기자동차는 내연기관 자동차보다 조용하고 환경친화적이며 유지보수 비용이 적은 강점이 있었습니다. 이 전기택시는 충전식 배터리를 사용하여 약 25마일(약 40km)의 주행 거리를 제공했으며, 최고 속도는 시속 20마일(약 시속 32km)에 달했습니다. 운전자는 차량의 뒷자리에 위치한 배터리 팩을 쉽게 교체할 수 있었기 때문에 운행 중 배터리가 방전되더라도 신속하게 교체하여 서비스를 지속할 수 있었습니다. 당시로서는 매우 획기적인 것이었습니다.

전기택시는 조용하고 매연이 없어서 승객과 보행자들에게 큰 호응을 얻었습니다. 그러나 전기택시 서비스는 여러 가지 도전에 직면했습니다. 배터리 기술의 한계로 인해 주행 거리가 제한적이었고, 충전 인프라의 부족은 택시 운영에 어려움을 주었습니다. 또한, 당시의 내연기관 자동차 기술이 빠르게 발전하면서 전기택시는 점차 경쟁력을 잃게 되었습니다. 결국 전기택시 서비스는 몇 년 만에 중단되고 말았습니다. 이 시도는 실패로 끝났지만, 전기자동차의 가능성을 엿볼 수 있는 사례였습니다.

1900년대 초반, 미국에서는 전기자동차가 상당한 인기를 끌었습니다. 당시 전체 판매 차량 중 30% 이상이 전기차였을 정도로 전기차는 주요 이동 수단 중 하나였습니다. 이는 오늘날의 시각에서 보면 놀라운 일이지만, 당시의 기술적, 사회적 상황을 고려하면 이해할 수 있는 현상이었습니다. 내연기관 자동차와 증기 자동차도 존재했지만, 전기차는 몇 가지 주요 장점 덕분에 많은 소비자들에게 매력적이었습니다. 전기차의 가장 큰 장점 중 하나는 조용하고 깨끗한 운행이었습니다. 내연기관 자동차는 소음이 크고 배기가스가 많아 환경오염을 유발했으며, 증기 자동차는 시동을 거는 데 시간이 많이 걸리고 조작이 어려웠습니다. 반면, 전기차는 소음이 거의 없고 매연이 없어 도시 환경에서 특히 인기가 높았습니다. 또 다른 장점은 운전하기 쉽다는 점이었습니다. 당시 전기차는 기어 변속이 필요 없었고, 시동도 쉽게 걸 수 있어서 특히 여성 운전자들 사이에서 인기를 끌었다고 합니다. 단거리 시내 주행에서 전기차가 주목받았던 시기입니다.

그러나 20세기 초 전기차의 인기는 오래 가지 않았습니다. 당시의 전기차는 배터리 기술의 한계로 인해 주행 거리가 짧고 충전 인프라가 부족했습니다. 이에 반해 내연기관 자동차는 주유소 인프라가 빠르게 확산되면서 장거리 운행이 가능해졌습니다. 헨리 포드가 1908년에 출시한 모델 T는 내연기관 자동차의 생산 비용을 크게 낮추어 대중화에 기여했습니다. 이로 인해 내연기관 자동차는 더 저렴하고 실용적인 선택으로 자리 잡게 되었고, 전기차는 점차 시장에서 밀려나게 되었습니다. 전기차의 초기 인기는 기술적 가능성과 사회적 요구가 맞아떨어진 결과였습니다. 비록 당시의 전기차는 기술적 한계로 인해 주류에서 밀려났지만, 이 경험은 전기차의 잠재력을 보여준 중요한 사례였습니다. 이후 20세기 말부터 전기차는 환경 문제와 에너지 효율성에 대한 관심이 높아지면서 다시 주목받기 시작했습니다.

하이브리드 혁신
▶▶

1920년대에 들어서면서 석유 산업의 발전과 헨리 포드의 모델 T 의 양산은 자동차 시장의 판도를 급격히 바꾸어 놓았습니다. 이 시기는 미국 경제와 산업의 큰 변화를 가져왔고, 자동차 산업에서도 중요한 전환점이 되었습니다. 석유 산업의 발전은 내연기관 자동차의 연료 공급을 안정적으로 만들었고, 이는 내연기관 자동차의 보급에 중요한 역할을 했습니다. 석유 산업의 발전은 대규모 정유 공장의 설립과 광범위한 유통망 구축으로 이어졌고, 이러한 인프라를 기반으로 휘발유 가격을 낮출 수 있었습니다. 이는 차량 소유와 장거리 운행 확대로 이어졌습니다. 휘발유의 접근성이 향상되면서 내연기관 자동차는 더 많은 소비자에게 매력적인 대안으로 다가왔습니다. 이는 전기차와 증기 자동차가 제공하지 못했던 강력한 장점이었습니다.

또한, 헨리 포드의 모델 T는 자동차 산업에 혁신을 불러일으켰습니다. 포드는 이동 조립라인 방식을 도입하여 생산 효율성을 극대화했고, 이로 인해 자동차 생산 비용을 크게 줄일 수 있었습니다. 모델 T는 1908년에 처음 출시된 이후 가성비가 높아 시장에서 빠르게 인기를 끌었고, 1920년대에는 미국 내 자동차의 절대 다수를 차지하게 되었습니다. 모델 T의 대중화는 자동차를 부자들의 전유물에서 일반 대중의 일상적인 교통수단으로 변화시켰습니다. 석유 산업의 발전과 모델 T의 대량 생산은 내연기관 자동차가 시장을 장악하는 데 결정적인 역할을 했습니다. 이 시기의 변화는 자동차 산업의 방향을 장기적으로 결정지었으며, 내연기관 자동차의 지배력은 이후 수십 년간 지속되었습니다.

1990년대는 자동차 산업에 또 다른 혁신의 시기였습니다. 토요타는 1997년 하이브리드 자동차인 프리우스를 출시했습니다. 프리우스는 내연기관과 전기 모터를 결합하여 연비를 극대화하고 배기가스를 줄이는 기술적 진보를 보여주었습니다. 프리우스의 양산은 자동차 업계와 소비자들에게 큰 반향을 일으켰습니다. 하이브리드 기술은 내연기관의 한계를 극복하면서도 전기차의 장점을 일부 제공할 수 있는 해결책으로 평가받았습니다. 프리우스는 연비 효율성과 환경 친화적인 특성으로 많은 소비자의 관심을 끌었으며, 토요타는 이 모델을 통해 친환경 자동차 시장에서 선도적인 위치를 확보하게 되었습니다. 이로 인해 다른 자동차 제조사original equipment manufacturer, OEM들도 하이브리드 기술에 대한 관심을 갖게 되었습니다.

그러나 1990년대와 2000년대 초반에도 신차 판매의 대부분은 여전히 내연기관 자동차가 차지하고 있었습니다. 이는 여러 맥락에서 설명될 수 있습니다. 우선, 내연기관 자동차는 이미 공고히 유지되고 있는 주유소 인프라와 기술적 안정성을 바탕으로 대중에게 익숙하고 신뢰할 수 있는 선택이었습니다. 또한, 하이브리드 자동차와 전기자동차의 초기 비용이 높았기 때문에 많은 소비자들이 경제적인 이유로 내연기관 자동차를 선호했습니다. 이에 따라 내연기관 차량은 여전히 시장의 주류를 이뤘습니다. 토요타 프리우스의 출시는 하이브리드 기술의 가능성을 보여준 중요한 사례이지만, 당시 자동차 시장에서 내연기관 자동차의 우세를 넘어서기에는 한계가 있었습니다. 하이브리드와 전기차 기술은 지속적으로 발전하고 있었지만, 소비자들의 인식 변화와 경제적 장벽을 극복하는 데 시간이 필요했습니다.

오늘날까지도 내연기관 자동차는 여전히 중요한 비중을 차지하고 있지만, 하이브리드 및 전기차의 비중은 점차 증가하고 있습니다. 그리고 이는 미래 자동차 산업의 방향성을 시사하는 부분입니다.

테슬라,
전기차 시대를 열다

테슬라의 등장은 전 세계 자동차 산업에 혁신을 가져왔으며, 특히 전기차 시대를 앞당기는 데 중요한 역할을 했습니다. 100년 이상 지속된 내연기관 자동차의 헤게모니를 전기차로 전환한 이 회사의 여정은 하나의 경이로운 이야기입니다.

20세기 초부터 내연기관 자동차는 전 세계 도로를 지배했습니다. 헨리 포드가 대량 생산 체제를 도입한 이후, 자동차는 개인 교통수단으로서 자리 잡았고, 이는 현대 사회의 여러 측면에 깊이 영향을 미쳤습니다. 내연기관 자동차는 사람들의 이동을 자유롭게 했으며, 도시와 교외의 확장을 촉진시켰습니다. 하지만 이러한 발전은 동시에 환경 오염과 같은 심각한 문제를 야기하기도 했습니다. 21세기에 접어들면서, 환경 보호와 지속 가능한 발전에 대한 요구가 높아

딥테크 전쟁, 시장을 파괴하는 창조적 독재자들

졌습니다. 이 시점에서 테슬라는 전기차의 가능성을 재조명하며 자동차 산업에 새로운 방향을 제시했습니다.

일론 머스크와의 운명적 만남
▶▶

2003년, 마틴 에버하드Martin Eberhard와 마크 타페닝Marc Tarpenning은 테슬라 모터스를 공동 설립했습니다. 마틴 에버하드와 마크 타페닝, 이 두 창립자는 전기차가 환경 친화적이며 고성능일 수 있다는 믿음을 가지고 있었습니다. 이들은 기존의 내연기관 자동차를 대체할 전기차의 잠재력을 확신했고, 이를 통해 자동차 산업에 혁신을 일으키고자 했습니다. 초기 테슬라는 로드스터Roadster라는 스포츠카를 개발하기 위해 전념했으며, 이는 리튬이온 배터리를 사용한 최초의 전기 스포츠카로 자리매김할 예정이었습니다.

일론 머스크Elon Musk는 처음에 투자자 신분으로 테슬라와 만납니다. 당시 일론 머스크는 2002년 페이팔PayPal을 이베이에 매각한 후 많은 자금을 확보한 상태였습니다. 그는 지속 가능한 에너지와 관련된 프로젝트에 투자하는 것에 많은 관심을 가지고 있었습니다. 일론 머스크는 2002년 스페이스X를 설립하여 우주 탐사와 관련된 혁신을 추구하고 있었으며, 전기차 분야에도 관심이 많았다고 합니다. 2004년, 테슬라는 첫 번째 시리즈 A 투자 라운드를 진행했습니다. 일론 머스크는 이때 테슬라에 투자하면서 테슬라의 최대 주주가 되었고, 이사회 의장으로도 임명되었습니다. 일론 머스크는 전기차의 상용화를 통해 환경 문제를 해결하고자 하는 강한 의지를 가지고 있었습니다. 그의 비전은 단순히 고급 스포츠카를 만드는 것에 그치지 않고, 대중적인 전기차를 통해 자동차 산업 전체를 변화시키는 것이었습니다. 일론 머스크의 리더십 하에, 테슬라는 이후 기술 개발과 생산 공정에서 많은 혁신을 이루었습니다.

2007년, 테슬라는 로드스터의 생산과정에서 많은 어려움을 겪었습니다. 기술적 문제와 생산 비용 상승으로 인해 회사는 심각한 재정 위기를 맞게 된 것입니다. 이 시기 일론 머스크는 추가적인 자금을 투입하고, 경영진을 재편성하여 회사를 안정시키기 위해 노력했습니다. 그는 CEO로서 직접 회사를 이끌기 시작했고, 강력한 리더십을 발휘하였습니다. 2008년, 테슬라는 마침내 로드스터의 첫 번째 양산형 모델을 출시했습니다. 이는 상업적으로 큰 성공을 거두었으며, 테슬라의 기술력과 혁신성을 입증하는 계기가 되었습니다. 일론 머스크는 이를 바탕으로 더 많은 모델을 개발하고, 보다 대중적인 전기차를 출시하는 계획을 추진하게 되었습니다.

2009년, 테슬라는 모델 S^Model S의 프로토타입을 공개하며 고급 세단 시장에도 진출할 계획을 발표했습니다. 모델 S는 테슬라의 기술력과 디자인을 집대성한 모델로, 이후 테슬라의 성공에 중요한 역할을 하게 됩니다. 일론 머스크는 지속 가능한 에너지 솔루션을 제공하기 위해 배터리 기술과 에너지 저장 장치 개발에도 투자하며, 테슬라를 단순한 자동차 제조업체가 아닌 종합 에너지 기업으로 성장시키기 위한 노력을 계속했습니다.

기사회생과 폭발적 성장
▶▶

테슬라의 성장에는 여러 요인이 있지만, 미국 정부의 역할도 자리잡고 있습니다. 테슬라의 성공적인 성장 과정에서 미국 에너지부 Department of Energy, DoE의 대출 프로그램이 중요한 역할을 했습니다. 특히 모델 S의 양산 과정에서 이 대출은 결정적인 기여를 했습니다. 이 이야기는 테슬라의 초기 생존과 성장을 이해하는 데 중요한 요소로, 회사의 역사에서 중요한 전환점을 나타냅니다. 2008년 글로벌 금융 위기 여파로 인해 테슬라는 심각한 재정적 어려움에 직면했습니다. 테슬라의 로드스터는 기술적으로는 성공했지만, 높은 생산 비용과 상대적으로 작은 스포츠카 시장으로 인해 회사의 재정 상태는 악화되었습니다. 추가적인 자금 조달 없이는 지속 가능한 성장을 기대하기 어려웠습니다.

이러한 상황에서 미국 에너지부의 첨단 기술 차량 제조Advanced Technology Vehicles Manufacturing, ATVM 대출 프로그램이 등장했습니다. 이 프로그램은 친환경 차량 기술 개발을 촉진하기 위해 2007년에 시작되었으며, 자동차 제조업체들이 에너지 효율적인 차량을 개발하고 생산하는 데 필요한 자금을 지원하는 것을 목적으로 했습니다. 2009년, 테슬라는 ATVM 프로그램에 4억 6,500만 달러의 대출을 신청했습니다. 이 대출은 테슬라가 모델 S의 연구, 개발, 생산을 위해 필요한 자금을 조달하는 데 중대한 역할을 할 예정이었습니다. 테슬라는 신청 과정에서 모델 S의 기술적 혁신성과 에너지 효율성, 그리고 시장 잠재력을 강조했습니다. 2009년 6월, 테슬라는 ATVM 프로그램으로부터 대출 승인을 받았습니다. 그리고 이 대출은 테슬라가 모델 S의 연구, 개발, 생산을 위해 필요한 자금을 조달하는 데 중대한 역할을 하게 됩니다.

대출을 받은 테슬라는 캘리포니아 프리몬트Fremont에 위치한 NUMMINueva United Motor Manufacturing, Inc. 공장을 매입하고, 이를 모델 S의 생산 시설로 전환할 수 있었습니다. NUMMI 공장은 이전에 제너럴 모터스와 토요타의 합작 공장이었으며, 테슬라가 이를 인수함으로써 생산 능력을 크게 확장할 수 있었습니다.

미국 에너지부의 대출 승인 이후, 테슬라는 모델 S의 개발과 생산을 가속화 할 수 있었습니다. 모델 S는 테슬라가 처음으로 대량 생산을 목표로 한 전기 세단이었으며, 회사의 장기적인 성공에 중요한 기여를 할 것으로 기대되었습니다. 모델 S는 뛰어난 성능, 긴 주행 거리, 혁신적인 디자인을 특징으로 하여 전기차 시장에서 큰 주목을 받았습니다. 프리몬트 공장은 테슬라의 생산 중심지로 탈바꿈했습니다. 테슬라는 이 공장을 첨단 생산 시설로 개조하고, 모델 S의 생산을 위한 설비와 인프라를 구축했습니다. 이는 모델 S의 품질과 생산 효율성을 높이는 데 중요한 역할을 했습니다. 또한, 테슬라는 공장 인근 지역에서 많은 일자리를 창출하며 지역 경제에도 긍정적인 영향을 미쳤습니다.

2012년, 테슬라는 마침내 모델 S를 출시했습니다. 모델 S는 출시 직후부터 전 세계적으로 큰 인기를 끌며, 테슬라의 명성을 높이는 데 기여했습니다. 모델 S는 높은 성능과 긴 주행 거리, 세련된 디자인으로 많은 찬사를 받았으며, 여러 자동차 관련 상을 수상했습니다. 특히, 자동차 전문 매체 〈모터 트렌드Motor Trend〉의 '2013 올해의 차'에 선정되기도 했습니다. 모델 S의 성공은 테슬라의 재정 상태를 개선하고, 회사의 성장 가능성을 입증하는 중요한 계기가 되었습니다. 이 성공은 또한 테슬라가 모델 3와 같은 대중적인 전기차를 개발하고 생산하는 데 필요한 자금 확보에도 도움이 되었습니다.

성공 뒤에 숨겨진 치열한 노력
▶▶

일론 머스크의 비전 하에 테슬라는 자동차 제조업체를 넘어, 종합 에너지 기업으로 성장해 나갔습니다. 미국 에너지부의 대출은 단순히 자금 지원을 넘어, 테슬라가 전기차 시장에서 리더로 자리매김하는 데 중요한 촉매제가 되었습니다. 이 대출은 테슬라가 초기의 재정적 어려움을 극복하고, 혁신적인 제품을 개발하는 데 필요한 자금을 제공함으로써 테슬라의 성공에 기여했습니다. 또한 다른 전기차 제조업체들에게도 중요한 선례가 되었으며, 지속 가능한 교통 수단 개발을 촉진하는 데 중요한 역할을 했습니다.

하지만, 모델 S의 성공에도 불구하고 시장에서 요구하는 기준은 높았습니다. 시장에서는 테슬라가 높은 수준의 양산 능력manufacturing capacity을 보여주기를 기대하고 있었기 때문입니다. 이러한 고난의 여정은 테슬라 모델 3 양산 과정에 잘 담겨있습니다. 테슬라 모델 3의 생산 과정은 일론 머스크와 테슬라에게 매우 큰 도전이자 중대한 변곡점이었습니다. '양산 지옥production hell'이라는 표현은 일론 머스크가 직접 사용한 단어로, 모델 3의 대량 생산을 달성하는 데 겪은 극심한 어려움과 복잡성을 묘사하고 있습니다. 이는 테슬라의 성장과 성공의 뒤편에 숨겨진 치열한 노력과 도전의 역사를 잘 보여줍니다.

모델 3는 테슬라의 대중적인 전기차 라인으로, 글로벌 차원의 지속가능한 에너지로의 전환을 비전으로 삼고 있는 테슬라에게는 탄소 저감에 도움이 되는 전기차를 폭넓게 보급해 나가는데 중요한 프로젝트였습니다. 일론 머스크는 지속 가능한 에너지와 전기차의 대중화를 목표로 삼고 있었고, 모델 3는 이 구상을 실현하기 위한 핵심적인 모델이었습니다. 2016년에 공개된 모델 3는 기본 가격이 3만 5천 달러로 책정되었으며, 한 번 충전으로 220마일(약 354km) 이상 주행할 수 있는 성능을 자랑했습니다. 테슬라는 이 모델을 통해 더 많은 사람들이 전기차를 소유할 수 있게 하고, 전 세계적으로 전기차의 보급을 확대하고자 했습니다.

모델 3는 공개 직후부터, 테슬라는 세계적인 관심을 받았습니다. 공개된 지 몇 주 만에 40만 대 이상의 예약이 몰리며 인기를 증명하기도 했습니다. 이러한 초기 성공은 테슬라에게 큰 동력을 제공했지만, 동시에 엄청난 생산 압박을 의미하기도 했습니다. 예약자들에게 차량을 적시에 제공하기 위해서는 대규모 생산 능력을 빠르게 구축해야 했습니다.

모델 3의 생산은 처음부터 순탄치 않았습니다. 2017년 중반부터 본격적인 생산이 시작되었지만, 테슬라는 여러 가지 기술적 문제와 생산 공정의 복잡성으로 인해 목표 생산량을 달성하는 데 어려움을 겪었습니다. 테슬라는 주당 5천 대의 모델 3를 생산하는 것을 목표로 삼았지만, 초기 몇 개월 동안 주당 수백 대의 생산에 그쳤습니다. 일론 머스크는 모델 3의 생산 공정을 최대한 자동화하려는 계획을 세웠습니다. 그는 공장 자동화가 생산 속도를 높이고 비용을 절감할 수 있을 것이라고 믿었습니다. 그러나 지나치게 높은 수준의 자동화는 오히려 생산 공정을 복잡하게 만들고, 예상치 못한 문제를 일으켰습니다. 특히 배터리 모듈 생산 라인에서 발생한 문제는 생산 지연의 주요 원인이 되었습니다. 테슬라는 생산 문제를 해결하기 위해 다양한 방법을 시도했습니다. 기계를 다시 설계하고, 수작업 공정을 추가하는 등의 조치를 통해 문제를 해결하려 노력했습니다.

이외에도 생산 문제를 해결하기 위해 다양한 방법을 시도했습니다. 캘리포니아 프리몬트 공장의 생산 라인을 확장하고, 네바다 주에 위치한 기가팩토리Giga Factory에서는 배터리 모듈 생산을 강화했습니다. 또한, 텐트 공장a giant tent factory을 세워 임시 생산 라인을 운영하는 등 절박함 속에서 기반한 기발한 방법을 통해 생산 능력을 확장했습니다. 이러한 노력 덕분에 테슬라는 점차 생산 속도를 높일 수 있었습니다.

일론 머스크는 모델 3의 생산을 위해 직접 현장에 나서며 강력한 리더십을 발휘했습니다. 그는 공장에서 수많은 밤을 지새우며 문제를 해결하고, 직원들을 독려했습니다. 그의 이러한 헌신은 테슬라 직원들에게 큰 동기부여가 되었고, 모두가 하나가 되어 생산 목표를 달성하기 위해 노력했습니다.

2018년 중반, 테슬라는 마침내 주당 5천 대의 모델 3를 생산하는 목표를 달성했습니다. 이는 테슬라에게 큰 성과였으며, 회사의 성장과 성공을 위한 중요한 전환점이었습니다. 모델 3의 성공적인 생산은 테슬라의 재정 상태를 크게 개선시켰고, 회사의 주가도 급등했습니다. 이후 모델 3는 전 세계적으로 큰 인기를 끌며 테슬라의 판매량을 급증시켰습니다. 모델 3 양산 지옥 경험은 테슬라에게 여러 가지 중요한 교훈을 남겼습니다. 첫째, 지나친 로봇 자동화의 위험성을 깨닫고, 인간 노동의 중요성을 재인식하게 되었습니다. 둘째, 생산 공정의 유연성과 문제 해결 능력을 키우는 것이 얼마나 중요한지 깨달았습니다. 셋째, 머스크와 직원들의 헌신과 협력의 중요성을 다시 한번 확인하게 되었습니다.

배터리 전략과 미래 로드앱

▶▶

테슬라는 전기차의 핵심인 배터리 기술에서도 혁신을 이루고자 노력하고 있습니다. 특히, 파나소닉Panasonic 등과 협력하여 배터리를 공급받고 배터리 생산 비용을 크게 절감하는 한편, 배터리의 에너지 밀도를 높여 차량의 주행 거리를 증가시키고자 노력했습니다. 또한 테슬라의 성공은 다른 자동차 제조사OEM들에게도 큰 자극이 되었습니다. 많은 전통적인 자동차 제조사들이 전기차 개발에 속속 뛰어들었고, 전 세계적으로 전기차 시장이 급격히 성장하게 되었습니다. 테슬라는 자사의 배터리 관련 비전을 앞서 배터리 데이Battery Day라는 별도 행사를 통해 제시한 바 있습니다. 2020년 9월에 열린 이 행사는 전 세계의 투자자, 언론, 그리고 자동차 및 에너지 산업 종사자들의 주목을 받았습니다.

배터리 데이는 테슬라의 배터리 기술 발전, 비용 절감 전략, 그리고 미래 제품에 대한 비전을 공유하는 자리였으며, 이를 통해 테슬라는 전기차 시장을 이끄는 브랜드 이미지를 공고하게 다졌습니다. 테슬라는 전기차와 에너지 저장 시스템의 핵심인 배터리 기술에서 지속적인 혁신을 추구해 왔습니다. 배터리의 성능과 비용은 전기차의 경제성과 대중화에 직접적인 영향을 미치기 때문에, 배터리 기술의 발전은 테슬라의 전략적 목표에 있어 매우 중요합니다. 테슬라는 배터리 데이를 통해 이러한 기술적 진보와 전략을 공개함으로써, 전 세계의 관심과 신뢰를 얻고자 했습니다. 일론 머스크는 이

자리에서 테슬라의 장기적인 비전과 목표를 설명했습니다. 그는 지속 가능한 에너지로의 전환을 가속화하기 위해 배터리 비용을 획기적으로 낮추고, 배터리 생산 능력을 크게 확장하는 것이 필수적이라고 강조했습니다. 또한 테슬라의 배터리 기술이 향후 몇 년 동안 어떻게 발전할 것이며, 이를 통해 테슬라가 어떻게 전 세계 에너지 문제를 해결할 수 있을지를 상세히 설명했습니다.

배터리 데이에서 테슬라는 여러 혁신적인 배터리 기술을 발표했습니다. 그중 가장 주목받은 것은 4680 배터리 셀이었습니다. 4680 배터리 셀은 기존의 배터리 셀보다 더 크고, 에너지 밀도가 높으며, 생산 비용이 낮습니다. 또한 테슬라는 배터리 제조 공정에서의 혁신도 발표했습니다. 탭리스tabless 디자인을 통해 배터리 셀의 내부 저항을 줄이고, 생산 공정을 단순화하여 효율성을 높였습니다. 이 기술을 통해 배터리의 성능을 향상시키는 동시에, 제조 비용을 절감할 수 있을 것으로 기대가 되고 있습니다. 다만, 2024년 9월 기준으로 4680 배터리의 양산을 위해 여러 허들이 존재하여 테슬라와 관련 업체들이 많은 노력을 기울이고 있다는 소식들이 전해지고 있습니다. 테슬라는 자체적으로 4680 배터리 양산을 이어오면서 규모를 늘리고자 노력하고 있는 것으로 알려져 있으며, 파나소닉은 2024년 9월 4680 배터리 양산을 개시한다는 소식을 전했습니다. 한국의 LG에너지솔루션은 2024년 12월부터 양산을 시작할 계획을 밝힌 상태이고, 삼성SDI 역시 2025년 양산을 목표로 하고 있는 것으로 알려져 있습니다.

아울러 테슬라는 배터리 비용을 킬로와트시^{KWh}당 50% 이상 절감하겠다는 목표를 발표했습니다. 이를 위해 테슬라는 원재료의 효율적인 사용, 혁신적인 제조 공정, 그리고 재활용 기술을 적극 활용할 계획입니다. 테슬라는 배터리 생산에서 리튬, 니켈 등 중요한 원재료의 공급망을 직접 관리하고, 원재료를 보다 효율적으로 사용하는 방법을 개발하고 있습니다. 특히, 장기적으로는 리튬을 직접 채굴하여 리튬 공급망을 안정화하고, 비용을 절감하는 구상도 가지고 있습니다. 또한, 니켈 사용을 최적화하여 배터리의 에너지 밀도를 높이고, 비용을 절감할 방법을 모색하고 있습니다. 테슬라는 이러한 원가 절감 전략을 통해 전기차의 가격을 낮추고, 더 많은 소비자들이 전기차를 구매할 수 있도록 하겠다는 목표를 세웠습니다.

배터리 데이에서 테슬라는 배터리 생산 능력을 크게 확장할 계획을 발표했습니다. 테슬라는 현재 네바다주에 위치한 기가팩토리를 포함하여 여러 배터리 생산 시설을 운영하고 있으며, 향후 몇 년 내에 새로운 배터리 공장을 추가 설립할 계획입니다. 이러한 배터리 생산 능력 확장은 테슬라가 전기차와 에너지 저장 시스템$^{energy\ storage\ system,\ ESS}$의 수요를 충족시키는 데 중요한 역할을 할 것입니다. 테슬라는 2030년까지 연간 3 테라와트시^{TWh}의 배터리 생산 능력을 목표로 하고 있습니다. 이를 통해 테슬라는 더 많은 전기차와 에너지 저장 시스템을 생산하고, 전 세계적으로 지속 가능한 에너지 사용을 촉진할 계획입니다. 이 목표를 달성하기 위해 테슬라는 새로운 생산 기술과 자동화 시스템을 도입하고, 생산 공정을 최적화하고 있습니다.

배터리 데이에서 테슬라는 향후 출시될 제품과 기술에 대한 계획
도 발표했습니다. 테슬라는 배터리 비용 절감과 생산 능력 확장을
통해 더 많은 모델의 전기차를 출시할 계획입니다. 특히, 기존의 모
델 S, 3, X, Y와 테슬라 세미Semi 전기 화물트럭, 테슬라 사이버트럭
Cybertruck과 같은 픽업트럭 등 기존에 선보인 모델 외에도, 테슬라 밴
van 콘셉트와 더불어 모델 2model 2로 불리는 중저가형 전기차 콘셉트,
로보택시를 위한 별도의 전기차 모델 등 신규 전기차 라인을 통한
전기차 시장 침투력 확대를 계획하고 있습니다. 또한, 에너지 저장
시스템의 성능을 향상시키고, 비용을 절감하는 데 주력하고 있습
니다.

테슬라의 파워월Powerwall과 메가팩Megapack 같은 에너지 저장 시스
템은 가정과 산업용 에너지 저장 솔루션으로서 중요한 역할을 하고
있습니다. 테슬라는 이러한 제품들의 성능을 개선하고, 더 많은 지
역에서 사용될 수 있도록 하기 위해 지속적으로 연구개발을 진행하
고 있습니다. 논란을 달고 다니는 일론 머스크의 오너 리스크가 있
긴 합니다. 그래도 2가지 분명한 점은 테슬라를 통해 우리는 전기
차 시대를 더 빨리 맞이할 수 있었다는 점이며, 테슬라가 제시하는
'지속 가능한 에너지로의 전환'이라는 비전이 탄소 저감과 기후위기
에 대한 대응이 절실한 우리 인류에게 중요한 가치 중 하나로 우리
인류 사회가 치열하게 논의해야 하는 주제라는 점입니다.

중국의 플레이어들, 전기차 시장을 지배하다

중국의 자동차 시장은 2000년대 초반부터 급속히 성장하기 시작했습니다. 1990년대 후반까지 중국은 자동차 보급률이 매우 낮은 상태였으나, 경제 개방과 함께 급속한 경제 성장을 이루면서 자동차 수요가 폭발적으로 증가했습니다. 2009년, 중국은 미국을 제치고 세계 최대의 자동차 시장으로 부상했습니다. 이는 급격한 도시화와 중산층의 증가, 그리고 정부의 강력한 인프라 투자 덕분이었습니다.

2010년대에 들어서면서 본격적으로 성장하기 시작한 중국은 2024년 현재 명실상부한 세계 최대의 전기차 시장이자 배터리 생산 강국 중 하나입니다. 중국 정부는 전기차 및 배터리 산업에 대한 깊은 관심과 투자를 아끼지 않고 있습니다. 중국이 어떻게 전기차와 배터리 산업에서 선두주자로 자리매김하게 되었는지, 그리고 이를 위해 어떤 전략과 정책을 시행했는지를 상세히 살펴보고자 합니다.

전기차와 배터리 산업에 집중하다
▶▶

중국의 전기차 및 배터리 산업에 대한 관심은 환경 문제와 에너지 안보라는 두 가지 주요 요인에서 비롯되었습니다. 중국은 빠른 경제 성장과 산업화로 인해 심각한 대기 오염 문제를 겪고 있었으며, 이로 인해 공중 보건 차원에서 대기질과 생활 환경이 크게 악화되었습니다. 또한, 중국은 세계 최대의 원유 수입국으로서 에너지 안보 문제를 해결할 필요가 있었습니다. 이러한 배경에서 중국 정부는 전기차와 배터리 산업을 국가 전략의 중요한 부분으로 채택하게 되었습니다. 전기차는 탄소 배출을 줄이고, 대기 오염을 완화하며, 에너지 소비 구조를 다변화하는 데 기여할 수 있는 중요한 기술로 인식되었습니다.

중국 정부는 전기차 산업을 육성하기 위해 다양한 정책적 지원과 인센티브를 도입했습니다. 2009년, 중국은 '신에너지 자동차 산업 발전 계획'을 발표하여 전기차, 플러그인 하이브리드차, 연료 전지차 등의 개발과 보급을 촉진하기 위한 정책을 제시했습니다. 이 계획의 일환으로 정부는 전기차 구매 보조금, 세금 감면, 충전 인프라 구축 지원 등 다양한 인센티브를 제공했습니다. 특히, 중국은 대규모 충전 인프라 구축에 주력했습니다. 정부와 지방 당국은 주요 도시와 고속도로를 중심으로 광범위한 충전 네트워크를 구축하여 전기차 소유자들이 쉽게 충전할 수 있도록 했습니다. 이러한 충전 인프라는 전기차 보급을 촉진하는 데 중요한 역할을 했습니다.

중국의 정책적 지원과 인센티브 덕분에 여러 전기차 제조업체들이 빠르게 성장했습니다. BYD, 니오, 리샹Li Auto, 理想, 샤오펑Xpeng, 小鹏 등 중국의 주요 전기차 제조업체들은 기술 개발과 생산 능력 확장을 통해 글로벌 시장에서도 경쟁력을 갖추게 되었습니다. 이들 기업은 혁신적인 전기차 모델을 출시하며 중국을 중심으로 한 여러 시장에서 큰 성공을 거두었습니다. BYD는 배터리 제조업체로 시작하여 전기차 시장에서도 큰 성공을 거두었으며, 현재는 세계 최대의 전기차 제조업체 중 하나로 자리매김했습니다. 니오는 프리미엄 전기차 시장을 타깃으로 한 스포츠 유틸리티 차량SUV과 세단 모델을 출시하며, 높은 기술력과 디자인으로 주목받고 있습니다. 리샹과 샤오펑 역시 다양한 전기차 모델을 통해 시장 점유율을 확대하고 있습니다.

중국은 배터리 산업에서도 세계적인 리더로 떠올랐습니다. 중국의 배터리 제조업체들은 대규모 생산 능력과 첨단 기술을 바탕으로 글로벌 시장을 주도하고 있습니다. CATL과 BYD는 세계 최대 규모의 배터리 제조업체들로, 테슬라를 비롯한 여러 글로벌 자동차 제조업체들에게 배터리를 공급하고 있습니다. 중국 정부는 배터리 기술 개발을 위한 연구개발 투자도 아끼지 않고 있습니다. 정부는 배터리 에너지 밀도 향상, 생산 비용 절감, 재활용 기술 개발 등을 목표로 하는 다양한 연구 프로젝트를 지원하고 있습니다. 이를 통해 중국의 배터리 제조업체들은 세계적인 경쟁력을 유지하고, 지속적인 기술 혁신을 이뤄내고 있습니다.

중국의 전기차와 배터리 기업들은 글로벌 시장에서도 큰 영향을 미치고 있습니다. 중국의 전기차 제조업체들은 유럽, 북미, 아시아 등 세계 시장에 진출하여 글로벌 전기차 보급을 촉진하고 있습니다. 또한, 중국의 배터리 제조업체들은 글로벌 자동차 제조업체들과의 협력을 통해 배터리 공급망을 강화하고 있습니다. 일대일로One Belt One Road 정책을 통해 여러 개발도상국에 전기차와 배터리 기술을 전수하고, 충전 인프라를 구축하는 등 협력 체계를 강화하고 있습니다. 예를 들어, 중국의 배터리 제조업체인 CATL과 BYD는 다른 나라들과 합작 회사를 설립하거나, 현지 공장을 건설하며 기술을 전수하고 있습니다. CATL은 태국에 배터리 공장을 설립하고 있으며, BYD는 헝가리에 전기버스 공장을 세워 현지에서 배터리와 전기버스를 생산하고 있습니다. 이를 통해 중국은 전 세계적인 지속 가능한 에너지 전환을 주도하고, 글로벌 에너지 시장에서의 영향력을 확대하고 있습니다.

중국의 전기차와 배터리 산업은 앞으로도 많은 도전과 기회를 맞이할 것입니다. 기술 혁신과 생산 능력 확장은 지속적인 성장을 위해 필수적이며, 국제 시장에서의 경쟁력 유지를 위해서는 품질 향상과 비용 절감이 필요합니다. 또한, 전기차 보급 확대와 충전 인프라 구축을 통해 더 많은 소비자들이 전기차를 이용할 수 있도록 해야 합니다. 중국 정부와 기업들은 이러한 도전과 기회를 통해 전기차와 배터리 산업을 더욱 발전시키고, 지속 가능한 에너지 미래를 실현하기 위해 노력하고 있습니다. 중국의 전기차와 배터리 산업은 단순한 산업 성장을 넘어, 전 세계적인 환경 문제 해결과 에너지 전환을 위한 중요한 역할을 할 것으로 기대됩니다.

세계 최대 배터리 생산업체, CATL
▶▶

다음은 중국 전기차 산업의 양대 축이라 할 수 있는 CATL과 BYD에 대해 알아보도록 하겠습니다. 먼저, CATL은 2024년 기준 세계에서 가장 큰 전기차 배터리 생산업체로 자리 잡고 있습니다. 중국 푸젠성 닝더시에 본사를 두고 있는 이 회사는, 전기차 배터리 산업의 글로벌 리더로서 그 지위를 확고히 하고 있습니다. CATL의 성공은 단순한 기술 혁신과 생산 능력뿐만 아니라, 전략적 파트너십과 글로벌 시장에서의 적극적인 확장을 통해 이루어진 결과입니다. 2011년 설립된 CATL은 전기차 배터리 기술 개발에 주력해 왔습니다. 창립자 쩡 위췬Zeng Yuqun은 배터리 기술의 중요성을 일찌감치 깨닫고, R&D에 막대한 투자를 아끼지 않았습니다.

CATL의 성공에는 지속적인 기술 혁신 노력이 큰 역할을 했습니다. CATL은 리튬 인산철LFP 배터리와 니켈 코발트 망간NCM 배터리 기술에서 두각을 나타냈습니다. 리튬 인산철이 들어가는 LFP^{Lithium Iron Phosphate} 배터리는 안정성이 뛰어나고 비용이 저렴하며, 니켈과 코발트, 망간을 사용하는 NCM^{Nickel Cobalt Manganese} 배터리는 에너지 밀도가 높아 고성능 전기차에 적합합니다. CATL은 전 세계적으로 연구개발 센터를 운영하며, 끊임없는 기술 개선을 추구하고 있습니다. 독일, 미국, 일본 등 주요 기술 강국에 R&D 센터를 두고, 글로벌 인재를 유치하여 연구 역량을 강화하고 있습니다.

CATL의 또 다른 강점은 대규모 생산 능력입니다. CATL은 중국 전역에 걸쳐 대규모 생산 시설을 운영하고 있으며, 이를 통해 규모의 경제를 실현하고 있습니다. 특히, 창립자 쩡 위췬의 출생지인 중국 푸젠성 닝더시에 본사를 두고 있습니다. CATL의 공장은 세계적인 규모의 배터리 생산 공장 중 하나로, 최신 자동화 설비와 첨단 생산 기술을 갖추고 있습니다. 또한 해외에서도 생산 능력을 확장하고 있습니다. 독일과 인도네시아에 대규모 배터리 생산 공장을 설립하여, 유럽과 아시아 시장을 공략하고 있습니다.

이러한 글로벌 생산 네트워크는 CATL이 전 세계 전기차 제조업체들에게 안정적으로 배터리를 공급할 수 있는 기반이 됩니다. 이들의 성공에는 전략적 파트너십도 중요한 역할을 했습니다. CATL은 테슬라, 벤츠^{Mercedes-Benz}, BMW, 폭스바겐^{Volkswagen}, 현대자동차 등 주요 글로벌 자동차 제조업체들과 파트너십을 맺고 있습니다. 이러한 파트너십을 통해 CATL은 안정적인 배터리 공급망을 구축하고, 글로벌 시장에서의 입지를 강화하고 있습니다.

테슬라와의 파트너십은 CATL의 성공에 중요한 전환점이 되었습니다. CATL은 테슬라의 중국 상하이 기가팩토리에 배터리를 공급하고 있으며, 이는 테슬라의 전기차 생산 확대에 중요한 역할을 하고 있습니다. 테슬라는 CATL의 배터리를 사용하여 모델 3와 모델 Y를 생산하고 있으며, 이 협력은 양사 모두에게 큰 이익을 가져다주고 있습니다. 아울러 CATL은 환경 지속 가능성에도 많은 관심을 기울이고 있습니다. 특히, CATL은 배터리 재활용 기술을 통해 사용 후 배터리를 효과적으로 재활용하고 자원을 절약하는 데 주력하고 있습니다.

글로벌 시장을 공략하는 BYD
▶▶

중국의 또다른 대표적인 전기차 및 배터리 제조업체인 BYD는 'Build Your Dreams'의 약자로, 전기차와 배터리 분야에서 자리매김하고 있습니다. BYD는 중저가 전기차 시장을 중심으로 글로벌 공략을 강화하고 있습니다. BYD가 배터리와 전기차 분야에서 어떻게 성공을 거두었는지, 그리고 중저가 전기차 시장에서 어떤 전략을 통해 글로벌 시장을 공략하고 있는지를 살펴보겠습니다.

BYD는 1995년에 배터리 제조업체로 시작하여, 리튬이온 배터리 기술을 중심으로 빠르게 성장했습니다. 2000년대 초반에는 모토로라와 노키아 등에 휴대폰 배터리를 납품하는 등 휴대폰 배터리 시장에서 중요한 위치를 차지했으며, 이를 바탕으로 전기차 배터리 시장으로 진출했습니다. BYD는 고성능, 고안정성 배터리 기술을 개발하여, 전기차의 주행 거리와 성능을 크게 향상시켰습니다. 특히, 리튬 인산철LFP 배터리는 높은 안전성과 긴 수명을 자랑하며, 상대적으로 저렴한 비용으로 생산될 수 있어 전기차 산업에서 큰 인기를 끌고 있습니다. 또한 배터리 재활용 기술을 개발하여, 사용된 배터리를 효과적으로 재활용하고 자원을 절약하는 데 주력하고 있습니다.

BYD는 2003년 전기차 시장에 진출하여, 빠르게 성장했습니다. 초기에는 고급 전기차 시장을 목표로 했으나, 곧 중저가 전기차 시장의 중요성을 인식하고 전략을 변경했습니다. 이후 다양한 모델의 전기차를 출시하며, 경제적이고 효율적인 전기차를 소비자들에게 제공하기 위해 노력했습니다.

BYD의 전기차는 가격 대비 우수한 품질과 성능을 자랑하며, 가성비가 높아 시장에서 반응이 좋습니다. 특히, BYD의 중저가 전기차는 중국 내수 시장뿐만 아니라, 글로벌 시장에서도 큰 인기를 끌고 있습니다. 가격의 대중화뿐만 아니라, 전기차 모델을 다양화하여 소형차, 중형차, SUV 등 다양한 소비자들의 요구를 충족시키고 있습니다.

BYD는 중저가 전기차 시장을 공략하기 위해 다양한 전략을 구사하고 있습니다. 먼저, 생산 비용을 절감하기 위해 대규모 생산 설비와 첨단 자동화 기술을 도입하여, 전기차의 생산 효율성을 극대화하고 있습니다. 이를 통해 BYD는 가격 경쟁력을 확보하고, 중저가 전기차를 대량 생산할 수 있는 기반을 마련했습니다. 또한, BYD는 전기차의 품질과 성능을 유지하면서도 가격을 낮추기 위해 혁신적인 기술을 지속적으로 도입하고 있습니다. 예를 들어, 배터리 팩의 설계와 제조 공정을 개선하여, 비용을 절감하고 생산 효율성을 높였습니다. 이를 통해 BYD는 고성능 전기차를 더 저렴한 가격에 제공할 수 있게 되었습니다.

BYD는 중국 내수 시장에서의 성공을 바탕으로, 글로벌 시장으로의 진출을 적극적으로 추진하고 있습니다. 특히 남미, 유럽, 아시아 등 다양한 지역에서 전기차를 판매하며, 글로벌 시장에서의 입지를 강화하고 있습니다. 남미 시장에서는 경제적이고 실용적인 전기차 모델이 큰 인기를 끌고 있으며, BYD는 현지의 다양한 소비자 요구를 충족시키기 위해 현지화 전략을 펼치고 있습니다. 유럽 시장에서는 환경 규제 강화와 전기차 보조금 정책 덕분에 BYD의 전기차 수요가 급증하고 있습니다. 이 기회를 놓치지 않고 BYD는 유럽 현지에 생산 시설을 구축하고, 유럽 소비자들에게 맞춤형 전기차를 제공하고 있습니다.

또한 BYD는 유럽의 여러 도시와 협력하여 전기버스를 공급하며, 공공 교통 부문에서도 중요한 역할을 하고 있습니다. BYD는 남미 시장에서도 두각을 나타내고 있습니다. 남미는 상대적으로 작은 경제력을 가진 국가들이 많아 중저가 전기차에 대한 수요가 높습니다. BYD는 이러한 시장 특성을 파악하고, 남미 소비자들에게 경제적이고 실용적인 전기차를 제공하고 있습니다. 브라질, 칠레, 콜롬비아 등 주요 남미 국가들에서 BYD의 전기차는 큰 인기를 끌고 있습니다. 특히, 브라질에서는 BYD의 전기버스가 공공 교통 수단으로 널리 사용되고 있습니다. BYD는 기술 혁신과 생산 효율성 향상을 통해 전기차의 가격을 더욱 낮추고, 더 많은 소비자들이 전기차를 이용할 수 있도록 할 것입니다.

리튬 원자재 공급망 확보
▶▶

앞서 살펴본 바와 같이 중국의 대표적인 전기차 배터리 제조업체인 CATL과 BYD는 기술 혁신과 생산 능력 확장을 통해 글로벌 시장에서의 입지를 강화하고 있으며, 특히 유럽 시장 진출과 해외 리튬 광산 투자에 적극적으로 나서고 있습니다.

이번에는 CATL과 BYD가 어떻게 유럽 시장을 공략하고, 안정적인 배터리 원자재 공급망을 확보하기 위해 해외 리튬 광산에 투자하는 등 어떻게 노력하고 있는지 알아보고자 합니다.

유럽은 전 세계에서 가장 빠르게 성장하는 전기차 시장 중 하나로, 엄격한 환경 규제와 정부의 강력한 지원 정책 덕분에 전기차 수요가 급증하고 있습니다. 이러한 유럽 시장의 특성을 파악한 CATL과 BYD는 유럽에서의 생산 및 판매를 확대하기 위해 다양한 전략을 구사하고 있습니다.

먼저 CATL은 유럽 시장에서의 입지를 강화하기 위해 독일 튀링겐주에 배터리 생산 공장을 설립했습니다. 이 공장은 유럽 내 주요 자동차 제조업체들에게 배터리를 공급하기 위해 설립된 것으로, 2022년에 첫 번째 생산 라인이 가동되었습니다. 이를 통해 CATL은 BMW, 폭스바겐, 다임러 등 유럽의 주요 자동차 제조업체들과의 파트너십을 강화하고, 현지에서 안정적인 배터리 공급망을 구축할 수 있게 되었습니다. CATL의 독일 공장은 최신 자동화 기술과 첨단 생산 설비를 갖추고 있어, 고성능 배터리를 대량 생산할 수 있는 능력을 보유하고 있습니다. 이 공장은 유럽 내 전기차 생산 확대에 중요한 역할을 하며, CATL이 유럽 시장에서의 경쟁력을 더욱 강화할 수 있도록 지원합니다.

BYD 역시 유럽 시장 공략에 적극적입니다. BYD는 유럽 여러 국가에 전기버스와 전기차를 공급하며, 유럽 내 공공 교통 부문에서 중요한 역할을 하고 있습니다. 특히, BYD의 전기버스는 스페인, 이탈리아, 영국 등 여러 유럽 국가에서 운행되고 있으며, 환경 친화적이고 경제적인 교통 수단으로 각광받고 있습니다. BYD는 또한 유럽 소비자들을 위한 전기차 모델을 출시하며, 현지 시장에 적합한 차량을 제공하고 있습니다. BYD의 전기차는 우수한 품질과 성능을 자랑하며, 합리적인 가격으로 제공되어 많은 유럽 소비자들에게 사랑받고 있습니다. BYD는 유럽 내 전기차 판매 확대를 위해 현지 딜러 네트워크를 구축하고, 충전 인프라 확장에도 기여하고 있습니다.

전기차 배터리의 핵심 원자재인 리튬은 배터리 생산에 있어 매우 중요한 요소입니다. 안정적인 리튬 공급망을 확보하기 위해 CATL 과 BYD는 해외 리튬 광산 투자에도 적극적으로 나서고 있습니다. 이를 통해 두 기업은 리튬 원자재의 가격 변동성에 대비하고, 장기 적인 원자재 확보를 통해 배터리 생산 능력을 안정적으로 유지하고 자 합니다. CATL은 호주, 아르헨티나 등 리튬 매장량이 풍부한 국 가들에 리튬 광산 투자를 진행한 바 있습니다. 또한, 볼리비아의 리 튬 프로젝트에도 투자하여 리튬 염전에서 리튬을 추출하고 가공하 는 공장까지 건설하는 등 리튬 원자재 수급 채널을 다각화하고 있 습니다.

CATL의 이러한 투자 전략은 리튬 원자재의 공급망을 안정화하 고, 장기적인 배터리 생산 계획을 지원하는 데 중요한 역할을 할 것 입니다. BYD도 해외 리튬 광산 투자에 적극적입니다. BYD는 칠레 에 있는 리튬 광산에 투자하는 등 리튬 원자재의 장기적인 공급망 을 확보하고 있습니다. BYD 역시 이러한 투자 활동을 통해 리튬 원 자재의 가격 변동에 대비하고, 안정적인 배터리 생산을 유지할 수 있는 기반을 마련하고 있습니다.

앞에서 살펴본 CATL과 BYD의 사례에서 알 수 있듯이 중국은 배터리 생산부터 재활용까지 전기차 배터리와 관련된 모든 단계를 포괄하는 종합적인 밸류체인value chain(가치사슬)을 구축하고 있습니다. 안정적인 원자재 공급망, 대규모 배터리 생산 능력, 혁신적인 전기 차 제조 기술을 통해 중국은 지속 가능한 전기차 산업을 선도하고 있으며, 이러한 기반들은 중국이 글로벌 전기차 시장에서 선도적인 위치를 유지하는 데 중요한 역할을 하고 있습니다. 특히, 중국은 배터리 재활용 분야에서도 선도적인 위치를 차지하고 있습니다. 배터리 재활용은 환경 보호와 자원 절약 측면에서 중요한 역할을 맡고 있으며, 중국 정부와 기업들은 배터리 재활용 관련 투자를 이어가고 있습니다.

배터리 교환 모델에 주력한 니오
▶▶

중국에서 전기차 시장을 말할 때 빠지면 섭섭한 기업이 바로 니오입니다. 니오는 2014년에 설립된 중국의 전기차 제조업체로, 고급 전기차와 자율주행 기술 개발에 주력하고 있습니다. 2020년, 니오는 전통적인 전기차 충전 방식과는 다른 혁신적인 배터리 팩 교환 모델을 선보이며, 전기차 시장에서 주목받고 있습니다. 니오는 배터리 팩 교환 시스템을 통해 전기차 소유자들이 충전 대신 빠르게 배터리 팩을 교환할 수 있도록 하여, 충전 시간을 크게 단축시키고 편리성을 높였습니다. 이 비즈니스 모델은 특히 BaaS[Battery as a Service] 차원의 구독형 서비스로, 이를 통해 차량 구매 시 배터리 팩을 제외하고 가격을 낮추는 방식으로 소비자들에게 경제적인 혜택을 제공하고 있습니다.

니오의 배터리 팩 교환 모델은 전기차 소유자들에게 새로운 편의

성을 제공하고, 니오에게는 지속 가능한 구독형 비즈니스 모델을 제시하였습니다. 이 모델은 안전성과 경제성을 동시에 추구하며, 전기차 산업에서 중요한 전환점을 만들고 있습니다. 니오의 배터리 팩 교환 모델은 전기차 소유자가 차량의 배터리를 충전하는 대신, 배터리 팩을 교환하는 방식입니다. 니오는 중국 전역에 배터리 교환 스테이션을 설치하고, 전기차 소유자들이 이곳에서 빠르게 배터리 팩을 교환할 수 있도록 하고 있습니다. 교환 과정은 일반적으로 3분 이내에 완료되며, 이는 전통적인 충전 방식보다 훨씬 빠르다는 것을 강점으로 내세우고 있습니다.

니오의 배터리 팩 교환 모델은 몇 가지 중요한 이점을 제공합니다. 첫째, 교환형 배터리 팩은 배터리 모니터링 및 관리에 효율적일 수 있습니다. 니오는 배터리 팩을 정기적으로 검사하고 유지 관리할 수 있으며, 이는 배터리의 안전성과 성능을 보장하는 데 중요한 역할을 합니다. 배터리 팩의 성능 저하나 안전 문제를 조기에 발견하고 대응할 수 있는 장점을 가집니다. 둘째, 배터리 팩 교환 모델은 경제적입니다. 전기차 소유자는 초기 구매 시 배터리 팩을 포함하지 않고, 배터리 팩 교환 서비스를 구독하는 방식으로 비용을 절감할 수 있습니다. 이는 전기차의 초기 구매 비용을 낮추어, 더 많은 소비자들이 전기차를 구매하는 데 큰 유인책으로 작용할 수 있습니다. 또한, 배터리 팩의 성능이 떨어질 경우 새로운 배터리 팩으로 교환함으로써 항상 최적의 성능을 유지할 수 있습니다.

니오의 배터리 팩 교환 모델은 구독형 비즈니스 모델을 도입함으로써 지속 가능한 수익 구조를 창출합니다. 니오는 배터리 교환 서비스의 구독료를 통해 지속적인 수익을 얻을 수 있으며, 이는 전기차 판매 외에도 추가적인 수익원을 확보하는 데 도움이 됩니다. 구독형 모델은 또한 고객과의 장기적인 관계를 구축하고, 높은 고객 만족도를 유지하는 데 기여할 것입니다.

니오의 배터리 교환 스테이션은 사용자들에게 큰 편리함을 제공합니다. 교환 스테이션은 주요 도시와 고속도로를 중심으로 배치되어 있으며, 사용자는 스마트폰 앱을 통해 가까운 스테이션을 쉽게 찾고 예약할 수 있습니다. 이러한 편의성은 전기차 이용 경험을 크게 향상시키며, 사용자의 시간과 노력을 절약할 수 있습니다. 또한 니오는 배터리 팩 교환과 함께 다양한 부가 서비스를 제공하여 고객 만족도를 높이고 있습니다. 예를 들어, 배터리 교환 시 차량 점검 서비스, 소프트웨어 업데이트, 청소 서비스 등을 제공하여 고객이 언제나 최상의 상태로 차량을 운행할 수 있도록 지원합니다.

니오의 배터리 팩 교환 모델은 전기차 시장에서 큰 혁신을 가져왔지만, 몇 가지 도전 과제도 있습니다. 첫째, 배터리 교환 스테이션 구축과 운영에는 높은 초기 비용이 발생합니다. 테슬라는 초기 전기차 배터리 팩 교환 기술을 실험적으로 발표한 바 있습니다. 테슬라 역시 배터리 팩 교환에 대한 접근을 시도한 적이 있었습니다. 2013년, 테슬라는 모델 S 차량의 배터리 팩을 90초 만에 교환하는 기술을 공개하며 큰 관심을 받았습니다. 이 기술은 주유소에서 연료를 채우는 것만큼 빠르게 배터리를 교환할 수 있는 가능성을 보여주었지만, 이후 이 프로젝트는 점차 사라졌습니다. 그 이유는 배터리 교환 스테이션 구축과 운영 비용이 매우 높다는 점, 그리고 사용자 수요가 예상보다 낮았기 때문입니다. 또한, 테슬라는 슈퍼차저supercharger 네트워크의 확장에 더 집중하면서 배터리 교환 기술에 대한 관심이 줄어들었습니다. 정리해 보면, 니오가 제시한 배터리 교환 스테이션 구축 및 운영을 위해서는 막대한 금액이 들기 때문에, 이를 극복하기 위해 정부의 지원과 협력을 받아야 하며 지속적인 투자가 필요합니다.

둘째, 전기차 하부의 배터리 교환 시스템으로 인해 구조적 강성이 약화되거나 배터리 팩 교환 과정에서 전기가 연결되는 부위에서 단락이 발생하여 화재로 이어질 우려가 있는 등 배터리 팩을 포함한 차량 전체의 안전에 문제가 없는지에 대해서 우려의 목소리가 존재합니다. 아직 이에 대해 기술적으로 분명하게 정리되어 결론이 난 상황은 아닙니다.

셋째, 배터리 표준화 문제도 해결해야 합니다. 다양한 전기차 모델에 호환 가능한 배터리 팩을 개발하고, 이를 효율적으로 관리하는 시스템이 필요합니다. 니오는 이러한 문제를 해결하기 위해 지속적인 연구개발과 협력을 추진하고 있습니다.

니오의 배터리 팩 교환 모델은 전기차 산업에서 중요한 혁신을 이끌어내고 있습니다. 이 모델은 안전성과 경제성을 동시에 추구하며, 고객에게 새로운 편리함을 제공합니다. 또한, 구독형 비즈니스 모델을 통해 지속 가능한 수익 구조를 창출하고 있습니다. 앞으로 니오가 배터리 교환 스테이션의 확대와 기술 혁신을 통해 전기차 시장에서의 입지를 더욱 강화할 수 있을지는 조금 더 지켜봐야겠습니다.

샤오미가 전기차 시장에 뛰어든 이유
▶▶

최근 주목받고 있는 샤오미Xiaomi, 小米 전기차와 중국 전기차 시장에서 빼놓을 수 없는 리샹과 샤오펑에 대해서 살펴보겠습니다. 샤오미는 2010년에 창업한 전자제품 판매 기업입니다. 스마트폰과 IoTinternet of things(사물인터넷)가 얹어진 여러 가전제품들을 판매하고 있습니다. 가성비가 워낙 좋아 종종 '대륙의 실수'라는 표현이 사용되곤 합니다. 글로벌 스마트폰 시장에서 3위 수준의 높은 시장 점유율을 보이고 있으며, 샤오미의 IoT 플랫폼에 연결된 기기는 누적 대수가 3억 대가 넘는다고 합니다. 가전이라는 하드웨어와 IoT라는 소프트웨어가 결합한 비즈니스 모델로 성공한 경험과 가성비, 빠른 시장 침투력, 그리고 중국 내에서의 강력한 팬덤(샤오미는 이들을 미팬Mi fans이라고 부릅니다) 보유는 사람들이 샤오미의 강점으로 손꼽는 항목들입니다. 샤오미의 창립자이자 CEO인 레이쥔Lei Jun 회장은 중국에서 행사 참여나 발표할 때마다 충성도 높은 팬들을 몰고 다닙니다.

샤오미는 2021년 3월 전기차 사업에 진출하겠다는 발표를 합니다. 샤오미의 전기차 진출은 상당히 도전적이면서, 동시에 새로움을 줄 수 있다고 생각합니다. 왜냐하면 테슬라가 그러했듯이 샤오미 역시 자동차를 움직이는 거대한 스마트폰으로 인식하고 있습니다. 그리고 스마트폰을 통해 하드웨어와 소프트웨어가 결합되고, IoT로 연결되는 생태계는 샤오미가 강점을 가지는 요소들입니다.

샤오미가 전기차 시장에 뛰어든 이유는 샤오미의 스마트 기기와 연결되는 생태계를 확장할 수 있고, 자동차 산업의 디지털 전환에 따른 성장 기회를 포착했기 때문으로 보입니다. 아울러 전기차는 자율주행을 포함한 AI 기술과 밀접하게 연관되어 있어, 샤오미의 핵심 기술 역량을 활용할 수 있는 좋은 사업 아이템이라고 판단한 것 같습니다. 이미 중국의 전기차는 테슬라를 비롯한 다른 전기차와 같이 차량 내부에 디스플레이를 배치하여 차량 내에서 다양한 활동을 할 수 있도록 사용자 경험을 제공하고 있습니다. 샤오미 역시 이러한 부분에 있어 기존에 하드웨어 디바이스의 제작과 IoT 소프트웨어 연동을 최적화해 온 역량을 십분 활용하여 전기차 사용자에게 보다 나은 디지털 경험을 제공할 수 있을 것으로 보입니다.

샤오미가 지금 당장은 글로벌 시장에 큰 반향을 일으키지 못할 수도 있지만, 개인적으로는 자동차 생산 공정manufacturing engineering과 사용자 경험user experience, UX에 대한 새로운 접근이 있을 것으로 생각하며, 더불어 소프트웨어 중심 차량에 대한 샤오미 나름의 재해석을 몇 년 내에 볼 수 있을 거라는 작은 기대감이 들었습니다. 그래서 저는 샤오미의 전기차 시장 진출이 레거시 자동차 업체들에게는

IT 업계발 공습경보와 같은 사건으로 봅니다. 새로움이 있어야 혁신도 따라오는 법이니까요. 물론 좋은 차량을 완성도 있게 대량으로 만들어서 소비자들에게 선택받는 것은 무척 어려운 일이기 때문에 샤오미 전기차가 중국과 글로벌 시장에서 어떤 반응을 얻을지는 조금 더 지켜봐야 할 일이긴 합니다.

다만 샤오미는 스마트폰과 스마트 가전 분야에서 이미 성공을 경험한 기업입니다. 2022년 한 해 동안 샤오미는 3,000만 개 이상의 웨어러블 디바이스Mi Band를 만들었다고 합니다. 샤오미는 XReXtended Reality(확장현실) 분야에도 기술 개발을 해서 이미 ARAugmented Reality(증강현실) 글래스와 VRVirtual Reality(가상현실) 헤드셋도 만듭니다. 기본적으로 공간에 대한 이해가 있고, 공간 속에 있는 사용자가 느끼는 경험에 대한 노하우가 있는 기업입니다.

샤오미는 소비자 가전 및 IoT 기기에서도 많은 경험을 가지고 있습니다. 샤오미의 전기차는 다른 스마트 기기들과 높은 수준의 통합을 이루어 사용자가 매끄러운 경험을 할 수 있도록 할 것입니다. 끊김 없는 심리스seamless한 연결 경험은 디지털 환경에 친숙한 젊은 세대일수록 민감하게 반응하는 요소라는 점에서 기대감을 주는 부분이라 할 수 있습니다. 이러한 부분은 전통적인 자동차 제조업체들보다 샤오미가 조금 더 나을 수 있을 거라는 기대감을 갖게 되는 대목입니다. 현재 샤오미의 첫 전기차 SU7은 다양한 스마트 기기와의 연동을 통해 차내 경험을 향상시키려는 노력을 하였으며, 음성 제어 및 자동 업데이트 기능을 갖추고 있습니다. 샤오미는 전기차라는 모빌리티 내부를 자신들이 가장 잘했던 스마트폰과 스마트가전 경험의 연장선상으로 생각하고, 차량이라는 공간 내부에서 최상의 사용자 경험을 보여주고자 노력하고 있는 것이지 않나 싶습니다.

다만, 당연히 우려되는 부분도 상존합니다. 샤오미가 중국 내에서는 나름대로 충성도 있는 소비자들을 팬덤으로 확보했지만, 글로벌 시장에서 중국산made in China이라는 브랜드 가치를 어떻게 활용하여 글로벌 소비자들을 공략해 우군으로 삼을지 전략이 궁금합니다. 여기에 더불어 수준 높은 차량 완성도를 위해 투입되어야 하는 막대한 투자 금액과 가성비를 위한 가격 경쟁에서 샤오미의 자금력이 얼마나 굳건히 버텨줄 수 있을지 여부입니다. 이미 앞서 레이쥔은 샤오미 팬들을 위해 적자를 감수하더라도 명목금액을 저렴하게 하겠다고 밝힌 바 있으며, 실제로도 중국 내에서 SU7는 테슬라 전기차 보다 상대적으로 저렴한 가격에 판매하고 있습니다. 이는 가격 민감도가 높은 소비자들에게는 매력 요소로 다가올 수 있을지도 모릅니다.

샤오미는 전기차 시장 진출을 위해 2021년 9월 샤오미자동차Xiaomi Auto를 자회사로 설립하였습니다. 샤오미는 2023년 12월 샤오미의 첫 전기차인 SU7을 공개했고, 2024년 3월 베이징에서 공식 출시했습니다. 샤오미는 2021년부터 2024년 7월까지는 베이징자동차와 협력하여 베이징자동차의 자격증명을 사용하여 차량을 생산하다가, 2024년 7월 12일 중국 정부로부터 샤오미의 독자적인 자동차 제조자격을 취득한 것으로 보입니다. 창업한 지 채 15년이 안 되는 기업이 자동차를 만들어 낸다는 것은 상당히 놀라운 대목입니다. 한발 더 나아가 샤오미는 어떻게 3~4년 만에 전기차를 생산할 수 있었는지 그저 놀라울 따름입니다.

베이징의 샤오미 전기차 공장에서는 샤오미 스마트폰을 만들어 내듯 빠른 속도로 자동차를 생산하고 있습니다. 로봇을 활용하여 자동화율을 높이고, 다이캐스팅die casting(금속을 고온에서 녹인 후 금형에 주입하여 정밀한 부품을 제작하는 고압 주조 공정)을 통해 말 그대로 차를 찍어내고 있습니다. 샤오미의 전기차 공장에서는 1시간마다 40대가량의 차량을 생산할 수 있다고 합니다. 샤오미의 전기차 역시 가성비 좋은 또 하나의 '대륙의 실수'가 되어 시장의 주목을 받을 수 있을까요?

샤오미에서는 2024년 12월까지 12만 대의 SU7 전기차 생산을 목표로 하고 있으며, 출시 3~4개월이 지난 2024년 6~7월 기준으로 SU7의 누적 소비자 인도 대수는 어느덧 2만 대를 넘었다는 소식들이 전해지고 있습니다. SU7의 가격은 21만 5,900위안(약 3만 달러) 수준으로, 지난 2024년 3월 28일 출시 이후 8만 대 이상의 사전 주문을 받았습니다. 현재 샤오미는 2025년 상반기 중에 SUV 전기차를 발표하고자 준비하고 있으며, 2026년에는 하이브리드 차량extended-range electric vehicle, EREV 출시까지 준비하고 있다는 소식들도 전해지고 있습니다.

좋은 차를 잘 만들기는 정말 어렵습니다. SU7의 주행 관련 여러 사고 소식들로 인해 주행 안정성과 신뢰성에 있어 시장의 의구심을 받고 있기도 합니다. 하지만, 그럼에도 불구하고 우리가 샤오미를 지켜봐야 하는 이유는 이들의 빠른 속도와 시장 침투력 때문입니다. 앞으로 샤오미의 전기차 행보를 지켜봐야겠습니다.

대륙의 또 다른 전기차 강자들
▶▶

다음은 리샹과 샤오펑입니다. 리샹은 2015년에 설립된 중국의 전기차 제조업체로, 본사는 베이징에 있습니다. 리샹은 특히 플러그인 하이브리드 자동차plug-in hybrid electric vehicle, PHEV와 배터리전기차battery electric vehicle, BEV를 중심으로 한 SUV를 개발하며 빠르게 성장하고 있는 기업입니다. 2023년에는 연간 30만 대 이상의 차량을 판매했습니다. 이 숫자가 어느 정도 수준인 것인지 확인해보려면, 우리가 상대적으로 익숙한 자동차 회사의 수치와 비교해보는 것이 빠른 방법입니다. 2023년 현대자동차가 판매한 전기차가 26만 대 정도이고, 기아자동차가 판매한 전기차가 18만 대 정도입니다.

중국의 전기차 시장에는 수많은 중국 메이커들이 자리하고 있습니다. 아울러 중국 자동차 시장은 세계 1위 수준이며, 동시에 중국 시장은 신차의 30%가량이 전기차로 추산되고 있습니다. 중국 소비자들이 구매하는 전기차의 대수 역시 다른 미국, 유럽 시장과 비교해 보아도 상당히 많은 양입니다. 물론 최근 중국 시장의 구매력 둔

딥테크 전쟁, 시장을 파괴하는 창조적 독재자들

화에 대한 우려의 목소리도 존재합니다. 하지만 현실에서 기회와 위기가 공존하지 않는 시장은 그 어디에도 없습니다. 중국 전기차 시장의 거대성과 중국 소비자들의 전기차 친화 성향은 우리가 좋든 싫든 중국 전기차 시장을 주시해야만 하는 이유들입니다.

중국 전기차 및 배터리 시장 관련하여 마지막으로 짚어볼 기업은 샤오펑Xpeng Motors입니다. 샤오펑은 2014년 허 샤오펑He Xiaopeng이 설립한 모빌리티 기업입니다. 전기차와 자율주행부터 사족로봇과 플라잉카flying car까지 다양한 영역에서 활동하고 있습니다. 허 샤오펑은 2004년 UCWeb이라는 회사를 창업하고, 모바일 웹 브라우저인 UC브라우저를 만들어 중국과 인도, 인도네시아 시장에서 인기를 얻습니다. 이때 레이쥔의 엔젤투자도 받았습니다. 이러한 성공을 바탕으로 2014년, 세계 최대 온라인 거래 플랫폼인 중국의 알리바바Alibaba, 阿里巴巴에 43억 달러(약 5조 원)에 회사를 넘깁니다. 이후 2014년 창업한 전기차 업체가 샤오펑입니다. 샤오펑의 CEO인 허 샤오펑은 일론 머스크의 연설에 깊은 감명을 받고, 다음 창업 아이템으로 전기차를 잡았다고 알려져 있습니다. 한편, 2023년 샤오펑은 디디추싱Didi의 스마트카 개발 부문을 인수하여 미래차 개발 역량을 강화해 나가고 있습니다.

샤오펑은 초기에 알리바바의 투자를 받았으며, 2023년 전기차 판매량은 15만 대 정도로 추산됩니다. 샤오펑 P5(중형 세단, 2021년 출시), P7(스포츠 세단, 2020년 출시), G3(소형 SUV, 2018년 출시), G9(대형 SUV, 2022년 출시)과 같은 전기차 모델을 가지고 있습니다.

샤오펑은 중국 전기차 시장에서 젊은 소비자층과 기술에 관심이 많은 고객들에게 어필하고 있습니다. 자율주행 기능인 X파일럿 3.5를 통해 고속도로 및 도시 주행 환경에서 레벨 2 수준의 자동 주행 보조 기능을 베타버전으로 제공하고 있으며, 여기에는 주차 보조 기능 기술도 포함되어 있습니다. 이러한 스마트한 기능과 대형 터치스크린을 통한 편리한 사용자 경험 제공이 강점으로 작용하여, 기존 전통 자동차 브랜드와 차별화된 이미지를 구축하려고 합니다. 샤오펑은 여러모로 테슬라가 생각나게 하는 기업입니다.

중국 내 전기차 시장이 경쟁이 심화되는 가운데, 여러 기업들이 치열하게 생존 경쟁을 이어가고 있습니다. 중국 전기차 기업들이 시간이 지날수록 빠르게 기존에 전통적인 레거시 자동차 제조사 legacy OEM들을 추격해오고 있다는 느낌이 점점 강하게 듭니다. 우리의 통념처럼 마냥 중저가 전기차만 파는 것도 아닙니다. 샤오펑의 G9은 8천만 원 정도의 가격입니다. 기아자동차의 EV9과 비슷하거나 조금 싼 가격입니다. 우리 편견처럼 마냥 중국차가 세련되지 못하지만도 않습니다. 샤오펑의 G9에는 많은 편의 기능과 더불어 내장과 외장에도 많은 신경을 썼습니다. 더불어 테슬라의 레벨 2 자율주행 보조 기술인 FSD full-self driving(이에 대해서는 다음 장에서 보다 자세히 말씀드리겠습니다)가 떠올려지는 샤오펑의 레벨 2 주행 보조인 X파일럿 XPilot 기능도 있습니다.

시간이 갈수록 중국 전기차의 차량 내외부와 편의 기능의 수준이 빠르게 좋아지고 있는 느낌입니다. 다만, 아직 브랜드 가치와 안전

딥테크 전쟁, 시장을 파괴하는 창조적 독재자들

에 대한 신뢰도는 조금 더 쌓을 필요가 있어 보이며, 안정적인 매출 구조 확보를 통한 자금력 확보도 중국 전기차 기업들의 지속 가능성을 위해 중요하게 챙겨봐야 할 포인트입니다. 앞으로 관건은 전기차 브랜드 충성도와 브랜드 가치에 대해 소비자들이 가성비와 저울질을 할 때, "소비자들이 자신의 마음(가심비)과 지갑 사정(구매력) 중에 어느 것을 선택할까?"라는 지점일 것입니다. 중국 전기차들이 앞으로 어떤 혁신으로 우리를 놀라게 하고, 어느 정도로 중국과 글로벌 소비자들의 선택을 받을 수 있을지 조금 더 긴 안목으로 지켜봐야 하겠습니다.

전기차를 제패하려는 각국의 EV 전쟁

세계 주요 국가들은 전기차 및 배터리 산업을 육성하기 위해 다양한 정책과 전략을 시행하고 있습니다. 이러한 정책들은 국가마다 경제적, 환경적, 기술적 상황에 따라 다르게 전개되며, 각국의 목표와 우선순위를 반영합니다. 미국, 중국, 유럽연합EU, 일본의 전기차 및 배터리 관련 정책을 비교 분석하여, 각국의 전략적 차이와 그 효과를 살펴보겠습니다.

전방위로 지원하는 미국

▶▶

미국은 전기차 보급과 배터리 기술 개발을 위해 여러 가지 인센티브와 지원 정책을 시행하고 있습니다. 미국 정부는 전기차 구매 보조금, 세금 감면, 연구개발 지원 등 다양한 정책을 통해 전기차 시장을 활성화하고 있습니다. 미국 정부의 관련 정책에 대해 세액 공제, 충전 인프라, 연구 개발, 충전 표준 등 크게 4가지 내용에 대해 살펴보고자 합니다.

첫째, 미국 정부는 전기차 구매 시 최대 7,500달러의 세금 공제를 제공하고 있습니다. 이는 소비자들이 전기차를 구매하는 데 있어 경제적 부담을 줄이는 데 큰 도움이 됩니다.

둘째, 미국은 연방 및 주정부 차원에서 전기차 충전 인프라를 확장하는 데 주력하고 있습니다. 미국은 2023년 기준으로 대략 110만 대 이상의 전기차를 보유하고 있으며, 전기차 충전소EV charging station 수는 2022년 기준 5만 곳 이상입니다(여기서 말하는 충전소는 충전기Charger들이 모여 있는 장소를 의미). 이는 전기차 22대당 1곳의 충전소가 있는 셈으로, 중국(전기차 3.5대 당 1곳의 충전소 수준)에 비해서는 충전 인프라가 부족한 상황입니다. 이러한 상황을 극복하기 위해 바이든 행정부는 2030년까지 50만 개의 충전소를 설치하는 목표를 세우고 있습니다.

셋째, 미국 에너지부는 배터리 기술 개발을 위한 연구개발R&D 자금을 지원하고 있으며, 이를 통해 배터리의 에너지 밀도, 안전성, 수명을 개선하는 데 중점을 두고 있습니다. 특히, 2022년 8월부터 시행된 미국의 인플레이션 감축법IRA에는 전기차 및 배터리 관련 연구개발 자금이 포함되어 있습니다. 이 법안은 미국의 전기차 및 배터리 기술 개발을 지원하기 위해 약 7억 달러를 배정하여, 배터리 공급망을 강화하고 배터리 모듈 제조를 촉진하는 프로그램을 마련하고 있습니다. 또한, 배터리 재활용 및 핵심 광물 처리 프로젝트를 위한 자금도 지원하여, 배터리 생산의 지속 가능성을 높이려 하고 있습니다.

넷째, 미국 환경보호청Environmental Protection Agency, EPA과 교통부Department of Transportation, DoT는 배출가스 규제와 연비 기준을 강화하여 자동차 제조업체들이 전기차 생산을 늘리도록 유도하고 있습니다. 또한, 미국은 NACSNorth American Charging Standard 표준을 통해 전기차 충전 인프라의 통일성과 호환성 향상을 도모하고 있습니다. 주요 자동차 제조업체들이 이 표준을 채택하여 다양한 충전기와의 호환성을 확보하고, 충전 편의성을 향상시키고 있습니다. 최근에는 테슬라를 비롯한 여러 기업들이 NACS 표준을 지원하는 충전소를 확대하고 있으며, 이는 전기차 보급을 촉진하는 중요한 요소로 작용하고 있습니다. 미국 정부는 NACS 표준을 통해 충전 인프라 구축을 촉진하고, 전기차 사용자의 편의성을 높이고자 합니다.

배터리 기술 투자의 중국
▶▶

중국은 전 세계에서 가장 적극적으로 전기차 산업을 육성하고 있는 국가 중 하나로, 정부 주도의 강력한 정책을 통해 빠른 성장을 이루고 있습니다. 크게 다음의 3가지 정책을 살펴보겠습니다.

첫째, 중국 정부는 전기차 구매자에게 대규모 보조금과 세금 감면 혜택을 제공하여 전기차 보급을 촉진하고 있습니다. 2024년 현재 중국은 전기차 구매자들에게 상당한 보조금과 세금 감면 혜택을 제공하고 있습니다. 중국 정부는 전기차 구매 시 최대 1만 2,600위안(약 1,750달러)의 보조금을 제공하며, 전기차 구매자들은 2024년과 2025년에 차량 구매세를 전액 면제받을 수 있습니다. 이 세금 혜택은 2026년과 2027년에는 절반으로 줄어들 예정입니다.

둘째, 중국은 전국적으로 광범위한 충전 인프라를 구축하고 있습니다. 구체적인 수치는 자료마다 조금씩 다를 수 있으나, 2021년 기준으로 대략 220만 곳 이상의 전기차 충전소를 운영하고 있습니다. 중국 내 전기차 수는 2023년에 약 810만 대로 증가하였고, 이는 2022년의 중국 전기차 수에 비해 대략 35% 정도 증가한 수치이자, 2023년 전체 차량 판매의 약 40%를 차지하고 있습니다. 그렇다면, 대략 전기차 3.5대 당 1곳의 충전소가 존재하는 셈입니다. 중국의 충전 인프라 규모는 글로벌 최대 규모이고, 충전소 비율 역시 전 세계에서 최고로 높은 수준입니다.

셋째, 중국 정부는 배터리 기술 개발을 위한 대규모 R&D 투자를 진행하고 있으며, 배터리 재활용 시스템도 구축하여 지속 가능한 산업 생태계를 조성하고 있습니다. 중국의 배터리 재활용 능력은 다음 수치에서도 알 수 있습니다. 2023년 전 세계는 합계 300기가와트시GWh의 배터리 재활용 용량을 달성했는데, 이 중 80%가 중국에서 진행되었고, 미국과 유럽은 2% 미만이었습니다.

규제를 통해 육성하는 EU
▶▶

EU는 환경 보호와 지속 가능한 에너지 전환을 위해 강력한 전기차 보급 정책을 시행하고 있습니다. 크게 다음의 4가지 정책을 살펴보고자 합니다.

첫째, 유럽은 엄격한 배출가스 규제를 통해 자동차 제조업체들이 전기차 생산을 늘리도록 유도하고 있으며, 탄소 배출권 거래제를 통해 경제적 인센티브를 제공합니다. EU는 자동차 제조업체들이 전기차 생산을 늘리도록 유도하기 위해 매우 엄격한 배출가스 규제를 시행하고 있습니다. 2023년 3월, EU 회원국들은 2035년부터 내연기관 차량의 판매를 금지하는 규정을 거의 만장일치로 채택했습니다. 이 규정은 유럽의 'Fit for 55' 기후 패키지의 일환으로, 2030년까지 이산화탄소 배출을 55% 감소시키고, 2035년부터는 100% 감소 목표를 설정하고 있습니다. 이를 통해 EU는 2050년까지 탄소 중립을 달성하려는 목표를 설정하고 있습니다.

특히, 노르웨이는 전기차 보급에 상당히 적극적입니다. 노르웨이에서 내연기관 차량ICE을 구매할 경우, 차량의 무게와 이산화탄소 및 질소산화물NOx 배출량에 따라 매우 높은 구매세가 부과됩니다. 이로 인해 대형 차량이나 배기량이 높은 차량의 구매 비용이 높아지는 반면, 전기차는 구매세와 25%의 부가가치세^{VAT} 면제를 받아 상대적으로 가격 경쟁력이 있습니다. 2023년부터는 전기차에도 일정 무게 이상의 차량에 대해 구매세가 부과되지만, 여전히 내연기관 차량에 비해 낮은 편입니다.

둘째, EU 회원국들은 전기차 구매 시 보조금과 세금 감면 혜택을 제공하고 있으며, 이는 국가별로 다르게 운영되고 있습니다. 국가마다 다르지만 보통 2,000유로에서 7,000유로 사이입니다. 예를 들어, 프랑스의 경우 전기차 구매 시 개인 소비자는 최대 5,000유로를 받을 수 있고, 법인이 구매 시 최대 3,000유로의 보조금을 받을 수 있습니다.

셋째, EU는 그린 딜The European Green Deal을 통해 2030년까지 온실가스 배출량을 1990년 대비 최소 55% 줄이고, 2050년까지 탄소 중립을 달성하고자 합니다. 이러한 목표를 위해 2020년 12월 유럽연합 집행위원회EU Commission는 '지속 가능한 스마트 모빌리티 전략Sustainable and Smart Mobility Strategy'을 발표하여 대규모 전기차 충전 인프라 투자를 계획하고 있으며, 2025년까지 100만 곳의 충전소를 설치하는 목표를 제시했습니다. 2023년 기준으로 EU 내 전기차 수는 약 320만 대이고, 73만 곳 이상의 전기차 충전소가 운영되고 있습니다. 이는 전기차 약 4대당 1곳의 충전소가 있는 비율로 미국보다 높은 수준입니다.

넷째, EU는 배터리 기술 개발과 재활용을 촉진하기 위해 2017년 '유럽 배터리 얼라이언스European Battery Alliance, EBA'를 설립하여, 유럽의 여러 국가들과 유럽 기업들이 함께 힘을 합쳐, 순환 경제를 통해 자원 효율성을 높이는 데 주력하고 있습니다. 이를 통해 배터리 생산과 사용의 모든 단계에서 협력을 강화하여 유럽이 배터리 분야에서 선도적인 위치를 차지하고자 합니다.

기술 개발 지원하는 일본
▶▶

일본 역시 기술 혁신과 산업 경쟁력 강화를 위해 전기차 및 배터리 산업을 적극 육성하고 있습니다. 크게 다음의 3가지 정책을 살펴보고자 합니다.

첫째, 일본 정부는 전기차 구매 시 소비자들에게 보조금을 제공하여 전기차 구매를 장려하고 있습니다. 2023년 기준으로 일본에서 전기차 구매 시 제공되는 최대 보조금은 전기차 한 대당 최대 65만 엔이며, 특정 조건을 충족할 경우 최대 85만 엔까지 증가할 수 있습니다. 이 조건에는 1회 완충 후 최대 주행 거리와 전기 소비 효율 등이 포함됩니다.

둘째, 일본은 전국적으로 충전소를 설치하고 있으며, 특히 고속도로 휴게소와 주요 도시에 집중적으로 충전 인프라를 구축하고 있습니다. 일본은 2023년 기준으로 전기차 수가 약 50만 대 수준이고, 전기차 충전소 수는 약 3만 곳 이상으로 전기차 16대당 1곳꼴로 충전소가 있습니다.

셋째, 일본 정부와 민간 기업은 배터리 기술 개발에 대규모 투자를 진행하고 있으며, 고성능 배터리와 차세대 배터리 기술 연구에 집중하고 있습니다.

일본 정부는 배터리 기술 개발을 위해 대규모 R&D 지원금을 제공하고 있습니다. 특히, 일본 과학기술진흥기구Japan Science and Technology Agency, JST에서 다양한 프로그램을 통해 연구개발을 지원하고 있으며, 이러한 프로그램에는 차세대 배터리 기술 개발을 포함한 여러 프로젝트가 포함됩니다. 예를 들어, 일본 정부는 문샷 R&DMoonshot Research and Development 프로그램과 같이 성공이 어렵지만 사회적 영향과 효과가 큰 연구개발 프로젝트에 자금을 지원하고 있습니다. 또한, 일본 정부는 배터리 연구 및 개발에 대한 예산을 확충하고 있으며, 최근 몇 년 동안 전기차와 관련된 R&D에 상당한 금액을 투자하고 있습니다. 가령 일본 정부는 2023년 배터리 기술 연구개발을 위해 약 1,000억 엔을 지원했습니다.

한국의 전기차
차별화 전략

앞서 살펴본 내용들을 통해 각국 정부는 치열하게 전기차 산업을 육성하고 국익을 높이기 위해 여러 정책적 지원을 아끼지 않고 있으며, 글로벌 주요 기업들 역시 최선을 다해 기술개발과 시장확보를 위해 노력하고 있음을 알 수 있었습니다. 그렇다면 한국은 어떤 전략이 있을까요?

2023년 기준으로 한국에는 대략 누적 50만 대 이상의 전기차가 등록되어 있으며, 2만 5천 곳 이상의 전기차 충전소가 운영되고 있습니다. 이는 전기차 2대당 1개의 충전소가 있는 셈으로, 중국의 전기차 3.5대당 1개의 충전소보다 높은 비율이며 세계 최고 수준입니다.

차세대 배터리를 준비하다

▶▶

한국 역시 전기차와 배터리 생산에 있어 글로벌 수준에서 선도하는 그룹leading group 중 하나입니다. 그럼에도 불구하고 급변하는 기술과 시장 속에서 우리는 앞으로 어떤 점들을 고려하면서 나아가야 할까요? 우선 향후에 전기차와 배터리의 미래에 있어 다음의 4가지 사항을 함께 고려해 보면 좋지 않을까 싶습니다.

먼저, 차세대 배터리에 대한 준비입니다. 한국 정부와 주요 기업들은 이미 배터리 시장의 미래를 열심히 준비하고 있습니다. 기존의 리튬이온 배터리는 고성능과 에너지 밀도로 인해 많은 전자 기기와 전기차에서 널리 사용되고 있지만, 화재 위험성을 내포하고 있습니다. 이러한 위험성의 양상 중 하나는 배터리 셀이 과열될 때 발생하는 열폭주thermal runaway입니다. 열폭주는 내부 단락, 외부 손상, 과충전 또는 과방전 등 여러 사유로 인해 배터리 내부의 화학 반응이 통제되지 않고 연쇄적으로 일어나면서 온도가 급격히 상승하는 현상입니다. 이 과정에서 배터리 내부의 전해질이 발화하거나 폭발할 수 있으며, 이는 심각한 화재로 이어질 수 있습니다. 따라서 리튬이온 배터리의 안전한 사용과 관리를 위해 과충전 방지, 온도 관리, 보호 회로 설계 등 다양한 안전장치가 필요하며, 화재 시 차량 외부에서 어떻게 화재 진압을 효과적으로 진행할 수 있을지에 대한 고려도 필요합니다.

기존의 리튬이온 배터리보다 안전성과 효율성이 높은 전고체 배터리Solid-state battery, 리튬황 배터리Lithium-Sulfur battery, 나트륨이온 배터리 Sodium-ion battery 등의 연구개발이 활발히 진행되고 있습니다. 전고체 배터리는 전해질을 고체로 대체하여 리튬이온 배터리에 비해 화재 위험성이 낮아, 안전성을 높이는 동시에 에너지 밀도를 증가시켜 보다 높은 효율성을 제공합니다. 삼성SDI와 LG에너지솔루션은 전고체 배터리 개발에 집중하고 있으며, 2027년까지 상용화를 목표로 하는 계획을 발표한 바 있습니다.

다음으로, 다양한 배터리 제품 라인을 준비해야 합니다. 리튬황 배터리는 기존 리튬이온 배터리보다 더 많은 에너지를 저장할 수 있지만, 내구성 문제로 상용화에 어려움을 겪고 있습니다. 그러나 최근 연구에서는 이러한 문제를 해결하기 위한 다양한 방법들을 모색하고 있습니다. 마지막으로, 나트륨이온 배터리는 리튬 대신 나트륨을 사용하여 비용을 절감하고 자원 확보 문제를 해결할 수 있는 장점을 가지고 있습니다. SK온SK on은 나트륨이온 배터리 연구를 진행 중인 상황입니다.

전기차를 둘러싼 배터리 전쟁
▶▶

최근 중국 전기차 시장이 심상치 않습니다. 전기차 시장도 거대해졌고, 중국의 전기차 제품들에서 신선한 지점들이 발견되는 빈도가 조금씩 많아지고 있습니다. 중국은 '신에너지 자동차'라는 워

딩으로 배터리전기차battery electric vehicle, BEV(테슬라 모델 3 등을 지칭하는 단어), 수소연료전기차fuel cell electric vehicle, FCEV(현대자동차 넥쏘Nexo 등을 지칭하는 단어), 플러그인 하이브리드 자동차plug-in hybrid electric vehicle, PHEV(토요타자동차 프리우스 등을 지칭하는 단어) 등의 친환경차를 표현합니다.

2023년 중국은 자동차 생산이 무려 3,000만 대가 넘어섰고, 이 중 신에너지 자동차 비중은 960만 대입니다. 현대자동차와 기아자동차를 합쳐서 2023년 한 해 차량 판매량이 730만 대 정도 수준임을 감안하면 엄청난 수치입니다. BYD는 2023년 한 해 동안 300만 대의 차량을 판매하여 글로벌 자동차 기업 판매 10위를 달성했고, 친환경차 기준으로는 테슬라를 제치고 1위를 달성했습니다.

아직 BYD의 전기차 판매는 중국 내수 비중이 높지만, 2023년 BYD의 해외 수출은 2022년보다 300% 이상 증가한 24만 대 이상을 기록하여 빠른 속도로 증가 중입니다. 왜 제가 차세대 배터리를 얘기하다가 다시 중국 전기차 이야기를 하는 걸까요? 바로 한국이 강한 NCM 배터리(삼원계 리튬이온 배터리) 이외에도 다른 LFP 배터리(리튬인산철 배터리)와 나트륨 등 다양한 옵션을 고려해야 하고, 이러한 연장선상에서 다양한 선택지를 가지기 위해 우리가 차세대 배터리를 준비해야 한다는 말을 하고 싶었기 때문입니다.

NCM 배터리는 에너지 밀도가 높으나, 원자재 가격이 높아 상대적으로 가격이 높은 프리미엄 전기차 라인에 주로 들어갑니다. 하지만 중국 전기차의 경우 중저가가 많고, NCM 배터리보다 성능은 낮으나 가격이 상대적으로 저렴한 LFP 기반의 전기차가 많습니다.

저는 지금 어떤 배터리가 더 좋다는 말을 하려는 것이 아닙니다. 시장에서는 다양한 선택지의 전기차 제품들을 원하고 있습니다. 이에 대한 다양한 배터리 선택지를 준비해 볼 때입니다.

또한, 만약 한국의 자동차 업계와 배터리 업계가 LFP 배터리에 대해 우선순위를 미룬다면, 그 대신 전략적으로 우리가 프리미엄 라인에 어떤 가치를 부여하여 시장에 차별성을 가져갈지에 대해 고민이 필요할 것입니다. 전기차를 통한 에너지 대전환에는 우리가 아는 소형 차량라인부터 고급 차량까지 모두 포함될 것입니다.

포르쉐 역시 마칸을 포함하여 전기차 제품 라인을 늘려나가고 있습니다. 이런 럭셔리 카의 전동화에 적용될 수 있는 배터리 기술과 성능, 가치를 우리가 제시한다면 어떨까요? 고급 차량 라인에서도 현대자동차는 2024년 3월 미국에서 네오룬NeoLun 콘셉트를 통해 GV90 전기차의 미래상을 제시하였습니다. 반가운 일입니다. 이런 다양한 시도들이 글로벌 전기차 시장을 확대하고, 탄소 저감 시대를 앞당기는데 도움이 되기를 바랍니다.

수소연료 전기차 차별화 전략
▶▶

다음으로 고려해 볼 사안은 한국이 잘 준비하고 있는 미래의 수소 연료전지입니다. 지구에서는 수소를 만들고 저장하는 것이 어렵지만, 우주에서 가장 흔한 물질 중 하나인 수소를 활용하여 전기를

딥테크 전쟁, 시장을 파괴하는 창조적 독재자들

생산하면 배출물로 물만 나오기 때문에, 수소는 환경적으로 깨끗한 에너지원이라고 할 수 있습니다. 무엇보다 수소는 현재의 전기차 배터리와 달리 니켈, 망간 등 희귀광물들이 상대적으로 거의 들어가지 않는다는 점에서 차별성을 갖는 하나의 다른 선택지가 될 수 있습니다.

현대자동차는 수소전기차(보다 정확하게 앞에서 말한 수소연료전기차 FCEV를 의미)인 넥쏘를 출시하며 수소연료전지 기술 개발에 앞장서고 있으며, 관련 인프라 구축에도 힘쓰고 있습니다. 수소는 전기차 배터리와 달리 충전 시간이 짧고, 주행 거리가 길다는 장점이 있습니다. 수소전기차는 버스와 화물트럭과 같이 사람과 물건을 운반하는 중장거리 이동에 적합할 수 있습니다. 아직 현재 기술로는 수소 충전소, 수소 생산 등 여러 허들이 존재하지만, 그럼에도 불구하고 수소라는 미래의 선택지도 잘 준비해야 합니다.

현대자동차는 스위스에 수소전기트럭인 엑시언트Xcient 48대를 판매한 바 있습니다. 2020년부터 지금까지 스위스에서 1,000만 km 이상의 주행거리를 기록하고 있는 좋은 사례를 가지고 있습니다. 엑시언트 수소전기트럭은 10~20분가량의 충전 시간으로 최대 400km의 주행이 가능합니다. 이러한 특성은 상용차에 적합합니다. 한국 정부와 기업들은 수소 경제 활성화를 위해 다양한 정책과 투자를 진행 중입니다. 예를 들어, 수소 충전소의 확충, 수소 생산 기술 개발, 그리고 수소 관련 밸류체인 구축 등이 포함됩니다. 이러한 노력은 수소 연료전지 차량의 대중화를 가속화하고, 더 나아가서는 한국이 앞으로 글로벌 무대에서 수소 경제와 수소 산업을 이끌어 나가는데 기여할 것입니다.

분산된 에너지를 관리하는
가상발전소
▶▶

이번에는 좀 더 큰 얘기를 해보고자 합니다. 전기차를 단순히 친환경차 보급으로만 한정지어 생각하지 말고, 보다 넓게 사고를 확장하여 가상발전소virtual power plant, VPP와 V2GVehicle-to-Grid 개념을 국가 전력망 전략에 적극적으로 반영하기 위한 노력들이 시급합니다. 여기에서 가상발전소는 분산된 에너지 자원distributed energy resources, DER을 통합하고 관리하여 마치 하나의 발전소처럼 운영되는 시스템을 의미합니다. 전기차와 배터리는 단순히 모빌리티 운행에만 그치지 않습니다. 국가 에너지 전략에 있어 전기차와 배터리는 중요한 한 축을 담당하고 있습니다. 가상발전소는 전기차와 배터리가 단순한 모빌리티 수단을 넘어 에너지 관리와 공급 측면에서도 중요한 역할을 할 수 있음을 보여줍니다. 가상발전소는 분산된 에너지 자원을 통합하고 관리하여 마치 하나의 발전소처럼 운영되는 시스템을 의미합니다. 이를 통해 전력망의 안정성을 높이고, 에너지 효율성을 극대화할 수 있습니다.

가상발전소의 주요 구성 요소에는 태양광 패널, 풍력 터빈, 배터리 저장 시스템ESS, 전기차, 그리고 전력망을 효율적으로 관리할 수 있는 스마트 그리드 기술 등이 포함됩니다. 이들 요소들은 상호 연결되어 실시간으로 데이터를 교환하고, 전력 수요와 공급을 조절합니다. 태양광이나 풍력으로 생산된 잉여 전력은 배터리 저장 시스템이나 전기차 배터리에 저장될 수 있습니다. 필요할 때 전기차 배터리에 저장된 전력을 다시 전력망에 공급함으로써 전력 수요를 충족시킬 수 있습니다. 이렇듯 전기차는 가상발전소에서 중요한 역할을 합니다. 전기차의 배터리는 이동할 수 있는 에너지 저장 장치로, 전력망의 수요와 공급을 조절하는 데 유용하게 활용될 수 있기 때문입니다. 다시 말해, 전기차가 충전될 때는 전력망에서 전기를 소비하지만, 반대로 필요할 때는 전기차 배터리에 저장된 전기를 다시 전력망에 공급할 수 있기 때문입니다. 이를 V2G 기술이라고 하며, 전력망의 피크 수요를 낮추고 전력 공급의 안정성을 높이는 데 기여할 수 있습니다.

이러한 가상발전소와 V2G 전략에 가장 앞선 국가 중 하나가 미국입니다. 특히, 미국 텍사스주와 테슬라는 가상발전소 분야에서 앞서 나가고 있습니다. 텍사스주는 풍부한 재생 에너지 자원과 독립적인 전력망 체계를 바탕으로 가상발전소의 실험과 도입에 유리한 환경을 갖추고 있습니다. 특히, 텍사스 전력 신뢰성 위원회electric reliability council of Texas, ERCOT를 통해 가상발전소 관련 활동들이 이뤄지고 있습니다. 텍사스주는 미국 내에서 재생 에너지 발전이 활발하게 이루어지는 지역 중 하나로, 특히 풍력과 태양광 발전이 중요한 역할을 하고 있습니다. 텍사스주는 에너지 자원의 효율적 관리를 위한 새로운 방법을 모색해 왔습니다. 가상발전소는 이러한 요구에 부합하는 솔루션으로 주목받고 있습니다.

테슬라는 텍사스에서 가정용 태양광 패널과 파워월Powerwall 배터리 저장 시스템을 통합하여 가상발전소를 구축해 나가고 있습니다. 테슬라의 파워월은 가정용 에너지 저장 장치로, 태양광 패널에서 생산된 전기를 저장하고, 전기가 필요할 때 가정용으로 또는 전기차 충전 등에 사용할 수 있도록 도와줍니다. 이를 통해 가정에서는 에너지 자급자족을 실현할 수 있으며, 나아가 전력망에 여유 전력을 공급할 수도 있습니다. 텍사스주에서 테슬라는 수천 가구에 파워월을 설치하고 이를 네트워크로 연결하여 하나의 거대한 가상발전소를 운영하고 있습니다. 이를 통해 전력망의 수요와 공급을 실시간으로 조절하여 안정성을 높이는 데 기여할 수 있습니다.

특히, 전력 수요가 급증하거나 공급이 부족할 때, 파워월에 저장된 전기를 전력망에 공급함으로써 피크 수요를 낮추고 전력 공급의 안정성을 유지할 수 있습니다. 텍사스주는 앞서 2011년 겨울과 2021년 겨울 한파로 인한 전력 부족 및 정전 사태를 겪은 바 있습니다. 이러한 상황 속에서 가상발전소는 텍사스주에서 향후 잠재적으로 발생할 수 있는 정전 사태를 사전에 예방하는 동시에, 기존 전력망의 효율성을 극대화하는 데 큰 도움이 될 것입니다.

또한, 테슬라는 가상발전소 네트워크를 통해 소비자들에게 경제적 혜택을 제공하고 있습니다. 일차적으로 가정에서는 태양광 발전

딥테크 전쟁, 시장을 파괴하는 창조적 독재자들

으로 생산된 전력을 파워월에 저장하고 필요할 때 사용할 수 있어 전기 요금을 절감할 수 있습니다. 더 나아가 잉여 저장 전력을 전력 회사에 판매하여 추가 수익을 얻을 수 있습니다. 이는 소비자와 전력회사가 상호 이익을 공유하는 새로운 비즈니스 모델로 주목받고 있습니다.

한국에서도 가상발전소와 관련된 기술 개발과 인프라 구축에 많은 노력을 기울이고 있습니다. 한국전력공사^{KEPCO}를 비롯한 여러 에너지 기업들이 가상발전소 시스템을 도입하기 위한 여러 준비들을 하고 있으며, 스마트 그리드 기술과 연계하여 에너지 관리 시스템을 고도화하고 있습니다. 또한, 정부는 다양한 정책과 지원을 통해 가상발전소의 도입과 확산을 촉진하고 있습니다. 예를 들어, 재생에너지 발전소와 배터리 저장 시스템의 설치를 장려하고, 관련 기술 연구개발을 지원하는 프로그램을 운영하고 있습니다.

현대자동차 역시 V2G 관련한 미래를 준비하고 있습니다. 현대자동차는 전기차 배터리를 통해 전력을 양방향으로 흐르게 하는 기술을 개발하고 있습니다. 이는 전기차 배터리가 충전뿐만 아니라, 저장된 전기를 다시 전력망으로 공급할 수 있게 합니다. 이를 통해 전력망의 피크 수요를 줄이고, 전력 공급의 안정성을 높일 수 있습니다. 또한, 전기차 소유자는 필요 시 저장된 전력을 판매하여 경제적 이익을 얻을 수 있습니다. 현대자동차는 스마트 그리드 기술과의 연계를 통해 V2G 시스템을 최적화하고 있습니다. 스마트 그리드는 실시간으로 전력 수요와 공급을 조절할 수 있는 기술로, V2G 시스템과 결합하여 전력 효율성을 극대화할 수 있습니다. 현대자동차는 이를 통해 전기차 배터리가 전력망의 안정성을 높이는 데 기여할 수 있도록 하고 있습니다.

아울러 현대자동차는 여러 국가에서 V2G 기술을 시험하고 시범 프로젝트를 운영하고 있습니다. 일례로, 네덜란드의 유트레흐트 Utrecht에서 아이오닉 5IONIQ 5 전기차를 배치하여 현지 업체와 V2G 프로젝트를 진행하고 있습니다. 이를 통해 주택의 태양광 패널 및 양방향 충전소의 전력망과 전기차 배터리 간 쌍방향 연계를 통해, 많은 양의 에너지가 소비되는 피크 타임peak time에는 전기차가 주택과 건물의 전력망에 에너지를 다시 공급할 수도 있는 V2G 체계를 구축하고자 하고 있습니다. 앞으로 가까운 미래에 한국에서도 전기차와 충전 인프라를 태양광 발전 등과 연계한 가상발전소와 V2G 관련 기술 및 서비스를 실생활에서 보다 폭넓게 경험할 수 있게 되기를 기대해봅니다.

배터리 재활용 등 밸류체인의 구축
▶▶

마지막으로 배터리 재활용 등 배터리 생애주기별 밸류체인 구축의 필요성을 강조하고 싶습니다. 우리나라는 배터리 생산에 있어서는 강점을 가지고 있습니다만, 배터리 제작에 필수적인 원자재라고 할 수 있는 리튬, 코발트, 니켈 등은 대부분 수입에 의존해야 하는 상황입니다. 이러한 상황에서 한국은 배터리 생산에 필요한 원자재의 안정적인 확보를 통해 배터리의 안정적인 생산을 꾀해야 합니다. 배터리 제작에 필요한 원자재들을 해외의 여러 국가로부터 수입하는 일도 중요하지만, 다른 한편으로는 배터리 재활용을 통해 이러한 원자재를 회수하고 재사용함으로써 자원 확보의 어려움을 완화하고 생산 비용을 절감할 수 있는 방법도 존재합니다.

배터리 재활용을 통해 배터리 생산에 필요한 모든 원재료를 충당할 수 없겠지만, 원자재 수급 불안정을 줄이고, 급격한 원자재 가격 상승 리스크에 대응할 수 있는 중장기 방안이 될 수 있습니다. 또한, 배터리 생산 및 폐기에 따른 환경 오염 문제는 심각한 이슈입니다. 배터리에 포함된 중금속과 화학 물질은 적절히 처리되지 않을 경우 토양과 수질을 오염시킬 수 있습니다. 배터리 재활용을 통해 이러한 유해 물질의 유출을 막고, 환경을 보호할 수 있습니다.

앞으로 가까운 미래에 한국에서도 전기차에서 나온 '사용 후 배터리들'의 처리 문제가 제기될 것입니다. 현재까지 전기차 보급이 빠르게 이루어지면서, 몇 년 안에 대량의 사용 후 배터리가 발생할 것으로 예상됩니다. 이러한 배터리를 효과적으로 처리하고 재활용하는 시스템을 구축하는 것이 중요합니다.

한국이 배터리 재활용 관련한 밸류체인을 구축해 나가기 위해서는 여러 가지 접근들이 필요합니다. 배터리 재활용 산업 생태계를 구축하여 다양한 이해관계자 간의 협력을 촉진해야 합니다. 이는 배터리 제조사, 재활용 기업, 정부 기관, 연구 기관 등이 협력하여 지속 가능한 배터리 생태계를 조성하는 데 도움이 됩니다. 또한, 국제적인 협력을 통해 글로벌 배터리 재활용 표준을 마련하고, 이를 통해 국제 경쟁력을 강화할 수 있을 것입니다.

이와 관련해서 정부에서도 배터리 재활용에 관한 법적 요건과 정책들을 마련하여 배터리 재활용 산업 육성을 꾀하고 있습니다. 앞서 중국이 그러했듯이 한국도 배터리 재활용 업체에 대한 체계적인 육성과 더불어 배터리 생산부터 재활용까지 전 주기에 걸친 데이터 베이스ᴰᴮ 관리 체계를 구축할 필요가 있습니다. 중국은 이미 배터리 재활용 시스템을 체계적으로 구축하고 있으며, 이를 통해 효과적으로 재활용이 이루어지고 있습니다.

이러한 차원에서 한국 정부에서 발표한 2024년 7월, 사용 후 배터리 산업 육성을 위한 법, 제도, 인프라 육성방안은 배터리 공급망 데이터 플랫폼과 사용 후 배터리 유통 및 거래 정보 시스템을 구축하기로 한 반가운 내용이었습니다. 한국도 앞으로 중국의 배터리 산업 육성 경험을 반면교사 삼아 배터리 재활용 업체를 육성하고, 재활용 데이터를 체계적으로 관리함으로써 효율성과 투명성을 높여 나가기를 기대해 봅니다.

2장

자율주행,
도시와 인간을
연결하는 모빌리티

DEEP

TECH

WAR

자율주행
기술의 탄생

자율주행 기술의 시작은 미국 국방부의 방위고등기술계획국^{DARPA} 에서 미래 전투 체계를 구상하면서 시작한 무인전투차량 콘셉트에서 출발하였습니다. DARPA는 국가 안보와 기술 경쟁력을 강화하기 위해 미래에 필요할 수 있는 원천기술과 첨단 기술에 대한 연구개발^{R&D}을 전폭적으로 지원하는 기관입니다. 구글은 문샷^{moonshot} 프로젝트를 통해 혁신적이고 파괴적인 미래 유망 기술 개발과 연구를 통해 인류의 큰 문제를 해결하기 위해 노력해오고 있습니다. 미국 정부 차원에서 유사한 역할을 수행하는 DARPA는 인터넷과 같은 혁신적인 기술의 탄생지로 잘 알려져 있습니다.

군사 목적으로 태어난 신기술

▶▶

소련의 스푸트니크 쇼크 이후, 미국은 과학기술 경쟁력을 높이기 위해 1958년 DARPA를 설립합니다. DARPA는 전통적인 연구개발 방식을 탈피하여, 고위험 고수익의 혁신적인 프로젝트를 추진합니다. DARPA의 목표는 첨단 기술을 통해 미국의 군사적 우위를 확보하고, 국가 안보를 강화하는 것입니다.

DARPA의 자율주행 기술 연구는 주로 군사적 목적으로 시작되었습니다. 특히, 무인전투차량 프로젝트는 병사의 생명을 보호하고, 전투 효율성을 높이는 데 중점을 두었습니다. DARPA는 2004년부터 다르파 그랜드 챌린지DARPA Grand Challenge라는 자율주행 경연대회를 개최하여, 무인차량 기술 개발을 촉진했습니다. 이 대회는 다양한 대학과 연구기관, 기업들이 참여하여 자율주행 기술을 경쟁적으로 발전시키는 장이 되었습니다. 첫 대회는 네바다주 모하비 사막에서 개최되었으며, 참가팀은 150마일(약 242km)의 거리를 무인차량으로 주행해야 했습니다. 비록 첫 대회에서는 완주한 팀이 없었지만, 2005년 대회에서는 5개 팀이 완주에 성공하며 자율주행 기술의 가능성을 입증했습니다.

이후 DARPA는 어번 챌린지Urban Challenge라는 대회를 통해 도시 환경에서의 자율주행 기술을 테스트했습니다. 이 대회에서는 무인차량이 복잡한 도시 환경에서 교통신호를 준수하고, 다른 차량과 상호작용하는 능력을 평가했습니다. DARPA의 무인전투차량 프로

딥테크 전쟁, 시장을 파괴하는 창조적 독재자들

젝트는 자율주행 기술 발전에 큰 기여를 했으며, 민간 분야로의 확산을 이끌었습니다. DARPA 대회를 통해 개발된 기술은 구글, 테슬라, 우버Uber 등의 기업에서 상용화되었으며, 자율주행 자동차의 상용화를 가속화했습니다. 특히, 구글의 자율주행 프로젝트는 DARPA 대회에 참여한 연구자들이 주축이 되어 시작되었습니다.

구글과 같은 빅테크big tech들은 자율주행 기술을 통해 교통사고를 줄이고, 교통 효율성을 높이는 것을 목표로 하고 있습니다. 현재 자율주행 기술은 빠르게 발전하고 있으며, 물류, 운송, 농업, 제조업 등 여러 분야에서 자율주행 기술이 도입되어 생산성을 높이고, 비용을 절감하고 있습니다. 또한, 자율주행 기술은 스마트 시티와 같은 미래 도시의 핵심 인프라로 자리 잡고 있습니다. DARPA의 무인전투차량 프로젝트에서 시작된 자율주행 기술은 이제 우리의 일상 속으로 깊숙이 파고들었으며, 앞으로도 그 발전 가능성은 무궁무진합니다. DARPA의 혁신적인 연구개발 모델은 자율주행 기술뿐만 아니라 다양한 첨단 기술의 발전을 이끌며, 미래 기술 경쟁력의 초석이 되고 있습니다.

자율주행의 발전과 레벨 수준
▶▶

자율주행 기술의 중요한 신호탄은 1999년에 설립된 이스라엘의 모빌아이Mobileye에서 시작되었습니다. 모빌아이는 이스라엘 히브

리대학교 교수인 아무논 샤슈아Amnon Shashua가 창업한 회사로, 자율주행 기술의 핵심 요소인 첨단운전자보조시스템Advanced driver assistance system, ADAS을 상용화하는 데 큰 역할을 했습니다. 모빌아이는 차량 정면 유리에 장착된 카메라 모듈을 통해 차선 이탈 방지와 차간 거리 탐지 등 운전자의 안전 주행을 돕는 다양한 기능을 제공하는 ADAS를 개발했습니다. 이러한 시스템은 도로의 차선과 차량, 보행자 등을 인식하여 운전자에게 실시간으로 경고를 하거나, 필요할 경우 차량을 제어하여 사고를 예방할 수 있도록 도와줍니다.

모빌아이는 설립 이후 빠르게 성장하여 전 세계 주요 자동차 제조사OEM들과 협력하게 되었습니다. BMW, 제너럴모터스GM, 포드 등 글로벌 자동차 브랜드와의 협력을 통해 모빌아이의 기술은 다양한 차량 모델에 적용되고 있습니다. 이는 모빌아이가 개발한 ADAS 기술의 신뢰성과 효용성을 입증하는 중요한 사례입니다. 모빌아이의 성공적인 상용화는 2017년 인텔Intel이 모빌아이를 인수하게 된 결정적인 계기가 되었습니다. 인텔은 모빌아이를 인수함으로써 자율주행 기술 개발에 박차를 가하고, 자율주행차 플랫폼을 구축하는 데 큰 진전을 이루었습니다. 모빌아이는 자율주행 기술의 상용화에 중요한 역할을 하며, ADAS 기술을 통해 운전자의 안전을 향상시키는데 기여하고 있습니다.

자율주행 수준level은 자동차가 얼마나 스스로 운전할 수 있는지를 단계별로 구분해 본 것입니다. 미국 자동차공학회Society of Automotive Engineers, SAE에서 규정하는 레벨 0부터 레벨 5까지 총 6단계로 나뉩니다. 물론 SAE에서 2014년에 '자율주행 용어에 대한 정의Taxonomy and definitions for terms related to driving automation systems for on-road motor vehicles'를 시작할 당시에는 떠오르는 기술인 자율주행에 대해 여러 사람들의 서로 다른 해석들로 인한 혼선을 막기 위해 시작했습니다.

하지만, 실제 어떤 차량의 자율주행 기능을 통해 자율주행 수준을 가늠할 때 여러 상황들과 조건들을 놓고 이것저것 따지고 들어가다 보면, 아주 분명하게 구분 짓기에는 다소 모호한 경우도 있는 것 같습니다. 미국 자동차공학회의 6단계 구분도 최대한 간단히 정의해보고 싶은 사람들의 마음이 반영된 도구이지, 단계별 세부 내용을 뜯어보면 다소 아리송해지는 지점들도 존재할 수 있다고 생각합니다. 그래서 이어서 설명할 각 자율주행 단계별 내용들에 대해 이런 정의와 흐름도 있다는 정도의 참고 사항으로 봐주시면 좋을 것 같습니다.

레벨 0은 사람이 모든 것을 직접 운전하는 단계입니다. 이때 자동차는 운전자가 필요로 하는 정보를 제공하기만 하고, 실제 운전은 모두 사람이 합니다. 레벨 1은 자동차가 일부 기능을 도와주는 단계로, 크루즈 컨트롤처럼 속도를 일정하게 유지해 주거나 차량 앞의 차선을 따라가는 기능이 있습니다.

레벨 2부터는 자동차가 조금 더 많은 자율주행 임무를 스스로 해보려는 단계입니다. 레벨 2는 자동차가 속도와 방향을 모두 조절할 수 있는 단계이긴 하지만, 여전히 사람 운전자가 주도권을 가지고 운행 전반의 상황에 대해 예의주시해야 하는 상태입니다. 레벨 3부터는 주행 중 사고 발생 시 자동차 제조사도 책임 소재에서 벗어나기 어려운 단계가 될 수 있습니다. 레벨 3는 특정 조건하에서 자동차가 자율주행을 할 수 있지만, 그 외에는 사람 운전자가 개입해야 합니다.

레벨 4는 자동차가 거의 모든 상황에서 자율적으로 운전할 수 있고, 아주 제한된 상황에서만 운전자가 필요합니다. 마지막으로 레벨 5는 자동차가 모든 상황에서 완전히 자율적으로 운전하는 단계로, 운전자가 필요하지 않은 상태입니다. 레벨 5에서 사람은 차량에 탑승만 하면 되는 것입니다.

미국, 자율주행 기업들의 치열한 경쟁

자율주행 기술은 미국에서 여러 기업들이 치열하게 경쟁하고 있는 혁신 기술 분야 중 하나입니다. 테슬라, 웨이모, 크루즈 등 선도적인 자율주행 기술 기업들이 여러 주에서 활발하게 활동하고 있으며, 이러한 경쟁은 미국 내에서도 각 주 간의 혁신 대결로 비춰지기도 합니다.

비밀 프로젝트로 시작한 웨이모
▶▶

미국 여러 주에서 자율주행 기술 개발을 지원하고, 관련 인프라와 법적 환경을 조성하기위해 노력하고 있습니다. 먼저 캘리포니아주는 자율주행 기술의 중심지 중 하나입니다. 실리콘밸리를 중심으로 캘리포니아는 다양한 레벨 4 수준의 로보택시robotaxi 파일럿 프로그램을 통해 자율주행 기술의 테스트베드로 자리매김하고 있습니다. 통상 웨이모와 크루즈의 로보택시는 레벨 4 수준으로 평가되나, 규제 당국의 가이드라인에 따라 제한된 지역에서 제한속도를 준수하며 사전에 허가받아 운행할 수 있습니다. 미국에서 로보택시 시범 서비스 운영은 운전석에 모니터링 요원이 탑승한 상태로 시작해서, 규제 당국의 추가 허가를 통해 운전자가 없는driverless 유상 서비스 운영까지 진행된 바 있습니다.

대표적인 글로벌 자율주행 기업 중 하나인 웨이모는 구글의 비밀 연구개발 프로젝트로 시작되었습니다. 2009년, 구글의 자율주행차 프로젝트로 시작한 웨이모는 점차 회사 규모를 키워, 2016년에 구글의 모회사인 알파벳Alphabet의 자회사로 독립했습니다. 웨이모의 목표는 자율주행 기술을 통해 도로 안전을 개선하고, 교통 약자 등 사람들에게 효율적인 이동 수단과 서비스를 제공하는 것입니다. 웨이모는 자율주행 기술을 개발하고 테스트하면서, 캘리포니아주 마운틴뷰Mountain View에서의 초기 테스트를 거쳐 피닉스, 샌프란시스코, 로스앤젤레스 등으로 확장해 나가고 있습니다. 웨이모는 다양한 교통 상황과 복잡한 도로 환경에서 자율주행 차량을 테스트하며, 기술을 고도화하고 상용화를 추진하고 있습니다.

웨이모의 로보택시 서비스는 이미 애리조나 피닉스와 샌프란시스코에서 운영되고 있으며, 로스앤젤레스의 다양한 지역으로 점차

딥테크 전쟁, 시장을 파괴하는 창조적 독재자들

확대 운영될 예정입니다. 웨이모의 로보택시 서비스는 로스앤젤레스 지역에서 24시간 운영되어 로스앤젤레스의 교통 혼잡을 해소하는데 조금이나마 기여하고, 다양한 교통 상황에 로보택시가 대응할 수 있는 데이터 축적을 할 수 있을 것으로 보입니다.

한편, 애리조나 역시 웨이모가 자율주행 테스트를 하면서 주목받게 된 주입니다. 2015년부터 애리조나 주지사는 자율주행 차량 테스트와 상용화를 촉진하기 위해 일련의 행정명령을 발효하기도 했습니다. 웨이모와 크루즈 같은 기업들은 미국에서 5번째로 인구가 많은 도시 피닉스에서 자율주행 차량을 테스트하고 상용화하고 있습니다. 애리조나의 규제 완화 정책은 자율주행 기술 개발을 촉진하고, 기업들이 자유롭게 혁신할 수 있는 환경을 제공하고 있습니다. 2018년부터 웨이모는 애리조나 피닉스에서 웨이모 원^{Waymo One} 자율주행 택시 서비스를 공식적으로 상용화하여 운영하고 있습니다. 사용자는 스마트폰 앱을 통해 자율주행 택시를 호출할 수 있으며, 편리하고 안전하게 이동할 수 있습니다. 피닉스의 다양한 도로 환경과 기후 조건에서 웨이모는 지속적으로 자율주행 기술을 테스트하고 있습니다.

GM 인수로 속도가 붙은 크루즈

▶▶

미국에서 대표적인 자율주행 기업 중 하나로 크루즈도 빼놓을 수 없습니다. 크루즈는 자율주행 기술 개발을 목적으로 2013년에 샌프란시스코에서 설립되었습니다. 샌프란시스코는 스탠퍼드대학교에서 비교적 가까운 거리에 있고, 우리가 통상 '실리콘밸리'로 부르는 팰로앨토나 샌타클래라 지역에 인접한 대도시로 미국 IT 업계를 대표하는 곳 중 하나입니다. 승차 공유 서비스인 우버 역시 2009년 샌프란시스코에서 시작한 기업이었죠. 2016년, GM이 크루즈를 인수하면서 자율주행 관련 기술 개발에 속도가 붙었습니다. 2017년부터 크루즈는 샌프란시스코에서 자율주행 차량 테스트를 합니다.

2021년은 크루즈에게 중요한 해였습니다. 크루즈는 샌프란시스코 당국의 허가를 받아, 로보택시 시범 서비스를 시작하여 자율주행 기반의 로보택시가 비즈니스 모델로서 어느 정도 가능성이 있을지 실질적인 서비스 침투 가능성을 시험하기 시작합니다. 시범 서비스는 제한된 지역에서 운영되었으며, 실제 도로 환경에서 다양한 데이터를 수집하고 기술을 고도화하는 데 중점을 두었습니다. 이러한 시범 서비스를 통해 자율주행 기술의 안전성과 효율성을 평가하고, 향후 상용 서비스로 확장하기 위한 준비를 해나갔습니다.

2022년에는 일반 대중들을 대상으로 자율주행 택시 서비스를 테스트할 수 있게 되었습니다. 크루즈는 샌프란시스코의 복잡한 도로 환경에서 자율주행 차량의 성능을 지속적으로 테스트하며, 다양한 주행 시나리오를 통해 시스템의 안정성을 강화해 나갈 데이터를 수집해 알고리즘을 개선해 나갔습니다. 로보택시 서비스를 통해 자율주행 기술을 대규모로 적용하기 위한 목표를 가진 크루즈는 시범

딥테크 전쟁, 시장을 파괴하는 창조적 독재자들

서비스를 통해 자율주행 기술의 신뢰성을 높이고, 대중의 신뢰를 얻기 위해 노력했습니다.

하지만, 곧이어 다가온 2023년은 크루즈에게 고난의 시작이었습니다. 캘리포니아 주정부는 일시적으로 크루즈의 자율주행 차량 허가를 철회했습니다. 크루즈 로보택시로 인해 인명사고가 발생하였고, 이 밖에도 길에서 크루즈 로보택시가 오작동으로 멈추는 등 기술적인 문제가 일어났기 때문입니다. 일련의 사건들은 사회적으로 자율주행 기술의 상용화 과정에서 발생할 수 있는 위험 요소와 안전성을 다시 한번 돌아보게 된 계기가 되었습니다.

2024년 4월부터 크루즈는 애리조나주 피닉스에서 안전 모니터링을 위해 운전자가 탑승한 상태에서 도로 정보를 수집하는 방식으로, 자율주행 서비스가 아닌 향후 자율주행 준비를 염두에 둔 사전 데이터 수집 작업을 재개한다고 발표했습니다. 이는 자율주행이 작동하지 않는 상태에서 운전자가 수동으로 차량을 운전하는 방식입니다. 실제로 크루즈의 많은 직원이 피닉스에 거주하고 있으며, 피닉스 시당국은 피닉스를 자율주행 등 첨단 기술의 인큐베이터로 만들기 위해 정책적인 노력을 이어가고 있습니다. 앞으로 크루즈의 로보택시 서비스 행보를 통해 우리는 자율주행과 로보택시가 어느 정도 실현가능한 내용인지 직간접적으로 가늠해 볼 수 있을 것입니다.

텍사스도 자율주행 기술과 관련하여 우리가 관심 있게 주목할 만한 주입니다. 텍사스주는 자율주행 기술의 발전을 위한 다양한 인프라와 법적 지원을 통해 혁신의 새로운 중심지로 부상하고 있습니다. 여기에는 테슬라 본사를 텍사스 오스틴으로 옮긴 것도 일정 부분 영향을 준 듯 합니다. 테슬라는 텍사스 오스틴에 대규모 공장 '기가 텍사스Giga Texas'를 세우며 텍사스를 자율주행 기술 개발의 주요 거점으로 만들었습니다. 기가 텍사스는 전기차 생산뿐만 아니라 자율주행 기술 연구개발에도 중점을 두고 있습니다. 테슬라는 이 지역에서 자율주행 기술을 테스트하고 상용화하기 위한 다양한 프로젝트를 진행 중입니다. 아울러 텍사스 주정부는 자율주행 차량의 테스트와 운영을 적극적으로 지원하는 법적 환경을 조성하고 있습니다. 2021년에 통과된 HB 3026 법안은 자율주행 차량이 기존의 인간 운전자에게 요구되는 여러 규제를 면제받을 수 있도록 하였습니다. 또한, 2017년부터 시행 중인 SB 1308 법안은 자율주행 기술 개발 및 상용화 촉진을 위한 내용을 담고 있습니다.

딥테크 전쟁, 시장을 파괴하는 창조적 독재자들

웨이모와
테슬라의 차이

이번에는 자율주행의 접근 방법에 대해 크게 웨이모와 테슬라의 사례를 통해 비교해 보겠습니다. 웨이모는 자율주행 로보택시 서비스를 위해서 고해상도 지도^{HD Map} 및 라이다^{LiDAR}, 레이더, 카메라 등 다양한 센서를 활용하여 자율주행 기술을 구현하고 있습니다. 이러한 전략의 배경에는 초기 실험에서의 경험이 큰 역할을 했습니다.

고해상도 지도를 기반으로 하는 웨이모
▶▶

웨이모의 초기 자율주행 실험 중 차량 내부에서 테스트 드라이버들을 카메라로 관찰했는데, 처음에는 운전에 집중하던 사람들이 시간이 지나면서 운전 자동화 보조에 익숙해져서 차 안에서 꾸벅꾸벅 졸거나 주의를 기울이지 않는 사례들이 관찰되었다고 합니다. 이러한 경험을 통해 웨이모는 사람에게 운전을 맡기지 않고, 기계가 자동으로 한 지점에서 다른 지점까지 운전해 주는 헤일링Car hailing 서비스와 로보택시에 관심을 갖게 됩니다.

웨이모는 자율주행 시스템의 안전성과 신뢰성을 높이기 위해 고해상도 지도를 기반으로 자율주행 차량을 운영합니다. 이 지도는 도로의 상세한 정보를 포함하고 있어, 자율주행 차량이 정확하고 안전하게 주행할 수 있도록 도와줍니다. 또한, 라이다, 레이더, 카메라 등의 다양한 센서를 차량에 장착하여, 주변 환경을 실시간으로 모니터링하고, 정확한 주행 경로를 확인하는데 사용하고 있습니다. 이러한 웨이모의 자율주행 기술의 중심에는 구글 지도 앱이 자리하고 있습니다.

웨이모는 구글 지도에서 쌓은 고해상도 지도에 대한 경험을 바탕으로 한 도시 안에서 복잡한 골목들의 주행에 필요한 정보들을 잘 담아내고자 노력하고 있습니다. 아울러 로보택시 앱에서도 구글 지도 앱에서의 경험을 잘 살려, 편리한 사용자 경험user experience, UX을 제공하고 있습니다. 웨이모는 이러한 기술을 바탕으로 자율주행 로보택시 서비스를 구상했으며, 안전관리자는 운전석에 탑승하고, 사람을 뒤에 태운 자율주행 택시 형태로 서비스를 선보이고 있습니다.

딥테크 전쟁, 시장을 파괴하는 창조적 독재자들

FSD와 오토 파일럿을 활용하는 테슬라

▶▶

테슬라는 자율주행 기술을 구현하는 데 있어 구글 웨이모와는 다른 접근 방식을 채택했습니다. 테슬라는 차량 판매를 통한 생존과 발전을 꾀하고 있습니다. 자율주행 기술을 고도화하는 동시에, 많은 차량을 판매하여 자금을 확보했습니다. 이를 통해 막대한 연구 개발 비용을 안정적으로 확보하고, 자율주행 기술의 상용화를 촉진해 나가고자 노력하고 있습니다. 또한 자사의 차량을 구입한 고객들을 일종의 베타 테스터로 활용하고 있습니다.

테슬라는 오토 파일럿auto pilot과 추가 옵션인 풀 셀프 드라이빙full self-driving으로 불리는 레벨 2 수준의 운전자 주행 자동화 보조 기능을 통해 테슬라 사용자들에게 주행 자동화 보조 경험을 제공하고 있습니다. 참고로 오토 파일럿은 별도 추가 비용 없이 기본적으로 포함된 주행보조 기능이며, 레벨 5 수준의 완전 자율주행이 아닌 레벨 2 수준입니다. 풀 셀프 드라이빙은 통상 FSD 기능으로 불리며, 정확한 명칭은 FSD Supervised입니다. FSD 기능 역시 운전자의 주도적인 주의를 요하는 자율주행 레벨 2 수준입니다.

FSD 기능은 옵션으로 판매됩니다. FSD 가격은 시기에 따라 조금씩 다릅니다. 테슬라 전기차 차량 가격도 시기에 따라 변동이 많아서 '시가'로 불리기도 했었습니다. 2024년 기준으로 미국에서 8,000달러 수준에 구매할 수 있으며, 월 구독료로 구매하면 1달에 99달러 수준에 이용이 가능합니다. 한국에서는 900만 원 수준에 판매하고 있습니다.

또한, 테슬라가 추구하는 FSD와 오토 파일럿을 통한 데이터 수집 및 알고리즘 고도화 전략을 통해 테슬라는 빠르게 실제 주행 데이터를 수집하고 축적해 나갈 수 있었습니다. 2024년 상반기 기준으로 테슬라는 FSD 옵션으로 대략 10억 마일(약 16억km) 이상의 실도로 주행 데이터를 축적했고, 오토 파일럿으로는 2021년 기준으로 대략 50억 마일(약 80억km) 이상의 실도로 데이터를 축적하고 있는 것으로 알려져 있습니다.

참고로 웨이모가 2023년 12월 기준으로 운전자 없이 주행한 데이터가 700만 마일(약 1천 1백만km) 이상이고, 운전자 탑승 상태에서 2천만 마일(약 3천 2백만km) 이상의 실제 주행 경험, 그리고 200억 마일(약 320억km) 이상의 시뮬레이션 데이터를 가지고 있습니다. 테슬라의 막대한 실주행 데이터는 자체 자율주행 알고리즘을 개선하고, 시스템의 신뢰성을 높이는 데 중요한 역할을 했습니다. 아울러 테슬라는 무선 소프트웨어 업데이트^{over-the-air programming, OTA}를 통해 지속적으로 운전자 주행 보조 기능을 개선하고 있습니다.

테슬라 FSD 등 자율주행 관련 기술 개발은 많은 기대를 받아왔지만, 그 진행 과정은 예상보다 더디게 진행되고 있다는 시장의 냉정한 평가도 함께 존재합니다. 테슬라의 자율주행 기술 개발이 더딘 이유는 여러 기술적 한계와 사회적 수용성 등의 다양한 요인이 복합적으로 작용하고 있습니다. 자율주행 기술은 차량과 사람의 안전이 최우선으로 고려되어야 하며, 안전에 대한 요구 수준이 매우 높은 분야입니다. 여기에는 기술적인 허들 외에도 사회적 인식과 법제도적 규제, 비용 문제까지 포함됩니다.

먼저, 테슬라의 자율주행 기술은 방대한 양의 데이터를 기반으로 작동합니다. 차량에 장착된 다양한 센서와 카메라를 통해 수집된 데이터는 자율주행 알고리즘을 훈련시키는 데 사용됩니다. 하지만 여러 센서들을 통해 수집된 데이터를 하나로 처리하고 분석하는 데에는 많은 개발 인력이 붙어서 오랜 시간 기술 고도화를 진행해야 합니다. 무엇보다 차량 주행 중의 에지 케이스edge case는 또 하나의 기술적 허들로 작용합니다. 에지 케이스는 운전 주행 중에 우리가 드물게 겪는 상황이나 이벤트를 의미합니다. 갑자기 폭설이나 폭우가 내려 센서가 제대로 작동하지 않거나, 혹은 도로에 곰이 나타나서 주행이 어려운 상황이 되거나, 주변 차량 주행 환경으로 인해 갑자기 내 차로 사람이나 물체 등 객체가 튀어나오는 상황 등이 이러한 에지 케이스에 해당합니다.

이러한 상황들은 실도로 주행 데이터를 방대하게 축적하더라도 실제로 발생할 확률이 낮기 때문에 자율주행 기술 고도화를 위한 학습 데이터에 포함시키기가 쉽지 않습니다. 테슬라는 이러한 문제를 해결하기 위해 끊임없이 데이터를 수집하고, 필요한 경우에는 학습용 데이터를 생성형 AI를 통해 만들기도 하면서, 여러 방면으로 자율주행 알고리즘을 개선하고 있다고 합니다. 하지만 우리가 자동차 업계에서 원하는 수준으로 거의 완벽한 대응을 위해서는 여전히 많은 시간이 필요해 보입니다.

아울러 자율주행 기술의 상용화를 위해서는 각 국가별로 다르게 적용되고 있는 법규제라는 허들도 넘어야 합니다. 각국의 정부는 자율주행 차량의 안전성을 보장하기 위해 주의 깊게 접근하고 있으며, 엄격한 기준을 설정하고 있습니다. 또한, 레벨 3 이상의 자율주행 사고 발생 시 제조사 책임 소재 문제 등 법적 분쟁의 리스크도 자율주행 기술 고도화를 위해 넘어야 할 산입니다.

테슬라 자율주행 기술의 핵심, 도조
▶▶

테슬라는 자율주행 알고리즘 고도화와 AI 기반의 자동화를 위해 여러 방향으로 노력을 기울이고 있습니다. 2021년과 2022년에 걸쳐 AI 데이라는 이벤트를 통해 자사의 최신 인공지능 기술과 자율주행 개발 현황을 공개했습니다. 이를 통해 테슬라는 자율주행 기술의 핵심인 도조Dojo 슈퍼컴퓨터와 자사의 자율주행 고도화를 위한 전용 칩인 D1 칩을 소개했습니다. 테슬라 AI 데이는 테슬라의 자율주행 기술과 AI 연구 성과를 대중과 투자자들에게 알리는 중요한 행사였습니다. 이 행사에서 테슬라 엔지니어와 주요 임원들이 테슬라의 최신 기술을 발표하고, 이를 통해 새로운 인재를 영입하고자 하는 목적도 있습니다. AI 데이에서 테슬라는 자사의 비전과 전략, 그리고 구체적인 기술적 진보를 공개하는 자리로 활용했습니다.

도조는 테슬라가 개발한 고성능 슈퍼컴퓨터로, 자율주행 차량의

AI 모델을 훈련시키기 위해 설계되었습니다. 대규모 데이터를 신속하게 처리할 수 있는 능력을 갖추고 있으며, 이는 자율주행 알고리즘의 학습 속도를 크게 향상시킵니다. 테슬라의 CEO인 일론 머스크는 "도조가 세계에서 가장 강력한 AI 학습용 컴퓨터 중 하나가 될 것"이라고 강조하기도 했습니다.

도조의 주요 특징 중 하나는 모듈^{module}식 구조입니다. 도조 컴퓨터는 여러 개의 D1 칩으로 구성되어 있는데, D1 칩은 테슬라가 자율주행을 위해 자체 설계한 전용 AI 칩입니다. D1 칩은 테슬라의 자율주행 알고리즘을 훈련시키는 데 필요한 방대한 양의 연산을 빠르고(지연시간이 낮고), 저전력으로 처리할 수 있는 장점을 가집니다. 여기서 D1 칩의 성능이 우수하다는 것은 일반적으로 AI 학습 알고리즘을 위한 병렬식 연산(동시에 여러 연산을 한꺼번에 수행하는 것을 의미)을 수행할 때, AI 훈련에 일반적으로 많이 사용하는 엔비디아^{NVIDIA}의 GPU인 H100과 비교하여 전력 소모와 연산 성능에 있어 D1 칩이 우수하다는 의미입니다.

다만 조금만 더 비교해 보자면, 기본적으로 지금 말하고 있는 엔비디아의 GPU는 AI 알고리즘 학습을 위해 상대적으로 범용으로 사용될 수 있지만, D1 칩은 테슬라가 목적으로 하고 있는 자율주행을 위한 인지, 판단, 제어 등의 특정 기능에만 특화되어 있다는 차이를 가집니다. 범용성과 폭넓은 생태계를 제시하는 엔비디아와 선택과 집중을 한 테슬라의 차이로 이해해 주시면 좋을 것 같습니다. 실제로 여전히 테슬라는 엔비디아의 칩을 많이 구매하는 빅테크 중

하나이고, D1 칩과 도조는 보다 고도화된 기능을 위한 추가적인 접근 방식으로 생각해 봐도 좋을 것 같습니다.

다시 도조 컴퓨터의 구성으로 돌아가 보겠습니다. 먼저 D1 칩 25개를 모아서 전원과 메모리 등을 결합시키면 타일tile이라는 모듈 단위가 구성됩니다. 타일은 AI 데이를 통해서도 소개가 되었습니다. 약간의 비유를 해보자면 칩들이 모인 거대한 정사각형의 피자 박스를 상상해보면 좋을 것 같습니다. 이런 타일 6개를 모아서 시스템 트레이system tray로 부르고 있고, 시스템 트레이 12개(타일로 계산하면 72개, D1 칩으로 계산하면 1,800개)가 모이면 하나의 캐비닛cabinet이라는 단위가 됩니다. 캐비닛은 우리가 영상과 이미지로 접한 서버실server room 안에 수없이 놓여있는 수납장 한 칸 같은 느낌의 이미지를 떠올리시면 좋을 것 같습니다. 이러한 캐비닛 10개 이상을 연결하면 하나의 도조 컴퓨터(경우에 따라 도조 클러스터Dojo cluster로도 부름)가 됩니다. 도조 컴퓨터의 이러한 모듈 연결 방식은 필요 상황과 목적에 따라 연산이 더 필요하면 캐비닛을 추가로 증설하는 방식으로 대응할 수 있다는 장점을 가집니다.

자율주행 차량은 방대한 양의 데이터를 실시간으로 처리하고 분석해야 하며, 이는 고도의 컴퓨팅 파워를 필요로 합니다. 테슬라의 도조와 D1 칩은 이러한 요구를 충족시킬 수 있는 최적의 솔루션 중 하나로, 자율주행 차량이 다양한 주행 환경에서 안전하고 효율적으로 작동할 수 있도록 지원할 것으로 기대되고 있습니다. 현재 도조 슈퍼 컴퓨팅 플랫폼의 1세대는 2023년 여름부터 가동을 시작하

딥테크 전쟁, 시장을 파괴하는 창조적 독재자들

여 FSD 기능 개선 등에 활용 중인 것으로 알려져 있습니다. 아울러 2027년에는 차세대 도조 칩을 TSMC에서 생산할 목표로 준비 중에 있으며, 기존 칩렛chiplet(작은 집적 회로Integrated circuit, IC를 의미)보다 40배 더 높은 밀도를 가진 첨단 패키징 기술을 도입할 것으로 알려져 있습니다.

테슬라, 로보택시 시장에 뛰어들다

　테슬라도 로보택시 시장에 뛰어들 준비를 하고 있습니다. 2024년 4월 6일, 일론 머스크는 X(전 트위터)를 통해 '테슬라 로보택시를 2024년 8월 8일에 발표하겠다'는 짧은 글을 남깁니다. 시장에서는 큰 기대가 이어졌습니다. 2019년 테슬라의 사이버트럭Cybertruck 공개 이후 2023년 11월부터 사이버트럭이 고객들에게 배송되기 시작했고, 그전에는 테슬라 전기 트럭인 세미Semi가 2017년 발표 이후에 2022년 12월부터 고객사 인도가 시작되었기에, 시장에서는 사이버트럭의 뒤를 이을 테슬라의 다음 차량 라인에 대한 관심이 커지고 있는 상황이었습니다.

　　　　　　　　　　　　　　딥테크 전쟁, 시장을 파괴하는 창조적 독재자들

중국의 승인을 받은 테슬라 FSD

▶▶

곧이어 2024년 4월 28일 일론 머스크가 중국 베이징을 방문하여, 중국공산당 서열 2위인 리창Li Qiang 국무원 총리를 만났습니다. 구체적으로 어떤 논의가 있었는지는 밝혀지지 않았지만, 중국 내 FSD 배포와 중국에서 수집된 테슬라 차량 주행 데이터를 미국에서 분석하기 위한 해외 반출 문제, 중국 내 테슬라 로보택시 서비스 등을 폭넓게 논의했을 것이라는 추측들이 나왔습니다.

마침 일론 머스크의 방중 일정에 맞춰서, 중국자동차공업협회와 국가컴퓨터네트워크응급기술처리협조센터CNCERT/CCC, National Computer Network Emergency Response Technical Team/Coordination Center of China는 테슬라가 중국에서 활동하는 외국기업으로는 처음으로 중국 당국의 데이터 안전 검사에서 적합 판정을 받았다고 발표했습니다. 이는 테슬라의 중국 내에서 온전한 FSD 기능 도입 가능성을 높이는 긍정적인 신호로 해석되고 있습니다. 테슬라의 상하이 기가팩토리에서 생산된 모델 3와 모델 Y가 모두 검사를 통과했으며, 이외에도 중국 기업인 BYD와 니오 등도 이번 검사에서 적합 판정을 받았습니다. 이 검사는 차량 외부에서 수집된 사람 얼굴 데이터에 대한 비식별화 처리와 더불어, 운전석의 탑승자 데이터에 대한 미수집, 차량 주행 데이터에 대한 차량 외부 반출 금지, 개인정보 처리 관련 규정 준수 등 4가지 요건을 충족하는지 평가하는 것이었으며, 테슬라는 모든 항목을 통과했다고 합니다.

2020년에 테슬라가 FSD 베타 버전 1을 출시하고, 중국에서도 FSD 판매를 현재까지 4년째 판매하고 있지만, 미국과 같은 FSD 수준이 아닌 오토 파일럿 기반의 제한된 기능을 가진 2가지 버전을 판매하고 있습니다. 지금까지는 중국 내에서 판매되는 FSD 기능과 스펙에 제약이 있어, 중국 내 FSD 판매는 상대적으로 저조한 편인 것으로 알려져 있습니다. 이러한 현 상황 속에서, 향후 중국 내 FSD 매출 확대와 로보택시 서비스를 통한 매출로 바뀌는 기회가 될 수 있을지 시장은 지켜보고 있습니다.

이처럼 테슬라의 중국 내 FSD 기능을 둘러싼 이야기는 2021년부터 지금까지 계속 이어지고 있습니다. 2021년 3월에는 중국 군인과 국영직원 등의 테슬라 이용을 제한하는 일이 있었습니다. 이어서 2021년 5월에는 중국 인터넷정보판공실이 '자동차 데이터 안전에 대한 규정'을 발표하면서 자동차 카메라 센서 등을 통한 정보 수집에 대한 규제를 발표하였고, 중국 내 일부 정부 건물에서는 보안을 위해 테슬라 차량의 주차를 금지하는 일도 있었습니다. 2022년 7월에는 중국 지도부의 비밀회의가 열리는 인근 지역의 테슬라 차량 진입을 한시적으로 막은 적도 있었습니다.

테슬라는 중국 내 테슬라 판매 차량들의 주행 데이터는 2021년 설립한 상하이 데이터센터에 보관만 하고, 중국에서 수집된 데이터를 미국에서 FSD 학습 및 고도화하는 것은 하지 못하고 있습니다. 앞으로 이런 상황이 어떻게 변할지는 조금 더 지켜봐야 할 것 같습니다. 아울러 2025년에 유럽과 중국에서 FSD 출시를 위한 규제 승인 절차를 밟고 있다는 소식도 전해지고 있습니다.

로보택시 사이버캡이 공개되다
▶▶

그런데 2024년 7월 초, 로보택시 발표를 예정된 8월 일정에서 두 달이 밀린 10월 공개로 연기한다는 소식이 들려왔습니다. 테슬라 내부적으로 로보택시 프로토타입 제작에 보다 많은 시간이 필요한 것으로 알려져 있는 상태입니다.

테슬라의 로보택시 콘셉트는 2024년에 처음 언급된 것은 아니고, 이미 2019년 테슬라 자율주행 투자자의 날Tesla Autonomy Investor Day을 통해 로보택시 계획을 밝힌 바 있습니다. 이때, 테슬라는 차량 호출 및 공유 서비스를 통해 자율주행 차량을 필요로 하는 지역에 테슬라 차량을 투입하고, 사용자들이 기존의 테슬라 앱을 통해 차량을 호출하거나 자신의 차량을 공유 네트워크에 추가할 수 있도록 할 계획을 밝힌 바 있습니다. 이를 통해 일반적인 차량이 주당 10~12시간 사용되는 것에 비해, 자율주행 공유 차량은 주당 55~60시간 사용될 수 있어 차량 사용 시간이 5배 증가하게 됩니다. 로보택시 차량 가격은 2019년 발표 당시를 기준으로 3만 8,000달러 내외로 제시하였으며, 시간이 지남에 따라 더 낮아질 것으로 예상된다고 밝혔습니다. 2024년 현재 2만 5,000달러 내외 수준으로 목표 가격을 더 낮춘 상태입니다. 해당 로보택시 차량은 100만 마일(약 160만

km) 운행을 목표로 설계 및 테스트되고 있다고 밝혔고, 향후 스티어링 휠(핸들)과 페달(엑셀과 브레이크)이 없는 (자율주행 레벨 4~5 수준의) 로보택시 차량을 생산할 계획이라고 밝혔습니다.

테슬라는 로보택시가 경제성 면에서도 큰 장점을 가지고 있다고 강조했습니다. 운영 비용이 마일당 18센트 이하로, 2019년 발표 당시를 기준으로 미국에서 휘발유 차량을 운영하는 데 드는 비용인 1마일당 62센트 수준보다 훨씬 저렴하며, 이를 통해 차량 1대당 연간 약 3만 달러의 수익을 창출할 수 있다고 합니다. 일론 머스크는 향후 백만 대 이상의 테슬라 차량이 자율주행 하드웨어를 장착하고 도로에 등장할 것이라고 밝혔습니다. 테슬라는 자율주행의 날을 통해 이러한 로보택시 계획을 공개하며 자율주행 차량이 경제성과 효율성을 극대화할 수 있는 방법을 제시하였습니다.

한편, 일론 머스크는 2022년부터 이 로보택시를 사이버캡^{Cybercab}으로 부르고 있습니다. 사이버캡은 사이버트럭과 같은 각진 디자인의 미래 느낌을 가지고 있으며, 눈물방울 모양의 작은 2인승 차량으로 알려져 있습니다. 당초 2024년 8월 8일로 예정되었던 공개 행사가 2024년 10월 10일로 연기되어 논란을 낳기도 했습니다. 세간에서 '일론 타임^{Elon time}'이라고 할 만큼, 일론 머스크의 제품이나 기능 출시를 둘러싼 시간 지연은 시장에서 현실성이란 이름으로 비판의 목소리를 듣곤 합니다. 하지만, 일론 머스크가 어떤 방식으로 로보택시 콘셉트를 발표할 지에 대한 시장의 관심은 커져갔습니다.

2024년 10월 10일, 로스앤젤레스 워너브러더스 스튜디오에서 열

딥테크 전쟁, 시장을 파괴하는 창조적 독재자들

린 'We, Robot' 행사에서 테슬라가 자율주행 로보택시 '사이버캡'을 공식적으로 발표했습니다. 공개된 사이버캡은 두 명만 탑승할 수 있는 2인승 차량으로, 전면과 후면에 세련된 라이트 바와 나비 날개처럼 열리는 도어가 특징입니다. 차량에는 운전대와 페달이 전혀 없으며, 무선 유도 충전 방식^{inductive charging}을 채택하여 기존의 전기차 충전 플러그를 사용하지 않습니다. 기존 테슬라 모델 3와 모델 Y의 미니멀한 인테리어와 유사하며, 중앙에 대형 터치스크린이 탑재된 것이 특징입니다. 일론 머스크는 사이버캡의 가격을 3만 달러(약 4,000만 원) 이하로 책정해, 접근성을 높이겠다는 목표를 밝혔습니다. 그는 사이버캡이 자율주행을 통해 차량 공유 서비스나 우버 같은 플랫폼에서 운영될 수 있으며, 일반 소비자도 구매할 수 있도록 출시할 계획이라고 설명했습니다. 'We, Robot' 행사에서는 일론 머스크가 사이버캡에 탑승하여 행사장까지 이동하면서 시연을 선보였고, 총 20대의 사이버캡 시제품이 행사장에 배치되어 방문객을 태우고 시연 운행을 했습니다.

테슬라가 밝힌 사이버캡을 통한 비즈니스 모델은 다음과 같습니다. 사이버캡을 여러 대 구매한 운영자들이 우버와 같은 플랫폼에서 여러 대의 차량을 운영하는 방식으로, 기존 테슬라 소유자들이 차량을 로보택시 네트워크에 등록하여 추가 수익을 얻을 수 있는 공유경제 모델입니다. 테슬라는 이 수익의 25~30%를 수수료로 가져가는 방식을 구상 중인 것으로 알려져 있습니다. 참고로 수수료 비율은 애플 앱스토어 수수료와 유사한 수준입니다.

사이버캡의 주요 목표는 완전 자율주행 기술을 상용화하여 운전자가 필요 없는 차량을 구현하는 것입니다. 머스크는 FSD의 개발이 자율주행 로보택시 상용화의 핵심이며, 2026년부터 생산을 시작해 늦어도 2027년에는 대중에게 제공하겠다는 포부를 밝혔습니다. 그러나 기존 테슬라의 오토 파일럿과 FSD 시스템이 여전히 운전자의 개입을 필요로 하고, 규제 승인 절차가 남아 있어 이러한 계획이 차질 없이 진행될 수 있을지는 미지수입니다.

레벨 4 이상의 자율주행을 상용화하려면 차량이 특정 조건에서 운전자의 개입 없이 안전하게 운전할 수 있어야 하며, 사이버캡의 운전대와 페달이 없는 구조는 미국 연방 차량 안전법National Traffic and Motor Vehicle Safety Act으로부터 승인을 얻지 못해 프로젝트가 중단된 사례가 있습니다. 일론 머스크는 자율주행 문제를 해결하기 위해 10년 가까이 노력해 왔으며, "조만간 해결될 것"이라고 주장하고 있지만 구체적인 시점은 여전히 불확실합니다. 앞으로 기술적 완성도와 신뢰성을 확보해야만 사이버캡의 상용화가 가능할 전망입니다. 무엇보다 자율주행 차량의 대중화를 위해서는 연방 및 주 규제 기관의 승인 과정이 주요 관건이 될 것입니다.

테슬라는 이번 로보택시 출시로 단순한 전기차 제조사를 넘어 인공지능 및 자율주행 플랫폼 중심의 기술 회사로 전환하려 하고 있습니다. 사이버캡의 발표는 테슬라의 새로운 비전인 AI 기반 자율주행과 로봇 기술을 통해 미래의 개인 교통수단을 혁신하겠다는 목표를 담고 있으며, 이는 테슬라가 자율주행차 시장에서 경쟁사보다 앞서 나가려는 전략의 일환으로 보입니다. 테슬라가 자율주행 기술의 미래를 어떻게 구현해 나갈지 귀추가 주목됩니다.

자동차 기업별
자율주행 기술의 특징

　자율주행 기술의 발전은 점진적으로 진행 중이며, 주요 자동차 제조사와 기술 기업들이 이 시장에서 치열하게 경쟁하고 있습니다. 그중에서도 포드의 블루크루즈BlueCruise와 GM의 슈퍼크루즈Super Cruise 및 울트라크루즈Ultra Cruise 기능, 테슬라의 FSD 옵션 등 크게 세 축의 운전 자동화 보조 시스템들이 현재 북미 시장에서 주목할 만한 내용입니다.

　이 3가지 운전 자동화 보조 시스템은 각기 다른 접근 방식과 기술적 특징을 가지고 있으며, 자율주행 기술의 현재와 미래를 이해하는 데 주요 참고 사례들이 될 수 있습니다. 특히, 최근 북미에서 레벨 2 수준의 자율주행 기능을 마케팅적으로 다루기 위해 포드와 GM이 손을 놓을 수 있다는 핸즈프리hands-free 표현을 사용하기 시작

딥테크 전쟁, 시장을 파괴하는 창조적 독재자들

했습니다. 마치 테슬라의 FSD 기능이 옵션 이름과는 달리 현재 레벨 2 수준으로 레벨 5 수준의 완전한 자율주행full self-driving이 아닌 것처럼, 소비자들이 해석하기에 다소 오해의 소지가 있어 주의가 필요합니다.

포드의 블루크루즈
▶▶

먼저 포드입니다. 현재 포드는 '블루크루즈'라는 레벨 2 수준의 운전자 주행 자동화 보조 기능을 지원하고 있습니다. 블루크루즈는 북미의 일부 지정된 고속도로에서 운전자가 핸들을 놓고 주행할 수 있도록 합니다. 이러한 고속도로는 핸즈프리 블루존Hands-Free Blue Zones으로 불리며, 2024년 기준으로 13만 마일(약 210km) 이상의 핸즈프리 블루존인 미국과 캐나다 내 고속도로를 포드의 GPS 맵핑mapping 시스템으로 인식합니다. 계기판의 파란색blue(참고로 포드 로고도 파랑색) 조명이 운전자에게 핸즈프리 주행이 가능함을 알려줍니다. 운전자의 주의 상태를 확인하기 위해, 얼굴을 향한 카메라가 눈과 머리 위치를 추적합니다.

블루크루즈 기능은 기존의 운전자 보조 기능과 연계해서 차량이 차선을 유지하고, 교통 흐름에 따라 정지 및 출발하며, 앞 차량과의 거리를 설정된 대로 일정하게 유지합니다. 포드는 GM의 슈퍼크루즈가 녹색과 빨간색 조명을 사용하는 것과 달리, 핸즈프리 모드가 텍스트와 조명 신호를 사용하여 색맹이 있는 사람도 쉽게 인식할 수 있다고 강조하고 있습니다. 블루크루즈는 2021년 하반기에 2021년형 포드 F-150과 2021년형 머스탱 마하-E^Mach-E부터 제공되어, 점차 확대되고 있습니다. 블루크루즈 가격은 1년에 700달러 수준이고, 구독형 모델은 1달에 75달러 수준입니다.

블루 크루즈는 〈컨슈머 리포트^Consumer Reports〉에서 '2023년 최고의 운전자 지원 시스템^top spot for driver assistance systems'으로 선정되었으며, GM의 슈퍼크루즈를 제치고 1위를 차지했습니다. 이때 테슬라는 7위를 기록했습니다. 아울러 포드는 최근 레벨 3 자율주행 기술 시대도 준비하고 있으며, 2026년까지 상용화할 계획이라고 밝힌 바 있습니다.

GM의 슈퍼크루즈와 울트라크루즈
▶▶

슈퍼크루즈는 GM이 개발한 첨단 운전자 지원 시스템^ADAS입니다. 슈퍼크루즈는 다양한 첨단 기술을 통합하여 운전자가 미국과 캐나다 지역의 고속도로 등 40만 마일(약 64만km)의 특정 조건의 도로 구간에서 핸들을 잡지 않고 레벨 2 수준의 자율주행 기능으로 운전자를 보조할 수 있도록 설계되었습니다.

주요 특징으로는 고정밀 지도 데이터와 실시간 카메라 및 센서들을 활용한 차선 유지 및 속도 제어, 그리고 운전자가 도로에 집중하고 있는지 확인하는 차량 내 운전자 모니터링 시스템이 있습니다. 슈퍼크루즈는 처음에는 캐딜락 CT6에 가장 먼저 도입되었으며, 이후 에스컬레이드 등 다양한 모델로 확대 적용되고 있습니다. 슈퍼크루즈 기능은 3년간 무료로 제공되며, 이후에는 월 25달러에 구독 가능합니다.

슈퍼크루즈의 업그레이드 버전인 울트라크루즈 기능도 있습니다. GM은 2021년 10월 11일, 자사의 최첨단 운전 보조 기술인 울트라크루즈를 발표했습니다. 울트라크루즈 역시 레벨 2 수준의 자율주행 운전자 보조 기능입니다. 울트라크루즈는 미국과 캐나다 전역의 공도(특정 조건의 고속도로, 시내도로 등)에서 도어 투 도어door-to-door 핸즈프리 주행 경험을 제공하는 것을 목표로 하고 있으며, 도로에서 발생할 수 있는 95% 이상의 주행 상황에 대처하는 것을 목표로 설계되었습니다. 미국과 캐나다 내 200만 마일(약 322만km)의 도로에 적용될 예정이며, 최대 340만 마일(약 574만km)까지 서비스 커버리지를 확장할 예정입니다.

울트라크루즈는 차량을 중심으로 360도 전 방향 작동하고, 무선통신으로 소프트웨어를 업데이트하는 OTA 방식이 지원됩니다. 주요 기능으로는 내비게이션 경로 준수, 자동 및 수동 차선 변경 지원, 좌우 회전 지원, 근거리 장애물 회피, 주거 지역 주차 지원 등이 있습니다.

울트라크루즈는 레이다, 라이다, 다양한 카메라를 조합하여 차량 주변 환경을 인식합니다. 특히 통합 라이다 센서가 차량 전면 유리창 뒤에 부착됩니다. 울트라크루즈는 운전자에게 주행 상황에 대한 정보를 제공하고, 차량 통제에 개입해야 할 상황을 알려줄 수 있습니다. GM은 울트라크루즈를 2023년부터 캐딜락 모델을 시작으로 프리미엄 모델로 탑재 범위를 확대해 나갈 계획에 있습니다. 이를 통해, GM은 대중적인 모델에는 슈퍼크루즈를, 프리미엄 모델에는 울트라크루즈를 적용하여 다양한 세그먼트와 가격대에 맞는 주행 보조 기술을 제공할 계획입니다.

테슬라의 FSD
▶▶

마지막으로, 테슬라의 FSD는 레벨 2 자율주행 기술 중 가장 잘 알려진 시스템 중 하나입니다. FSD는 테슬라 차량에 탑재된 8대의 카메라와 레이더 센서를 통해 주변 환경을 인식하고, 이를 바탕으로 자율주행 기능을 제공합니다. 테슬라는 FSD가 현재는 레벨 2 수준이지만, 궁극적으로는 레벨 5 수준의 완전 자율주행을 목표로 삼고 있으며, 이는 차량 소유자가 운전대를 잡지 않고도 목적지까지 이동할 수 있는 기술을 이상적으로 지향하고 있음을 의미합니다.

시장의 기대보다는 다소 느릴 때도 많지만 테슬라는 북미지역에서 꾸준하게 FSD 베타 버전 업데이트를 통해 꾸준하게 점진적으로 성능을 높여 나가고 있습니다. 2024년 기준으로 북미지역에서는 출발 지점에서 테슬라 내비게이션에 목적지를 입력하면, FSD 기능을

딥테크 전쟁, 시장을 파괴하는 창조적 독재자들

활용하여 사용자의 주시 하에 큰 무리 없이 목적지까지 이동하는 모습을 담은 리뷰 영상들을 손쉽게 찾아볼 수 있습니다.

2022년 11월 11일 오전 11시 11분에, 테슬라는 FSD 베타 버전 11.1.1.을 출시하여 고속도로와 시내 주행을 하나의 소프트웨어 스택stack으로 통합했습니다. 이를 통해 자율주행 알고리즘의 정확성을 높이고, 차량이 보다 자연스럽게 주행할 수 있도록 개선했으며, 주차 보조 기능Summon도 점진적으로 개선되었습니다. 2024년 1월 12일에는 FSD 베타 버전 12.1.1이 도입되었습니다. AI를 통한 데이터 학습과 FSD 차량제어가 확대되어, 도심 환경에서의 주행 성능을 크게 개선했습니다. 버전 12는 더 정교한 머신러닝machine learning 알고리즘을 통해 교차로, 보행자, 자전거 등 주행 상황에서 마주하는 동체와 객체를 인식하고, 복잡한 도로 주행 상황에서도 안정적인 자율주행을 제공할 수 있도록 설계되었습니다. 테슬라는 이 버전에서 모델을 완전히 재훈련한 것으로 알려져 있습니다.

2024년 8월 2일부터는 FSD 베타 버전 12.5.1.1이 단계적으로 테스트되고 있는 것으로 보입니다. 버전 12.5는 도심과 고속도로에서의 FSD 소프트웨어 스택software stack(응용 프로그램 실행을 위한 운영 체제와 서버 소프트웨어, 데이터베이스 및 프로그래밍 언어 등의 구성 요소들을 의미)을 통합하였다고 합니다. 이를 통해 30만 줄 이상의 명시적인 C++언어 코드를 없애고, 단일 신경망으로 대체했다고 전해집니다. 이를 간단히 말해보자면, 소프트웨어 모델이 보다 간결해졌다는 의미라고 할 수 있겠습니다.

세부적으로는, 보다 자연스러운 차선 변경 관련 판단 능력 개선과 선글라스를 끼고도 FSD 기능이 이용 가능하며, 사이버트럭에 FSD 12.5 버전 탑재 등이 예고된 상황입니다. U턴과 비보호 좌회전(미국 도로에는 비보호 좌회전이 많은 편인 듯함), 차선 변경을 위한 FSD의 판단 등에 있어 약간의 개선이 보인다는 리뷰들이 나오고 있으나, 아직은 업데이트 초기라 조금 더 반응들을 지켜봐야 할 것 같습니다.

여전히 테슬라 FSD는 북미지역 베타 테스트 중이며, 아직 레벨 2 자율주행 수준입니다. 옵션 이름이 말하는 '완전 자율주행'과는 거리가 멉니다. 테슬라 FSD 기능 사용 시에는 언제나 운전자 주도의 운전이 이뤄져야 하며, 어디까지 주행 보조가 되는지 운전자가 충분히 숙지하고 있어야 합니다.

중국, 정부의 강력한 지원을 등에 업다

중국의 로보택시 산업은 바이두와 포니AI와 같은 기업들이 급격히 성장하고 있습니다. 이들은 자율주행 기술을 통해 미래의 교통 시스템을 혁신하고 있으며, 중국 정부의 강력한 지원을 통해 기술 개발 이후 중국 내 주요 도시들을 중심으로 공격적으로 실증에 나서고 있습니다.

바이두의 아폴로 프로젝트
▶▶

바이두는 중국의 대표적인 검색 엔진 기업으로, 자율주행 기술 개발에서도 두각을 나타내고 있습니다. 바이두의 아폴로Apollo 프로젝트는 자율주행 기술을 연구하고 개발하는데 중점을 두고 있으며, 이는 로보택시 서비스를 제공하는 데 중요한 역할을 하고 있습니다. 바이두는 베이징, 창사, 충칭 등 여러 도시에서 로보택시 서비스를 시범 운영하고 있으며, 이를 통해 다양한 데이터를 수집하고 기술을 개선하고 있습니다.

2024년에 들어서 바이두는 자율주행 로보택시 서비스를 적극적으로 확장하고 있습니다. 바이두의 아폴로 프로젝트는 6세대 로보택시를 통해 상용화를 더욱 가속화하고 있으며, 이번 로보택시는 약 20만 위안(약 2만 8,000달러) 정도로, 이전 세대보다 60% 저렴한 비용으로 제작할 수 있습니다. 바이두는 2024년 말까지 우한에서 1,000대 이상의 6세대 로보택시를 운영할 예정입니다. 2024년 4월 기준으로 아폴로 로보택시는 1억km 이상의 거리를 레벨 4 수준으로 자율주행한 기록이 있습니다. 2024년 바이두 아폴로 로보택시 서비스는 도시 내 복잡한 도로 조건에서도 안정적으로 운영되고 있으며, 운영 비용을 30% 절감하고 서비스 비용을 80% 절감하는 등 효율성을 크게 향상시켰습니다.

바이두는 2024년 말까지 우한에서 손익분기점을 달성하고, 2025년에는 전체적으로 수익을 내는 것을 목표로 하고 있습니다. 아울러 향후 2025년에는 65개 도시, 2030년까지 100개 도시에서 서비스를 제공하는 다소 공격적인 서비스 제공 지역 확대에 대한 계획도 가지고 있습니다.

바이두는 2024년 5월에 개최된 아폴로 데이^{Apollo Day}에서 자사의

딥테크 전쟁, 시장을 파괴하는 창조적 독재자들

최신 자율주행 기술과 성과를 공개했습니다. 이 행사에서 바이두는 레벨 4 자율주행을 지원하는 AI 모델인 아폴로 ADFM^{autonomous driving} ^{foundation model}을 발표했으며, 바이두는 이 모델이 인간 운전 안전성 대비 10배 이상 안전하다고 주장했습니다. 이 기술을 바탕으로 바이두는 도시 내 자율주행 서비스의 적용 범위를 넓히고, 더욱 많은 사용자에게 편리한 이동 수단을 제공하고자 한다고 합니다.

토요타와 로보택시를 개발하는 포니AI
▶▶

포니AI는 2016년에 설립된 글로벌 자율주행 기술 회사로, 중국과 미국을 중심으로 자율주행 모빌리티 서비스를 선도하고 있습니다. 이 회사는 안전하고 지속 가능한 자율주행 기술을 통해 더 안전한 도로를 만드는 것을 목표로 하며, 레벨 4 자율주행 시스템을 개발하고 있습니다.

2024년 4월에는 토요타와 주이 펑^{Zhui Feng}이란 이름의 합작 투자 회사를 설립하여, 총 10억 위안(약 1억 4,000달러) 규모의 공동 투자를 했습니다. bZ4X라는 이름의 레벨 4 수준의 자율주행 기능을 가진 로보택시 모델을 토요타와 공동 개발하고 있으며, 여기에 포니AI의 7세대 자율주행 솔루션을 탑재할 계획입니다. bZ4X라는 이름이 다소 특이한데, 앞의 bZ는 'beyond zero'의 약자로 탄소 저감을 넘어선 가치를 제시하겠다는 의미이고, 4X는 중소형급 크로스

오버crossover SUV(세단sedan과 SUV 특징이 합쳐진 차량)를 의미한다고 합니다.

포니AI는 베이징과 광저우 등 중국의 여러 주요 도시에서 이미 로보택시 서비스를 운영 중이며, 특히 2024년 2월부터 베이징 다싱 Beijing Daxing 국제공항까지의 로보택시 서비스를 시작했고, 베이징에서 운전자가 없는 6세대 자율주행 로보택시 서비스에 대한 공공 운행 허가도 받았습니다.

완성차 기업과 협력하는 오토X
▶▶

오토XAutoX는 MIT 박사 졸업 후 프린스턴 대학교의 컴퓨터 비전 및 로보틱스 연구소를 설립한 교수였던 샤오젠슝Xiao Jianxiong이 실리콘밸리에서 2016년에 창업한 자율주행 기술 회사로, 중국과 미국에서 자율주행 차량의 상용화와 테스트를 진행하고 있습니다.

오토X는 다양한 파트너들과 협력하여 자율주행 기술을 발전시키고 있습니다. 특히 동펑자동차Dongfeng, 포드, 상하이자동차SAIC, BYD, 체리자동차Chery 등과의 협업 관계를 맺고 있습니다. 동펑자동차는 1969년 창립한 제2자동차공장Second automobile works의 후신으로, 중국 후베이성 우한시에 기반을 두고 있는 중국의 5대 자동차 기업 중 하나입니다. 또한 체리자동차는 1997년 중국 안후이성 우후시에서 창업한 중국 5대 자동차 제조사 중 하나로, 중국에서 손꼽히는 두 완성차 기업과 오토X는 강력한 협력 관계를 구축하고 있습니다.

2020년, 오토X는 중국 선전Shenzhen과 상하이에서 자율주행 허가를 취득하였습니다. 이후 2021년에는 선전에서 운전자가 없는 로보택시 서비스를 대중들을 대상으로 시행하였습니다. 2022년 2월 기준으로 오토X는 중국의 주요 도시들인 선전, 광저우, 상하이, 베이징에서 약 1,000대 이상의 차량을 보유하고 있습니다.

스마트 시티 교통 시스템의 위라이드
▶▶

위라이드WeRide는 2017년에 설립된 글로벌 자율주행 기술 개발 회사로, 레벨 2부터 레벨 4까지의 자율주행 기술을 연구하고 있습니다. 중국, 미국, 아랍에미리트, 싱가포르에서 무인 자율주행 허가를 취득했고, 7개국 30여 개 도시에서 자율주행 R&D, 테스트 및 로보택시 운영을 수행하고 있습니다.

광저우는 위라이드의 주요 테스트 베드test-bed(새로운 기술과 제품을 실험하고 검증하기 위한 장소)로, 광저우 황푸구Huangpu District와 광저우 개발구Guangzhou development zone 지역의 도심 도로를 포함하여 약 145km²에 자율주행 서비스를 운영하고 있습니다. 아울러 베이징에서도 실증을 진행하고 있습니다. 2023년 6월 30일, 위라이드는 베이징 고급 자율주행 시범 구역에서 무인 로보택시 시범 운영을 허가받아 베이징에서 레벨 4 수준의 로보택시 운행을 시작했습니다.

위라이드는 앞서 2022년 10월 자율주행 테스트 면허를 획득하여, 베이징 내 225km²의 자율주행 시범 구역 내에서 레벨 4 수준의 무인 로보택시 서비스를 제공할 수 있게 되었습니다. 사용자는 위라이드 고WeRideGo 앱을 통해 무인 로보택시를 호출하여 지정된 목적지로 이동할 수 있습니다. 위라이드는 2019년에 공공 로보택시 서비스를 시작하여, 2023년 기준으로 1,200일 이상의 무사고 운행 기록을 가지고 있다고 밝혔습니다. 자사의 로보택시가 교통 신호, 동적 장애물, 기상 조건 등 다양한 도로 요소를 원활하게 처리하고 있으며, 자율적 의사 결정, 동적 경로 계획, 장애물 회피, 차선 유지, 자율 추월, 교차로 통과 등의 다양한 운전 작업을 수행할 수 있다고 주장하고 있습니다.

위라이드는 2024년 5월에 베이징 경제기술개발구Beijing economic-technological development area, BDA와 베이징 남역Beijing South railway station을 연결하는 자율주행 테스트를 승인받아 베이징 도심으로 진입했습니다. 이 테스트는 베이징 내 고속철도역을 포함한 자율주행 테스트로, 베이징 남역 주변의 2.2km² 구역에서 진행됩니다. 이 테스트를 통해 상업적 배포 시나리오와 범위를 확장하며, 도심 내 자율주행 서비스를 더욱 강화할 계획입니다.

베이징시는 남역, 펑타이역Fengtai station, 차오양역Chaoyang station, 칭허역Qinghe station, 부도심역the urban sub-center station 등 주요 철도 허브와 공항에서 자율주행 응용 시나리오를 점진적으로 개방할 예정입니다. 위라이드는 이러한 계획에 적극 참여하여, 베이징 주민과 여행객에게 안전하고 편리한 자율주행 여행 옵션을 제공할 것이라 밝히고 있습니다. 또한, 레벨 4 수준의 무인 청소 프로젝트와 로보버스 서비스, 무인 배송 차량 등 다양한 자율주행 응용 시나리오를 통해 베이징의 스마트 교통 시스템 구축에 기여하고 있습니다.

베이징과 위라이드 사례를 통해 기차역과 같은 대중교통 거점을 중심으로 로보택시를 운영하는 가운데, 스마트 시티 차원에서 무인 청소 및 대중교통(버스), 물류 배송 등 공공 서비스 차원의 여러 비즈니스 시나리오들이 중국에서 고려되고 있음을 알 수 있습니다.

대륙의 테슬라, 샤오펑의 X파일럿
▶▶

마지막으로 전기차 파트에서도 언급한 샤오펑입니다. 앞서 말씀드린 바와 같이, 2024년 8월 기준으로는 테슬라가 북미 수준의 FSD 베타 버전 옵션을 중국에서 판매할 수 없는 상황입니다. 그래서 중국 소비자들은 '대륙의 테슬라'를 지향하는 샤오펑이 제공하는 FSD와 같은 레벨 2 자율주행 기능인 X파일럿XPilot에 대한 반응이 나쁘지 않은 편으로 보입니다. 중국의 혼잡한 도로 주행 환경에서도 차선 변경과 장애물 회피 기동, 자동 주차 등의 기능들이 비교적 원활히 작동하고 있다고 합니다. 물론, 샤오펑의 X파일럿 역시 레벨 2 자율주행 기능인지라 어디까지나 운전자가 주도권을 가지고 주행하는 상황에서, 일부 주행 자동화를 위한 보조를 해주는 수준이며 한계가 존재합니다.

샤오펑의 X파일럿 3.5가 현재 제공되는 최신 버전의 옵션으로, 네비게이션 기반의 도심과 고속도로 자율주행 보조를 돕고 있습니다. 샤오펑은 이를 마치 테슬라의 FSD처럼 NGP^{navigation guided pilot}라는 단어로 표현하고 있습니다. 물론, NGP도 현재 레벨 2 수준의 자율주행 기능입니다. 샤오펑은 X파일럿 3.5를 위해 13개의 카메라, 5개의 레이더, 2개의 라이다, 12개의 초음파 센서 등 32개의 센서를 사용하고 있습니다. 테슬라가 8개의 카메라만 사용하는 것과는 대조적입니다. 샤오펑의 X파일럿 3.5는 G9(대형 SUV)와 P5(중형 세단)에 적용되고 있으며, X파일럿 옵션 가격은 4만 5,000위안(약 6,500달러) 수준입니다.

이러한 차이는 샤오펑이 카메라 센서만 고집하지 않고, 보다 실리적으로 접근하여 여러 센서들을 통해 최대한 많은 데이터를 수집하고 AI 학습 알고리즘을 고도화하여, X파일럿 기능의 퍼포먼스와 신뢰성을 빠르게 확보하려는 전략으로 보입니다. 물론 여기에는 중국에서 상대적으로 저렴하고 안정적으로 센서들을 수급할 수 있다는 셈법도 함께 작용했을 것이라고 생각합니다.

아울러 테슬라와 샤오펑의 한 가지 추가적인 차이점을 짚어보겠습니다. 테슬라는 북미를 중심으로 FSD 베타 버전을 배포하고 있으나, 전 세계 각지의 실주행 데이터를 수집하고 있습니다. 반면, 샤오펑은 상대적으로 중국 중심의 주행 데이터에 집중하고 있다는 점입니다. 다르게 생각해 보면, 테슬라는 중국에서 수집한 데이터

딥테크 전쟁, 시장을 파괴하는 창조적 독재자들

를 중국 밖인 미국으로 반출하여 FSD 고도화를 하지 못하고 있습니다. 하지만 샤오펑은 전 세계 최대 자동차 시장인 중국의 도로 환경과 주행 상황들에 맞춰 많은 실데이터들을 가지고 있으며, 이를 통해 중국 내 레벨 2 자율주행 기능을 고도화하고 있습니다.

세계 각국의
자율주행 기술 전략

유럽과 미국, 중국, 일본의 자율주행 육성 정책과 법규제 접근은 각기 다른 양상으로 진행되고 있습니다. 먼저 유럽 지역은 규제 중심의 접근을 택하고 있습니다. 영국과 독일을 중심으로 법제도 정비를 통해, 자율주행 기술의 안전성과 책임 문제에 대한 엄격한 기준을 마련하여, 관련 자동차 업계에서 빠르게 자율주행 3단계 이후를 준비해 나갈 수 있도록 노력하고 있습니다.

영국의 자율주행차법 2024
▶▶

영국은 2024년 5월, 자율주행 차량에 대한 법적 체계를 마련하기 위해 시작한 자율주행차법 2024^Automated Vehicles Act 2024가 영국 국왕의 승인을 받았습니다. 자율주행차법을 통해 영국에서 자율주행 차량을 안전하게 사회에 도입하기 위한 법제도적 발판을 마련하는 계기를 마련하고자 하고 있으며, 더 나아가 영국이 자율주행 분야에서 빠른 시장 도입을 통해 다른 국가들보다 앞서 나가고자 하는 의지가 담겨져 있습니다.

영국 자율주행차법은 자율주행차와 관련하여 크게 3가지 주요 목적을 가지고 있습니다. 첫째, 자율주행차법을 통해 자율주행 차량이 도로 주행을 할 수 있는 근거를 마련해주되, 조건을 달아 도로 안전에 충분한 수준(신중하고 유능한 인간 운전자와 동등하거나 그 수준 이상의 안전을 달성하도록 보장하라고 명시함)을 달성하고, 이에 대해 사전에 충분한 평가와 허가 과정을 거치도록 하고 있습니다. 둘째, 자율주행 차량 사고 시 제조사 책임을 법적으로 명확히 하기 위해 허가받은 자율주행 기업^authorized self-driving entities, ASDEs과 사용자 책임^user-in-charge, UiC이라는 2가지 개념을 구분하여 정의하고 있습니다. 셋째, 단순한 운전자 지원 기능만 포함되어 있는데 소비자가 완전 자율주행이라고 오해하는 것을 막기 위해 자율주행 차량의 마케팅 방식을 영국 정부가 규제할 것이며, 자율주행 차량이 도로 교통사고에 연루되었을 때 운전자와 자율주행 차량 제조사(허가받은 자율주행 기업) 등을 대상으로 광범위한 조사를 할 수 있도록 규정하였습니다.

자율주행 차량은 영국 정부의 관련 승인 절차를 통해 안전 기준을 충족해야 하며, 향후 영국 정부에서 발표하는 안전 가이드라인에 따라 자율주행 차량은 운전에 능숙한 인간 운전자 수준 이상으로 안전하게 운전할 수 있어야 합니다. 법적 책임은 크게 허가받은 자율주행 기업^{ASDEs}과 사용자 책임^{UiC}으로 나누어집니다. 자율주행 차법에서는 허가받은 자율주행 기업에 대해 기본적으로 자율주행 차량을 제작하고 판매한 자동차 제조사를 지칭하고 있으며, 잠재적으로는 자율주행 소프트웨어 공급업체까지 염두에 두고 있습니다.

사용자 책임에 대해서는 자율주행 차량 제조사가 사전에 사용자 책임 범위를 미리 규정하여, 사용자 책임이 있는 자율주행 차량 제품과 사용자 책임이 없는 자율주행 차량 제품을 구분하도록 하고 있습니다. 아울러 인간 사용자가 주행 주도권을 갖거나, 사용자가 개입해야 하는 상황(자율주행 차량이 주행 주도권 전환을 요청하는 상황 등)과 자율주행 차량이 주행의 책임을 지는 등의 상황을 구분하고 있습니다.

자율주행 차량이 책임을 져야 하는 시나리오에는 자율주행 기능이 활성화되어 차량이 주도권을 가지고 운전하고 있거나, 자율주행 차량의 판단으로 인간 운전자가 주행에 권한을 갖지 못한 경우, 자율주행 차량이 인간 운전자에게 제어권을 잡으라고 경고하지 못했을 때 등과 같은 경우들이 포함됩니다. 다만, 인간 운전자가 책임지는 경우는 해당 자율주행 차량을 인간이 주도권을 갖고 운전할 때입니다. 예를 들어 크루즈 기능과 같이 주행 보조 기능을 쓰면서 인간이 운전할 때는 인간 운전자가 발생할 수 있는 사고에 대한 책임소재를 가지게 됩니다.

딥테크 전쟁, 시장을 파괴하는 창조적 독재자들

영국의 이번 자율주행차법 2024는 기본 입법으로, 향후 2차 입법을 통해 더욱 발전될 예정입니다. 2025년과 2026년에 규정을 확정하기 위해 2024년부터 협의가 시작될 예정입니다. 자율주행차법 2024를 통해 향후 영국에서는 자율주행 차량 시험과 평가, 허가, 사고 시 책임 소재 등에 대한 다양한 논의가 이어질 것으로 보입니다. 앞으로 관련 법제도 정비가 완료되면, 제조사의 관련 자율주행 기술 검증과 이후의 자율주행 차량 판매와 더불어 관련 자율주행 보험 상품 개발 및 판매로 이어져, 실제 소비자들이 자율주행 차량을 이용하는 단계까지 이어질 것입니다.

공공 교통을 주도할 독일의 자율주행법
▶▶

2021년 7월 발효된 독일의 자율주행법Autonomous Driving Act은 독일 도로교통법에 중요한 수정 사항을 도입했습니다. 자율주행법은 미국 자동차공학회SAE에서 정의하고 있는 레벨 4 수준의 자율주행 기능을 갖춘 차량의 운행을 허용하며, 지정된 구역 내에서 기술적인 원격 모니터링 하에 운전자가 물리적으로 존재하지 않아도 자율주행 차량을 운행할 수 있습니다. 이는 사람이 원격으로 차량을 실시간 모니터링하면서 긴급 상황 시 개입할 수 있는 것을 의미합니다. 독일은 이러한 기술적 요구 사항을 정립하고 운영 중 관련 당사자의 기본 책임을 정의하고 있습니다.

이 법에는 독일 연방 자동차 교통청Kraftfahrt-Bundesamt, KBA의 감독하에 자율주행 차량의 데이터 전송에 대한 새로운 규격에 대한 내용도 담겨 있습니다. 독일의 자율주행법은 공공 교통 부문에서 큰 변화를 예고하고 있습니다. 향후 독일은 이 법을 기반으로 자율 셔틀 서비스, 로보택시 등의 새로운 이동 서비스 도입을 촉진하여 독일이 자율주행 시장에서 앞서나가길 바라고 있으며, 교통 안전성을 높여 인간의 오류로 인한 사고를 줄이는 데 기여할 것으로 기대하고 있습니다. 아울러 운송 효율성 증대를 통해 탄소 배출 저감과 더불어 자율주행 관련 운송서비스 확대로 시민들의 이동권 확대에 도움을 줄 수 있을 것으로 보입니다.

독일의 자율주행법에 따르면, 자율주행 기능을 갖춘 차량은 지정된 운영 구역 내에서 사람의 개입 없이 독립적으로 운전할 수 있는 기술적 능력을 갖추어야 합니다. 이러한 차량은 기술적 요구 사항을 충족하고 운영 허가를 받아야 하며, 공공 도로 교통 체계에 참여할 수 있는 승인을 받아야 합니다. 차량은 위험을 최소화하고 인간 생명을 보호하는 선택을 하도록 프로그래밍되어야 하며, 인간 생명을 위협하는 상황을 제외하고는 나이 또는 장애와 같은 개인적 특성에 기반한 추가 구별을 하지 않아야 합니다.

또한, 독일 자율주행법은 이미 차량에 설치되어 있었지만 아직 법적으로 허용되지 않았던 자율주행 기능을 소프트웨어 업데이트를 통해 활성화할 수 있도록 허용하고 있습니다. 법적 책임은 차량 소유자와 제조업체 간에 공유됩니다. 소유자는 차량의 안전과 유지보수를 책임지며, 제조업체는 차량의 전자 계통 및 소프트웨어 구조의 보안, 무결성, 기능을 보장해야 합니다. 또한, 제조업체는 차량 운행에 관련된 사람들에게 교육을 제공해야 합니다. 데이터 처리 규정도 중요한 부분으로, 차량의 위치 데이터, 사용 빈도 및 시간, 환경 및 날씨 조건, 속도 및 차량 가속도 등의 데이터를 저장해야 합니다. 독일 연방 자동차 교통청은 이 데이터에 접근할 수 있으며, 연구 기관은 과학적 목적으로 데이터를 사용할 수 있다고 명시되어 있습니다.

아울러 독일은 이미 2017년에 자동 운전법Act on Automated Driving(도로교통법 제8차 개정안8th Act amending Road Traffic Act)이 발효되었습니다. 이 법의 핵심 요소는 자동 운전 중 운전자의 권리와 의무가 변경된 것입니다. 특정 조건이 충족될 경우 자동 시스템(레벨 3 수준의 자율주행 기능)이 운전 임무를 수행할 수 있도록 허용했으나, 당시에는 어떤 자동차 제조사도 유형 승인을 받지 못했습니다.

2022년 5월, 벤츠는 드라이브 파일럿Drive Pilot이라는 이름의 자율주행 3단계 수준의 조건부 자동운전 시스템의 판매를 시작했습니다. 드라이브 파일럿 기능은 독일에서 S-클래스와 전기 EQS 모델에 적용되며, 특정 구역 내에서 시속 60km까지 운전자가 운전석에 앉아 있어야 하는 조건하에 자율주행이 가능합니다. 이 시스템은 레이더, 라이다, 카메라, 초음파 및 습도 센서를 포함한 다양한 센서를 사용하고 있으며, 브레이크, 조향, 전원 공급 장치 및 일부 센서 시스템은 물리적 및 기능적으로 중복 설계redundancy 되었습니다.

중복 설계란 시스템의 신뢰성과 안전성을 높이기 위해 주요 구성 요소를 이중으로 설계하여, 하나가 고장나도 다른 하나가 안전하게 기능을 유지할 수 있도록 하는 것을 의미합니다.

벤츠는 앞서 2021년 12월 독일 연방 자동차 교통청KBA으로부터 레벨 3 자율주행에 대한 승인을 받았습니다. 드라이브 파일럿 기능은 차량의 속도와 거리를 제어하고, 차선을 유지하며, 경로 프로필, 경로상의 특이사항이나 교통 신호를 고려하여 주행합니다. 만약 시스템이 오작동할 경우, 드라이브 파일럿은 운전자에게 제어를 넘기거나, 운전자가 제어를 인수하지 못할 경우 비상 정지 조치를 취합니다.

영국과 독일의 접근법의 사례에서 볼 수 있듯, 유럽은 자율주행에 대한 안전과 책임을 법적으로 규정하여, 자율주행 차량 보급과 관련 시장 확보에 경쟁력을 갖추기 위해 노력하고 있음을 알 수 있습니다.

공공과 민간에 아낌없이 지원하는 미국
▶▶

미국 정부는 자율주행 기술을 육성하기 위해 다양한 정책과 지원을 통해 기업에 유리한 환경을 조성해 왔습니다. 먼저, 자율주행 차량 테스트 규제를 완화하여 기업이 기술을 자유롭게 개발하고 테스트할 수 있도록 했습니다. 캘리포니아주와 네바다주는 자율주행차 테스트를 위한 법적 프레임워크를 마련하여 웨이모와 테슬라 등의 기업들이 실제 도로에서 자율주행 기술을 시험할 수 있는 기회를 제공했습니다.

캘리포니아주에서는 차량관리국인 DMV^{department of motor vehicles}가 자율주행차 테스트를 관리하며, 기업이 자율주행차를 공공 도로에서 테스트할 수 있도록 허가를 발급합니다. 웨이모의 경우 캘리포니아 DMV와 캘리포니아 공공 유틸리티 위원회^{California Public Utilities Commission,} CPUC로부터 무인 자율주행차 승객 서비스를 제공할 수 있는 허가를 받았습니다. 다만, 캘리포니아주에서 자율주행 기술을 장착하여 작동할 때 동적 주행 작업을 수행하는 자율주행 테스트 차량은 인간 테스트 운전자 또는 원격 작업자가 차량 성능을 지속적으로 감독해야 합니다.

네바다주는 2012년에 미국에서 자율주행차 테스트를 허용하여, 자율주행 기술 개발을 적극 지원하고 있습니다. 이러한 법적 프레임워크는 자율주행 기술의 안전성을 보장하고, 혁신을 촉진하며, 궁극적으로 자율주행차의 상용화를 목표로 하고 있습니다. 이와 같은 규정 덕분에 네바다는 구글을 비롯한 여러 회사가 자율주행차를 테스트할 수 있는 첫 번째 주가 되었습니다. 구글은 2012년 5월 7일, 네바다주로부터 자율주행차 테스트 라이센스를 최초로 발급받았으며, 이는 미국 내 첫 사례로 기록되었습니다. 아울러 2015년부터 벤츠는 자율주행 18륜 트럭을 네바다주에서 테스트할 수 있는 허가를 가장 먼저 받았습니다. 네바다주의 이러한 선도적인 법 제정과 규정은 다른 주들도 자율주행차 기술을 도입하는 데 큰 영향을 미쳤습니다.

미시간주는 2013년에 미국에서 자율주행차 법적 프레임워크를 제정하여 산업 친화적이고 안전을 중시하는 규제 체계를 만들었습니다. 2016년에는 SAVE[Safe Autonomous Vehicle] 프로젝트를 시행하여 공공에게 주문형 교통 서비스를 제공하는 자율주행 차량[fleet]을 개발할 수 있도록 허용했습니다.

또한, 미시간은 2020년부터 디트로이트와 앤아버를 연결하는 자율주행 차량 전용 도로를 개발하고 있으며, 자율주행차 기술 테스트와 개발을 위한 중요한 센터들을 보유하고 있습니다. 그중 하나가 미시간대학교의 엠시티[Mcity] 테스트 시설로, 자율주행차와 연결된 차량 기술을 현실적인 조건에서 테스트할 수 있도록 설계된 시설입니다. 엠시티는 다양한 가상 현실 소프트웨어와 실제 데이터 세트를 사용하여 자율주행차를 위한 맞춤형 시뮬레이션 시나리오를 개발하고 있습니다.

2012년부터 미국 연방 정부는 각 주들이 자율주행 활동을 유도할 수 있는 법적 프레임워크를 만들 수 있도록 자율성을 부여했습니다. 이후 40개 주와 워싱턴 D.C.가 다양한 수준의 자율주행차 법을 제정하여 비공개 도로에서의 테스트, 공공 도로에서의 완전 자율 운행, 주문형 교통 서비스 등이 포함한 다양한 자율주행 시험을 하게 됩니다. 한편, 2020년 미국 교통부[DOT]와 미국 고속도로 교통안전국[NHTSA]은 자율주행차 4.0[AV 4.0: Ensuring American Leadership in Automated Vehicle]

딥테크 전쟁, 시장을 파괴하는 창조적 독재자들

Technologies이라는 지침을 발표하였습니다. 자율주행차 4.0의 주요 목표는 안전, 보안, 개인 정보 보호를 강화하면서 혁신을 방해하지 않도록 하는 것입니다.

미국 연방 정부는 미국의 자율주행 기술 성장을 위해 공공 부문과 민간 부문 간의 협력을 촉진하고, 연구 및 개발에 대한 투자를 계속 이어가고 있습니다. 아울러 자격을 갖춘 기업이 자율주행 기술에 대한 연구 개발을 촉진할 수 있도록 다양한 인센티브를 통해 지원하고 있습니다. 최대 20%의 연방 소득세 공제를 비롯하여 자율주행 관련 실험, 연구 등 기술 개발 활동과 사업 시작 비용 등에 대한 공제를 지원하고 있습니다.

국가 전략의 중요한 축, 중국제조 2025
▶▶

이번에는 중국입니다. 중국 정부는 자율주행 기술을 국가 전략의 중요한 축으로 삼고 여러 단계에 걸쳐 정책을 마련해 왔습니다. 이와 같은 정책들은 기술 개발을 촉진하고 산업을 성장시키기 위한 기반을 제공하고 있습니다. 2015년, 중국 정부는 '중국제조 2025' 계획을 발표하면서 자율주행 차량 기술을 주요 중점 산업으로 지정했습니다. 이 계획은 자율주행 기술의 연구 개발을 촉진하고, 관련 인프라를 구축하는 데 중점을 두었습니다.

2018년 4월, 중국의 산업정보통신부, 공안부, 교통부는 '지능형 커넥티드 차량 도로 테스트에 대한 행정 규칙'을 발표했습니다. 이 기준은 지능형 커넥티드 차량의 도로 테스트를 규제하고 관리하는 체계를 마련하고, 안전을 전제로 자율주행 기술의 발전과 상용화를 촉진하려는 목적을 가지고 있습니다. 아울러 자율주행 테스트 차량의 자격 요건, 테스트 도로, 테스트 기간, 테스트 항목 등을 명시하고 있습니다. 시험 차량은 임시 차량 번호판을 발급받아야 하고, 지정된 도로에서만 테스트를 수행할 수 있습니다.

2020년, 중국 국가발전개혁위원회China's national development and reform commission, NDRC와 산업정보기술부ministry of industry and information technology, MIIT를 포함한 11개 부처와 위원회가 공동으로 자율주행 차량의 혁신적 발전 전략을 발표했습니다. 이 전략은 2025년까지 대규모 레벨 3 수준의 자율주행 차량 생산 및 특정 시나리오에서 레벨 4 자율주행 차량 시장 출시, LTE-V2X 및 5G-V2X 네트워크 구축, 자율주행 표준화의 달성을 목표로 하고 있습니다.

지방 정부 또한 자율주행 기술 지원에 적극 나서고 있습니다. 2021년 말까지 중국의 지방 정부들은 20개 이상의 새로운 지능형 연결 차량intelligent and connected vehicle, ICV 시험 구역을 구축하고, 자율주행 차량 테스트를 위한 3,500km 이상의 도로를 지정했습니다. 또한, 시장 접근, 데이터 보안, 사고 처리, 설계 사양 등을 통합하는 규제 파일럿 프로그램을 도입했습니다. 이러한 규제 체계는 자율주행 기술의 상용화를 위한 중요한 기틀을 마련했습니다.

딥테크 전쟁, 시장을 파괴하는 창조적 독재자들

2023년 12월에는 '자율주행 차량의 상업적 운영에 관한 규제'를 도입했습니다. 이를 통해 자율주행 차량이 특정 기술 기준을 충족하고 원격 운영자를 사용할 수 있도록 허용하여 상업적 운영의 안전성과 신뢰성을 보장하고자 하며, 동시에 자율주행 차량을 로보택시와 화물 운반에 활용하는 등 자율주행 상용화를 촉진하는 정책적 근거로 작용하고 있습니다.

이와 같은 일련의 정책들은 자율주행 기술의 발전을 촉진하고, 중국이 글로벌 자율주행 차량 시장에서 선도적인 위치를 차지하는 데 중요한 역할을 하고 있습니다. 다만, 로보셔틀이나 로보트럭은 여전히 차량 내 안전 운전자가 있어야 하고, 로보택시는 원격 운전자를 사용할 수 있습니다. 로보택시와 원격 운전자의 비율은 3:1을 초과할 수 없으며, 운전자는 특정 기술 시험을 통과해야 합니다.

일본의 '특정 자동 운행'
▶▶

마지막으로 일본입니다. 일본에서는 2023년 4월 도로교통법 개정안이 시행되면서, 레벨 4 수준의 자율주행을 통해 운전자 없이 운행하는 것을 '특정 자동 운행'으로 규정했습니다. 기존의 사람 운전자의 '운전'과 구분하는 내용을 통해, 레벨 4 구현이 가능하도록 정비되어 있습니다. 자율주행 서비스 제공자는 서비스 지역의 현지 경찰 당국에 운영 계획을 제출해야 하며, 원격으로 서비스를 모니터링할 사람을 지정하고, 자율주행차 내부 및 외부 상황을 시각적, 청각적으로 확인할 수 있는 원격 모니터링 장비를 설치해야 합니다. 또한, 사이버보안 조치도 취해야 합니다.

토요타자동차는 2024년 중에 도쿄 오다이바 지역에서 토요타의 미니벤인 시에나^{Sienna} 차량에 센서와 AI 시스템을 장착하여, 레벨 4 수준의 자율주행 차량 서비스를 무료로 운영할 예정입니다. 이후 2025년부터 도쿄 도심으로 주행 범위를 확대하여 유상으로 운영할 계획입니다. 토요타의 이번 자율주행차 서비스는 일본에서 처음으로 공공도로에서 시행되는 자율주행 서비스로, 운전자가 필요 없는 로보택시 사업을 염두에 둔 움직임입니다. 또한, 일본 택시업계의 인력난 해결에도 기여할 수 있을지 시장에서 지켜보고 있습니다.

특히 도쿄도는 혼다와 GM과 협력하여 2026년 1월부터 도쿄도 내에서 레벨 4 자율주행 택시 서비스를 도입할 예정입니다. 토요타는 2024년 2월부터 도쿄에서 로보택시를 운영했으며, 2025년 유료화를 목표로 오다이바 주변에서 무료로 무인 자율주행 서비스를 제공하고 있습니다. 자율주행 차량은 차량 센서와 AI 모델, HD 지도를 기반으로 레벨 4 공도 주행을 할 예정이며, 2025년까지 일본 내 자율주행 서비스 지역을 50곳으로 확대할 방침입니다.

자율주행 레벨 3와 관련해서, 혼다는 2020년 11월에 자율주행 레벨 3 시스템의 형식 지정을 일본 국토교통성으로부터 취득하였고, 2021년 3월에 이 시스템을 탑재한 신형 레전드^{Legend} 차량을 발표했습니다. 레전드는 100대 한정으로 리스 형식으로 판매되었으며, 혼다 센싱 엘리트Honda Sensing Elite라는 레벨 2 자율주행 시스템과 레벨 3 기능이 가능한 트래픽 잼 파일럿Traffic Jam Pilot을 모두 포함하고 있습니다. 혼다의 레벨 3 기능은 고속도로에서 시속 50km 이하로 정체 중인 상황에서 사용할 수 있습니다.

한편, 혼다는 소니와의 합작회사인 소니·혼다 모빌리티가 2025년 상반기부터 수주를 개시하는 EV에 자율주행 레벨 3를 탑재시키는 것을 목표로 하고 있습니다. 일본은 인구 감소와 고령화 문제를 해결하기 위해 지자체별로 자율주행과 로보택시 서비스에 대한 시장 니즈가 존재하고 있어, 앞으로 어느 정도로 자율주행 시장이 형성 및 확대될 지에 대해 관심있게 지켜볼 필요가 있습니다.

한국의
스마트 모빌리티 전략

 우리나라도 자율주행자동차 상용화와 기술 발전을 위한 법제도적 기반을 단계적으로 마련 해오고 있습니다. 2020년 4월에는 '자율주행자동차 상용화 촉진 및 지원에 관한 법률(이하 자율주행자동차법)'을 제정하여 자율주행 산업의 체계적 발전을 위한 토대를 구축하였습니다. 이 법은 자율주행자동차의 정의와 안전기준을 명확히 하고, 시험운행 구역 지정, 데이터 공유 플랫폼 구축 등의 내용을 담고 있습니다.

 2024년 7월 10일부터 시행되는 개정 자율주행자동차법에서는 자율주행 서비스의 안전성 검증을 위한 실증특례제도를 도입하여, 신기술의 실험과 검증이 더욱 원활히 이루어질 수 있도록 하였습니다. 또한 자율주행 인프라 구축과 관련 기술개발 지원을 강화하는

딥테크 전쟁, 시장을 파괴하는 창조적 독재자들

내용도 포함되어 있어, 산업 생태계 전반의 발전을 도모하고 있습니다.

이와 함께 국토교통부는 '자율주행자동차의 안전운행요건 및 시험운행 등에 관한 규정'을 통해 자율주행자동차의 시험운행 허가 기준과 절차를 구체화하였으며, '자동차관리법'에서는 자율주행자동차의 등록과 안전기준에 관한 사항을 규정하고 있습니다. '도로교통법' 개정을 통해서는 자율주행자동차의 도로 운행에 관한 법적 근거도 마련하였습니다.

더불어 국토교통부, 산업통상자원부 등 관계 부처가 협력하여 자율주행 기술개발 로드맵을 수립하고, 다양한 실증사업을 추진하며 산업 육성을 위한 정책적 지원을 확대하고 있습니다. 특히 판교제로시티, 상암 자율주행 테스트베드 등 실증단지를 조성하여 기업들의 기술개발과 검증을 지원하고 있으며, 자율주행 데이터 수집·공유 체계 구축, 정밀도로지도 제작 등 인프라 구축에도 힘쓰고 있습니다. 이처럼 우리나라는 자율주행 산업의 발전을 위한 법제도적 기반을 지속적으로 정비하고 있으며, 이를 통해 글로벌 자율주행 시장을 선도하기 위한 제도적 토대를 마련하고 있습니다.

스마트 모빌리티 공간 서비스
▶▶

그렇다면 우리는 앞으로 어떻게 나아가야 할까요? 한국이 자율주행 시대를 이끌기 위해 생각해 볼 수 있는 3가지 방안에 대해 살펴보고자 합니다.

먼저 '공간space'이라는 부분에 주목할 필요가 있습니다. 자율주행 기술이 실현되어 인간이 운전에서 해방되었을 때, 모빌리티 공간의 활용에 대한 새로운 서비스들을 준비해야 합니다. 이를 위해서는 모빌리티 공간에서 시간을 보내는 여러 시나리오를 고려할 필요가 있습니다.

우선, 스마트 모빌리티 공간 서비스는 인터넷 연결을 통해 승객들이 영화, 음악, 게임 등 다양한 엔터테인먼트를 즐길 수 있도록 하고, 가상현실VR 및 증강현실AR 기술을 활용하여 몰입감 있는 경험을 제공하는 것을 고려해 볼 수 있습니다. 이러한 기술은 이동 중에도 승객들이 즐겁게 시간을 보낼 수 있게 할 것입니다. 여기에 생산성 향상을 위한 공간 구성도 중요합니다. 자율주행차를 모바일 오피스로 활용하여, 사용자들이 이동 중에도 시간을 효율적으로 사용할 수 있도록 노트북 테이블 연결과 안정적인 인터넷 연결 환경, 충전 포트 등을 갖추고 화상 회의 시스템을 통해 원활한 회의 진행을 지원하는 것을 고려해 볼 수 있습니다. 이러한 생산성 향상 관련 측면은 꼭 업무를 본다는 것 외에도 스마트폰과 노트북, 태블릿 등 다른 전자기기와 어떻게 끊김없이seamless 연결할 것인가의 관점으로 확장하여 적용해 볼 문제입니다.

다음으로 감성 케어 및 개인화 서비스입니다. 승객의 취향에 맞춘 음악 재생과 조명 조절 기능을 제공하며, 헬스케어 서비스는 이

딥테크 전쟁, 시장을 파괴하는 창조적 독재자들

동 중에 건강 상태를 체크하고 관리할 수 있게 합니다. 이는 심박수, 혈압 등을 측정하고 스트레칭 가이드나 명상 프로그램을 제공하여 승객의 건강을 유지하는 데 도움을 줄 수 있습니다. 이와 함께, 음식 및 음료 서비스, 쇼핑 서비스 등 고급 주문형 서비스도 제공하여 이동 중에 승객들이 원하는 음식을 주문하고, 필요한 물품을 쇼핑할 수 있게 하는 모델도 생각해 볼 수 있습니다.

마지막으로, 챗GPT 등 LLM^{large language model}(대형 언어 모델) 기반의 대화형 서비스는 인공지능 비서를 통해 승객의 질문에 답변하고 일정 관리, 날씨 정보 제공 등 다양한 서비스를 제공하는 것을 고려해 볼 수 있습니다. 아직 오픈AI의 챗GPT와 애플의 시리^{Siri} 조차도 음성 인식이나 답변 수준에 있어 부족한 부분이 많지만, 차량 내에서 음성과 제스처를 통해 기계와 인간 간의 소통^{human computer interaction, HCI}을 강화해 나가는 미래도 준비해야 합니다.

또한, 감정 케어 서비스를 통해 탑승자의 감정을 이해하고 적절한 조언이나 위로를 제공하여 모빌리티라는 공간 안에서 사용자에게 심리적 안정을 제공할 수 있습니다. 이러한 서비스들은 자율주행차를 단순한 이동 수단을 넘어 다양한 가치를 제공하는 공간으로 변모시킬 수 있을 것입니다. 한국의 기업들 역시 이러한 기술 기반의 서비스들을 준비하여 자율주행 시대가 왔을 때 탑승자에게 마치 스마트폰의 앱처럼 차량에서 여러 사용 편의성을 제공해야 합니다.

2020년, 코로나19로 바깥 활동이 어려웠던 시기에 메타버스^{metaverse} 기술이 시장 트렌드로 주목받았습니다. 이때 메타버스의 핵심 내용은 가상 공간을 통한 '소통과 연결'이었습니다. 사실 아직 현재 기술로는 메타 퀘스트^{Meta Quest}와 같은 가상현실 기기의 한계로 인해 메타버스를 통한 가상 환경이 현실만큼 해상도가 나오지 못하고 있습니다. 기기를 머리에 써야 해서 무게 문제나 배터리 전력, 발열 등의 허들 역시 존재하고 있습니다. 아울러 메타버스라는 현실과 가상이 섞인 세상에서 어떤 활동이 가능할지에 대한 시장 수요가 충분히 형성되지 않았고, 아직 공급자들도 잠깐 게임 하는 것 이외에 메타버스에서 어떻게 시간을 보내며 지낼 수 있는지 많은 시나리오를 충분히 설득력 있게 제시하지 못한 상황입니다.

모빌리티 역시 하나의 공간으로서 이 안에서 우리가 어떻게 시간을 보낼지에 대해 제조사에서 소비자들에게 충분한 비전과 현실적인 시나리오를 제시해 줄 수 있어야 한다고 생각합니다. 앞에서 말한 엔터테인먼트, 생산성, 쇼핑 등의 예시는 우리가 예전부터 커넥티드카^{connected car}와 자율주행 차량^{autonomous driving vehicle}, 소프트웨어 정의 차량^{software defined vehicle, SDV} 등 다양한 용어로 변주해서 풀어왔던 이야기들의 본질이 바로 기능적인 탈 것이 아닌, '사용자가 시간을 보내는 공간'으로서 모빌리티의 역할과 효용이 무엇이냐는 질문이라고 생각합니다. 우리나라는 다양한 문화 콘텐츠^{IP}와 더불어 스마트폰 기반의 다양한 ICT 서비스들을 가지고 있습니다. 이러한 강점을 잘 살려서 모빌리티 업계와 다른 국내 IT 서비스, 엔터테인먼트 등 이^異업종과의 협업이 증진되어, 글로벌 소비자의 구미를 당길만한, 한국만의 멋진 색깔을 찾아내길 바랍니다.

스마트 시티 전략

▶▶

다음으로, 자율주행이 하나의 인프라infra로서 어떻게 현실의 서비스에 적용될 수 있을지에 대한 면밀한 검토가 필요합니다. 자율주행은 도시urban city와 인간을 연결하는 매개체로서, 모빌리티라는 하나의 공간이자 인프라로서 기능하게 될 것입니다.

자율주행 기술이 효과적으로 적용되기 위해서는 차량과 인프라 간의 원활한 통신이 필수적입니다. 이를 위해서는 차량 도로 주변에 각종 센서와 통신 장치를 부착하여 차량과 도로 인프라 간 정보 교환이 가능한 시스템이 필요하며, 교통 신호 시스템 또는 도로 가로등에 부착된 시스템과 연동된 C-ITSCooperative Intelligent Transport Systems를 통해 차량 교통 흐름에 대한 모니터링 및 차량 혼잡을 줄여 교통 효율 증대에 기여할 수 있습니다.

또한, 차량 대 차량vehicle to vehicle, V2V, 차량 대 인프라vehicle to infrastructure, V2I, 차량 대 보행자vehicle to pedestrian, V2P, 차량 대 네트워크vehicle to network, V2N 개념을 모두 포함하는 V2Xvehicle to everything 통신이 필요합니다. 이를 통해 차량에 도로 정보를 제공하여 차량 운행 중 안전성을 높일 수 있습니다. 향후에는 도로에 설치된 센서, 교통 신호 시스템, 그리고 클라우드 기반의 데이터 처리 시스템 등을 기반으로 자율주행 차량이 실시간으로 주변 환경을 파악하고, 최적의 경로를 선택하며, 잠재적인 위험을 피할 수 있도록 지원할 수 있을 것입니다.

자율주행 로보택시는 자율주행의 기술사업화 및 비즈니스에 가장 가깝게 자리하고 있습니다. 충분히 안전에 대한 검증을 마쳤다는 전제하에, 이상적으로는 로보택시 활성화를 통한 도시 내 개인 차량 감소로 도심 내 교통 혼잡 완화에 기여할 수 있고, 주차 공간 문제도 해소될 수 있으며, 관련한 새로운 비즈니스들도 이어질 것입니다. 아울러 교통이 불편한 지역에 자율주행 로보택시를 배치함으로써 교통 접근성을 높일 수 있으며, 특히 노약자나 장애인과 같은 교통 약자에게 큰 혜택을 제공할 수 있습니다. 자율주행 로보택시는 운전자가 필요하지 않기 때문에 24시간 연중무휴로 운영될 수 있어, 시간에 구애받지 않는 이동 서비스를 제공할 수 있습니다. 이는 야간 이동이나 급작스러운 이동이 필요한 상황에서도 매우 유용할 것입니다.

운영 비용 절감 역시 자율주행 로보택시의 큰 장점 중 하나입니다. 운전자가 필요 없으므로 인건비를 절감할 수 있으며, 향후 기술 발전과 규모의 경제 달성 시 로보택시 운행 비용은 시간이 지남에 따라 감소할 것입니다.

자율주행 버스와 셔틀은 대중교통 시스템의 일부분으로 활용될 수 있습니다. 이러한 자율주행 차량은 정해진 경로를 따라 운행하며, 승객들에게 보다 안전하고 효율적인 이동 수단을 제공합니다. 일례로, 스웨덴 스톡홀름에서는 자율주행 셔틀버스를 실험 운행 중입니다. 이 셔틀버스는 에릭슨Ericsson과 현지 교통 및 기술 제공업체들이 협력하여 도입한 것으로, 6개월 동안 스톡홀름 도로에서 시험 운행한 바 있습니다. 이 셔틀은 완전 전기식으로 최대 11명의 승객을 태울 수 있으며, 시속 24km로 운행할 수 있습니다.

　이러한 자율주행 기반 교통 시스템은 더 나아가 스마트 시티로 이어질 수 있습니다. 교통 신호와 도로 상태를 실시간으로 모니터링하고 제어할 수 있는 자율주행 차량은 도시 교통 흐름을 최적화하고, 사고를 줄이며, 공해를 감소시키는 데 기여할 수 있습니다. 싱가포르는 자율주행 기술을 스마트 시티 전략의 일환으로 적극 도입하고 있으며, 다양한 자율주행 차량과 시스템을 통합하여 도시 전반의 교통 효율성을 높이고 있습니다. 또한, 자율주행 구급차는 신속하게 사고 현장에 도착하여 환자를 병원으로 이송할 수 있으며, 드론과 결합된 자율주행 시스템은 재난 현장에서 구조 작업을 효과적으로 수행할 수 있습니다. 이러한 시스템은 긴급 상황에서의 반응 시간을 단축시키고, 인명 구조의 효율성을 크게 높일 수 있을 것입니다.

완전 자동화된 스마트 항만
▶▶

　마지막으로, 물류logistics에 대한 이야기를 조금 더 해보고자 합니다. 자율주행을 적용하기 가장 좋은 분야 중 하나가 물류입니다. 이는 항만port에 정박한 화물선에서 컨테이너를 크레인으로 내려 차량으로 운반할 때, 고속도로를 통해 거점과 거점 간 이동할 때, 택배와 같은 거점hub 물류창고 안팎에서, 그리고 아파트에서 사용자의 집 현관문 앞까지 가는 라스트 마일last mile까지 포함합니다. 여기서는 항만과 거점 간 이동을 중심으로 물류와 관련된 자율주행 이슈를 살펴보겠습니다.

항만은 혼잡, 인적 피로, 운영 병목 현상 등으로 인한 비효율과 안전 문제에 직면해 있습니다. 이러한 문제와 더불어 운송비의 50% 이상을 차지하는 높은 인건비는 혁신의 시급성을 강조합니다. 또한 피크 시간대의 운전자 부족은 이러한 문제를 더욱 악화시킵니다. 스마트 항만 시장은 연평균 성장률CAGR 24.3%로, 2022년 19억 달러에서 2027년 57억 달러로 가파르게 성장할 것으로 예상됩니다. 스위스의 자동화 관련 기업인 ABB는 2022년 부산 컨테이너 터미널에서 원격으로 조정 가능한 크레인 운영을 시험했고, 스웨덴의 물류 기업 카도텍Cargotec의 자회사인 칼마Kalmar는 2017년 호주 멜버른항에 터미널 물류 자동화 시스템을 적용하는 등 자율주행, 자동화를 통한 물류 효율화 프로젝트가 중동, 유럽, 중국 및 미국 전역의 항만에서 시범 운영되고 있습니다.

해상 컨테이너 항만은 자동화 유도 차량Automatic Guided Vehicle, AGV과 같은 자율 컨테이너 처리 방식을 채택하고 있으며, 이는 더 빠른 상품 배송 및 항공 화물과의 경쟁에 대한 요구에 부응하기 위한 것입니다. 여기서 자동화 유도 차량은 지정된 경로를 따라 자율적으로 화물을 운반할 수 있는 무인 운송 로봇을 의미합니다. 이러한 세계적 추세는 반자동화 또는 완전 자동화된 스마트 항만으로 변화하는 방향입니다. 그러나 해안가와 항만 주변의 까다로운 환경과 위험도가 높은 컨테이너 작업의 특성상 신뢰성이 높고 성능이 좋은 센서 및 시스템이 필요합니다. 악천후 등 나쁜 기상 조건은 카메라 같은 센서의 데이터 인식을 방해할 수 있기 때문입니다.

항만 내 자율주행 실증 사례로는 중국 톈진항, 태국 램차방항, 영국 펠릭스스토우 항구 등이 있습니다. 중국 톈진항은 5G 통신망과 레벨 4 수준 자율주행 기술을 활용해 운전자 없는 컨테이너 트럭을 운행하여 운영 효율성과 안전성을 향상시키고 있습니다. 태국 램차방항은 중국의 자율주행 전기 트럭인 Q트럭을 활용하여 스마트 포트를 지향하고 있으며, 영국 펠릭스스토우 항구는 유럽 최초로 자율주행 트럭을 배치해 항구 물류의 현대화를 실현하고 있습니다.

이러한 사례들은 항만 운영에서 자율주행차를 통합하는 세계적인 추세를 보여주며, 물류 문제를 해결하고 항만의 운송 및 화물 처리의 미래를 견인하기 위한 기술 발전에 초점을 맞추고 있습니다. 향후 컨테이너 선박에서 나오는 컨테이너 물동량이 증가하면, 컨테이너 터미널 물동량 처리 효율성을 높이기 위해 항만의 부분 자동화 또는 완전 자동화를 적용하는 것과 관련한 논의가 많아질 것입니다.

물류 및 배송 서비스에서의 혁신
▶▶

자율주행 차량은 물류 및 배송 서비스에서 혁신적인 변화를 가져올 수 있습니다. 그 중에서도 자율주행 트럭은 장거리 운송에서 사람의 개입 없이 연속적인 운행이 가능하여 운송 효율성을 크게 높일 수 있습니다.

2017년 팹시코^{PepsiCo}는 테슬라로부터 세미 전기 화물트럭 100대를 구매했으며, 2024년 4월까지 36대를 인도받아 미국 내 물류에 활용하고 있습니다. 참고로 테슬라 세미 트럭은 오토 파일럿과 FSD 기능에 기본적으로 필요한 하드웨어인 차량 전면 및 양쪽 사이드 미러, 차량 전면 범퍼의 번호판 자리 아래 등에 부착된 카메라 센서 등은 갖추고 있는 것으로 파악되고 있습니다. 2018년 세미 트럭 프로토타입에서는 26대의 카메라로 주행 시험하는 모습도 있습니다. 그러나 현재까지는 오토 파일럿과 FSD 기능에 대한 내용은 공식적으로 확인된 내용이 아직 없습니다.

고속도로를 통한 거점 간 물류 이동에 있어 자율주행 화물트럭은 큰 효과를 보일 것입니다. 하나의 시나리오를 가정해 보겠습니다. 자율주행 트럭을 이용해 물류를 이동하여, 부산에서 수도권까지 경부선으로 이동해야 한다고 가정해 보겠습니다. 특정 시간대에 한 차선을 자율주행 트럭 전용 차선으로 지정하여 거점 도시 두 곳에서 물류 허브를 구성하고, 컨테이너와 대형 화물 등을 운송하게 되면 어떨까요? 수소전기 차량과 충전 인프라, 물류 허브, 고속도로 전용차로 지정, 차량과 도로 인프라에 자율주행 센서와 통신 인프라 구축 등이 이뤄진다면 안전과 효율을 높일 수 있는 방법이 되지 않을까요? 운전자 탑승 시나리오부터 시작하여 이를 현재의 파일럿 시험 단계에서 더 본격적으로 실증 논의를 해보는 것이 필요할 때지 않나 생각해 봅니다.

이와 관련해서도 한국 국토교통부에서 2024년 7월 10일부터 시행되는 자율주행자동차법을 통해 고속도로와 같은 장거리 노선에서 자율주행을 활용한 화물운송을 위한 시범운행지구를 지정할 수 있는 법적 근거가 마련되었습니다. 이번에 개정된 자율주행자동차법 시행을 통해 화물운송 분야에서도 자율주행차 유상 서비스를 위해 사업자가 국토교통부에 허가를 받을 수 있는 세부 기준과 절차를 갖췄습니다. 향후 한국에서도 자율주행 화물운송을 통해 운전자들의 안전과 주행 효율성 모두를 담보할 수 있는 계기가 되기를 바랍니다.

이러한 거점 간 물류 이동 시나리오는 이미 볼보가 북미에서 자사의 화물트럭을 중심으로 시행하고 있는 내용입니다. 볼보는 고속도로를 통한 거점 간 연결Hub-to-hub, highways이라는 테마로 2020년부터 볼보의 자율주행 솔루션Volvo autonomous solution, VAS을 제시하고 있으며, 이를 통해 화물주, 운송업체, 물류 서비스 제공업체를 연결하여 북미 지역의 물류 이동 수요를 해결하는 비전을 제시하고 있습니다. 2022년, 볼보는 북미 지역에서 물류회사인 DHL과 전략적 파트너십을 맺고, 수요 기반 물류 운반 서비스Transport as a Service, TaaS의 형태로 볼보의 자율주행 트럭을 활용한 파일럿 프로그램을 시작하고 있습니다. 2024년 볼보는 자사의 자율주행 기반 거점 간 물류 이동 서비스인 VAS를 활용해서 댈러스 포스워스에서 엘파소까지, 그리고 댈러스에서 휴스턴까지 운행되는 자율주행 기반의 거점 간 물류 이동을 시작한 상태입니다.

더 나아가, 2024년 5월에 볼보는 레벨 4 수준의 운전자가 없이 주행 가능한 자율주행 트럭을 공개했습니다. 이들은 2018년부터 자율주행 스타트업 오로라Aurora와 협력하여 자율주행 트럭 솔루션을 개발하고, 미국 도로에서 테스트를 해왔습니다. 볼보는 향후 거점 간 이동hub-to-hub은 자율주행 트럭이 담당하고, 거점 내에서 세부 지역으로의 물류 이동을 기존 방식대로 인간이 담당하는 형태를 구상하고 있습니다. 앞으로 한국에서도 이처럼 다양한 물류 시나리오를 염두에 두고 다양한 자율주행 관련 PoCproof of concept(개념증명)와 실증 확대가 이어지기를 기대해 봅니다.

3장

우주 개발,
무한 우주 경쟁 시대

DEEP

TECH

WAR

스페이스 오디세이, 우주 전쟁의 서막

    우주 로켓space rocket의 기원은 고대부터 시작됩니다. 로켓의 초기 형태는 9세기경 중국 당나라 시기 발명된 화약의 발명으로 거슬러 올라갑니다. 유럽과 이슬람 지역에서 화학이 발전하는데 연금술이 기여한 역사가 있었는데, 이와 유사하게 중국에서도 화약의 시작은 불로장생을 꿈꾸던 연금술 실험에서 비롯되었습니다. 중국에서는 화약을 이용한 폭죽과 불꽃놀이에서 더 나아가, 13세기 무렵부터는 군사적 목적으로 화약 로켓을 사용하기 시작했습니다. 이 당시의 화약은 초석과 유황, 그리고 숯가루를 섞어서 만들었습니다. 이러한 초기 로켓은 단순한 구조로, 화약을 채운 대나무 또는 금속관을 사용하여 추진력을 얻었습니다. 13세기에는 몽골이 중국을 침공해 원나라를 세워 유럽까지 진출하면서, 화약 기술은 몽골 제국을 통해 서아시아와 유럽으로 전파되었습니다.

이후 1900년대에 들어 러시아와 미국, 독일 등에서 과학자들이 액체연료 등 로켓 추진을 위한 이론 체계를 구축하게 됩니다. 현대적인 의미에서 우주 로켓의 시작은 1944년 제2차 세계대전 시기에 독일 나치가 개발한 V2 로켓입니다. V2 로켓은 액체연료로 구성된 1단 로켓입니다. 여기서 V는 독일어로 '보복Vergeltung'이라는 단어에서 유래했다고 합니다.

1945년 종전까지 1년여 남짓한 시간 동안 독일 나치는 영국 런던을 겨냥하여 1,000발 이상의 V2 로켓을 발사했습니다. 물론 현재 기준에서는 정밀도가 떨어지는 미사일이었지만, 당시 영국 사람들의 입장에서는 폭격기가 없는데 폭탄이 떨어지니 일반 시민들에게 두려움을 주기에는 충분했습니다. 그래서인지 여러 영화들 속에서 제2차 세계대전의 단면으로 당시 런던에서 공습 경보 사이렌이 울리는 장면이 묘사되곤 합니다.

우주 경쟁의 시작
▶▶

폰 노이만이 시작한 V2 로켓은 전후 미국과 소련의 냉전 시기 우주 경쟁으로 이어집니다. 1957년 소련의 스푸트니크는 인류 최초의 인공위성으로, 이는 우주 경쟁의 시작을 알렸습니다. 스푸트니크의 성공은 전 세계에 충격을 주었고, 미국을 비롯한 여러 국가들은 우주 탐사 기술 개발에 박차를 가하게 되었습니다. 이후 1969년 미국의 아폴로 11호는 인류 최초로 유인 달 착륙에 성공하여, 우주 탐사의 새로운 이정표를 세웠습니다. 당시 미국 우주비행사인 닐 암스트롱Neil Armstrong이 인류 역사상 최초로 달에 발을 내딛으며 휴스턴에 전한 말은 여전히 큰 울림을 줍니다. 자신이 달 탐사선 사다리에서 내려오며 내딛는 이 발걸음이 '한 인간에게는 작은 걸음이지만, 인류에게는 큰 도약'이라는 의미였습니다.

이에 질세라 1986년부터 2001년까지 운영된 소련(러시아)의 미르Mir 우주정거장은 현대 우주정거장의 전신으로, 우주에서의 장기 체류와 국제 협력의 기반을 마련했습니다. 1998년에 시작된 국제우주정거장ISS은 국제 협력의 상징으로, 과학 연구에 많은 기여를 하고 있습니다. 국제우주정거장은 미국, 러시아, 유럽, 일본, 캐나다 등 여러 국가가 공동으로 운영하며, 다양한 과학 실험과 연구가 진행되고 있습니다. 이는 우주에서의 국제적 협력의 모범 사례로 평가받고 있습니다. 중국은 2011년부터 시작된 톈궁天宮 프로젝트를 통해 자체 우주정거장(영어로는 CSSChinese space station로 부름)을 구축하여 독자적인 우주 연구를 이어오고 있습니다. '톈궁'은 우리말로 '하늘의 궁전'이라는 의미입니다.

한편, 인류는 재발사가 가능한 우주왕복선을 로켓으로 발사하여 유인 우주 탐사 임무를 수행하기도 했습니다. 1981년부터 2011년까지 운영된 NASA의 우주왕복선space shuttle 프로그램은 재사용 가능한 우주선의 개념을 실현하며, 우주 임무의 효율성을 높였습니다.

우주왕복선은 위성 발사, 우주정거장 건설 및 유지보수, 과학적 실험 등 다양한 임무를 수행했습니다. 그러나 높은 운영 비용과 기술적 어려움은 프로그램의 지속적인 운영에 한계로 작용하기도 했습니다.

소련 역시 부란^{Buran} 우주왕복선 계획을 통해 자체적인 우주왕복선 프로그램을 준비한 경험이 있습니다. 이 계획은 1970년대 초부터 준비가 시작된 것으로, '부란'이라는 이름은 러시아어로 '눈보라'를 의미합니다. 부란은 1988년 11월 15일에 첫 번째이자 유일한 비행을 성공적으로 수행했습니다. 비행은 무인 상태로 진행되었고, 약 3시간 동안 궤도를 돌면서 다양한 시험을 수행한 후 안전하게 착륙했습니다. 하지만 1991년 소련의 붕괴와 함께 부란 프로그램은 중단되고 맙니다.

국가 주도로 진행된 우주 산업
▶▶

앞서 살펴본 바와 같이 전통적인 우주 산업은 주로 국가 주도로 이루어져 왔습니다. 로켓 기술을 우주 탐사에 사용할 수 있지만, 동시에 미사일과 같이 특정 목표 지점으로 폭발물을 이동시켜 정밀하게 타격할 수 있는 군사 안보적인 목적도 강하기 때문입니다. 로켓과 우주 산업이 국가 안보와 억지력^{deterrence}에 중요한 요소인 이유입니다. 그러나 정부가 주도하여 우주 산업을 이끄는 것에는 약점도 존재합니다. 바로 비용과 시간이 엄청나게 많이 소요되고, 기술 혁신의 속도가 더딜 수 있다는 점입니다. 복잡한 기술적 요구 사항은 늘어가고, 극한 환경을 견디며 안정적인 성능을 검증해야 하기 때문에, 품질 검증 절차는 몹시 까다롭습니다.

또한, 국가 간의 정치·경제적 상황에 따라 우주 프로그램의 연속성에 긴장감이 부여되기도 했습니다. 일례로, 미국이 2011년 우주 왕복선 프로그램을 종료한 이후에 러시아의 소유즈Soyuz 로켓을 활용하여 인력과 물자를 국제우주정거장으로 운반하였습니다. 러시아 소유즈 로켓은 악천후에도 발사가 가능한 오랜 역사와 발사 신뢰성을 가지고 있으며, 탑승자 보호를 위한 비상 탈출 캡슐 장치도 가지고 있습니다. 그렇지만 미국과 러시아 간의 정치적인 상황에 따라 이런 상황에 긴장감이 부여되기도 했습니다.

예를 들어, 2014년 러시아가 크림반도를 합병했을 때, 미국과 유럽에서 러시아를 대상으로 여러 정치적 제재sanction들을 부과했습니다. 다만, 소유즈 로켓 활용은 유지되었는데, 이는 미국과 러시아 모두가 이 프로젝트가 필요했기 때문입니다. 미국은 로켓이 필요했고, 러시아는 돈을 벌어야 하는 상호 이해관계가 맞았습니다. 다만, 미국 내에서도 이에 대한 논쟁과 우려가 많았고, 러시아가 변심하면 국제우주정거장에 인력과 물자를 이동하는 데 제약이 생길 수도 있다는 생각에 미국도 마음 졸인 경험이 있습니다.

아울러 국가의 경제적 상황에 따라 우주 프로그램 예산 확보에 어려움을 겪는 경우도 있습니다. 2008년 미국 금융위기 이후 오바마 행정부는 정부 지출 절감을 위해 2011년 NASA의 예산을 조정한 사례가 있습니다. 당시 오바마 전 대통령은 2011년부터 2016년까지 5년 간의 NASA 예산을 2010년 수준인 연 19억 달러 수준으로 동결하기도 했습니다. 이후 미국 경기가 점차 회복하면서 NASA의 예산도 점차 증가세를 이어갔고, 2024년에는 연 25억 달러 수준인 상황입니다. NASA가 민간 기업들과의 협력을 강화하게 된 계기 중 하나도 이렇게 정부가 모든 비용을 부담하기에는 부담이 되는 상황이 있어, 민간과의 협력 강화를 통해 효율성과 기술 혁신이라는 두 마리 토끼를 잡으려는 배경이 자리하고 있습니다.

딥테크 전쟁, 시장을 파괴하는 창조적 독재자들

스페이스X,
뉴 스페이스 시대를 열다

최근에는 미국의 스페이스X와 같이 민간 부문의 참여가 증가하면서 우주 탐사의 패러다임이 변화하고 있습니다. 민간 기업들은 새로운 기술과 비즈니스 모델을 도입하여 우주 탐사의 혁신 속도를 가속화하고 있습니다. 바야흐로 뉴 스페이스new space 시대가 열린 것입니다.

NASA가 민간 기업과의 협력을 강화한 배경에는 여러 가지 이유가 있습니다. 먼저, 민간 기업과의 협력은 우주 탐사 비용 절감에 도움이 됩니다. 스페이스X와의 협력을 통해 NASA는 우주 개발 비용을 줄일 수 있었습니다. 또한, 민간 기업들은 기술 혁신에 있어 유연하고 빠르게 대응할 수 있어 NASA 내부에서만 기술 개발R&D을 하는 것에 비해 새로운 혁신적인 접근법을 만들어 내는 데 도움이 될 수 있습니다.

2014년에 발표된 상업 승무원 프로그램commercial crew program은 민간 기업이 우주선을 개발하고 운영할 수 있도록 지원하며, NASA가 우주 임무를 효율적으로 수행할 수 있게 돕고 있습니다. 상업 승무원 프로그램은 보잉Boeing과 스페이스X 등과 같은 민간 기업과의 협력을 통해 상업용 유인 우주선 개발을 촉진하고 있습니다. NASA는 이러한 기업들이 개발한 우주선을 이용해 국제우주정거장으로 승무원을 운송하는 계약을 체결해 오고 있습니다.

스페이스X의 유인 우주선인 크루 드래건Crew dragon이 대표 사례 중 하나입니다. 2020년 5월, NASA의 우주 비행사들을 태우고 첫 유인 시험 비행Demo-2을 성공적으로 수행한 바 있습니다. 보잉 역시 스타라이너Starliner를 통해 유인 우주선을 개발 중에 있습니다. 이러한 민관 협력은 우주 산업의 확장을 촉진하고, 우주 탐사의 지속 가능성을 높이는 데 기여하고 있습니다. 민간 기업의 참여로 우주 산업이 더욱 활성화되고 있는 상황입니다.

스페이스X, 팰컨 9의 성공 의미
▶▶

민간 우주 탐사의 대표적인 기업으로 뉴 스페이스 시대를 새롭게 열고 있는 스페이스X는 어떤 기업일까요? 스페이스X는 일론 머스크가 2002년 설립한 우주 탐사 기업입니다. 2008년 처음으로 팰컨

1$^{Falcon 1}$이라는 로켓을 원하는 궤도에 도달시키면서, 민간 기업이 개발한 액체연료 로켓으로 우주 탐사 역사에 중요한 이정표를 남깁니다. 2008년의 팰컨 1 발사 성공은 그 전에 앞서 3번의 발사 시도가 모두 실패한 상황에서 4번째 발사 만에 성공한 것이었습니다. 참고로 스페이스X는 재치 있는 작명법으로도 유명한데, 로켓 이름인 '팰컨'은 영화 스타워즈$^{Star Wars}$ 속 우주선 '밀레니엄 팰컨$^{millennium falcon}$'에서 영감을 받았다고 전해집니다. 아울러 팰컨은 '매과 조류'를 지칭하는 영어 단어입니다. 매처럼 빠르고 날렵한 이미지를 연상하게 하고 싶었을지도 모릅니다.

팰컨 1의 성공을 발판으로, 스페이스X는 더 큰 발사체인 팰컨 9$^{Falcon 9}$ 개발에 집중했습니다. 그리고 2010년, 팰컨 9 첫 발사에 성공합니다. 팰컨 9은 무엇보다 하늘로 쏘아올린 1단 로켓이 다시 땅으로 귀환하여 착륙을 통해 회수하고, 다시 발사에 활용하는 콘셉트를 가지고 있습니다. 이렇게 1단 로켓을 재사용하게 되면 발사 비용을 크게 절감할 수 있다는 장점을 가집니다. 2015년 12월, 팰컨 9은 발사 후 1단 로켓을 지상에 성공적으로 착륙시켰으며, 이는 우주 발사체의 재사용 시대를 여는 중요한 이정표가 되었습니다. 같은 로켓을 10번 이상 재사용한 사례도 있습니다.

2015년과 2016년에는 몇 차례의 실패도 있었으나, 2017년부터는 큰 실패 없이 안정적으로 로켓을 발사해 왔습니다. 팰컨 9 블록 1$^{block 1}$부터 시작하여 개량이 순차적으로 진행되었고, 현재는 팰컨 9 블록 5$^{block 5}$를 사용하고 있습니다. 하지만 2024년 7월, 팰컨 9의 스타링크^{Starlink} 위성 발사에서 실패를 겪었습니다. 이는 약 8년 만에 발생한 실패로, 2단 로켓 재점화에 실패하여 위성들이 당초 계획보다 낮은 궤도에 배치되는 일이 있었습니다. 이후 미국 연방항공청 Federal Aviation Administration, FAA이 조사를 진행했고, 스페이스X도 문제점 개선을 진행하여 다시 발사를 재개한 상태입니다.

팰컨 9은 인류에게 상당히 중요한 로켓입니다. 그동안 300번 이상 발사에 성공하였고, 발사 성공률도 95% 이상으로 우주 공간의 원하는 지점까지 위성을 포함한 다양한 화물을 운반하는데 효과적입니다. 팰컨 9은 스페이스X의 스타링크 프로젝트의 일환으로, 인터넷 서비스를 제공하기 위한 소형 위성들을 궤도에 올리는 데에도 주로 사용되고 있습니다. 팰컨 9은 많으면 한 번에 60개의 스타링크 위성들을 궤도에 안착시킵니다.

그럼 스타링크는 무엇일까요? 스타링크는 스페이스X가 2015년에 발표한 계획으로, 지구 상공의 550km 정도의 저궤도$^{low\ earth\ orbit,}$ LEO에 1만 개 이상의 스타링크 위성을 발사하여, 위성 접시 하나로 인터넷을 쓸 수 있도록 하겠다는 통신 사업입니다. 여기서 '저궤도'의 의미는 기준을 어떻게 설정하는지에 따라 다를 수 있지만, 통상 160~2,000km까지의 고도를 의미합니다. 참고로 국제우주정거장은 약 400km 고도에 위치하고 있습니다.

2018년 초기 테스트 이후 2019년부터 본격적으로 스타링크 위성을 쏘아 올리기 시작해서, 2024년에는 6천 개 이상의 소형 위성들이 지구 상공에 있습니다. 현재 스타링크 서비스$^{Starlink\ Services}$라는 이름의 스페이스X의 자회사가 스타링크 인터넷 서비스를 제공하고 있으며, 사용자 수는 300만 명 이상으로 추산됩니다. 한편, 천문학계에서는 지구 궤도 상에 수많은 스타링크 위성들이 빛 반사를 일으켜 지상에서 별자리 관측을 하는데 방해가 될 수 있다는 우려도 표명한 바가 있습니다.

스타링크는 러시아-우크라이나 전쟁에서도 역할을 하고 있는 것으로 알려져 있습니다. 우크라이나 정부의 요청으로 일론 머스크는 스타링크를 통해 군과 정부에게 스타링크 인터넷 서비스를 제공한 바 있습니다. 한때 우크라이나 해상 드론이 러시아 함정을 공격하는 데에도 스타링크 통신을 사용하는 것에 대해 스페이스X는 우려를 표한 적도 있습니다. 2023년부터는 스페이스X가 미국 국방부를 통해 우크라이나에 스타링크 서비스를 제공하는 별도의 계약을 체결한 것으로 알려져 있습니다.

우주 탐사, 화성으로의 여정
▶▶

한편, 스페이스X는 팰컨 9의 성공을 바탕으로 팰컨 헤비Falcon Heavy를 개발하여 2018년 첫 발사에 성공했습니다. 팰컨 헤비는 현존하는 가장 강력한 수준의 로켓 중 하나로, 대형 위성 및 화물 운송뿐만 아니라 심우주deep space 탐사 임무도 수행할 수 있는 능력을 갖추고 있습니다. 이를 통해 스페이스X는 국제우주정거장으로의 화물

운송과 유인 임무까지 수행하는 등 상업적 우주 탐사의 선두 주자로 자리 잡았습니다.

스페이스X는 2022년 61회의 로켓 발사를 성공적으로 수행했으며, 이는 2018년 30회와 비교하면 크게 증가한 수치입니다. 2023년에는 2022년 기록을 경신하여 총 98회의 발사를 달성했습니다. 이러한 성과는 주로 팰컨 9 로켓을 통한 스타링크 위성 발사와 더불어 공공과 민간의 우주 관련 미션의 지속적인 증가에 기인합니다. 중국 역시 2022년 53회의 발사를 수행하며 우주 경쟁에서 강력한 입지를 보여주었고, 2023년에는 67회로 발사 횟수를 늘렸습니다.

2019년 초기 실험인 스타호퍼Starhopper의 이륙 테스트부터 시작하여 스페이스X는 팰컨 로켓 기술을 기반으로 차세대 우주선인 스타십Starship을 개발하고 있습니다. 스페이스X는 스타십을 통해 아르테미스Artemis 달 탐사 프로젝트에서 인간을 달의 남극 지역에 착륙 시키기 위한 시스템Human Landing System, HLS에도 참여하고 있습니다. NASA는 아르테미스 프로젝트 1~4 계획을 통해 순차적으로 달과 화성 탐사를 기획하고 있습니다. 미국은 아폴로 프로젝트 이후 아르테미스 프로젝트를 통해 달에 다시 인간을 보내고, 달 궤도와 달 표면에 우주 탐사 기지 확장을 준비하고 있습니다.

여기에는 NASA 주도로 달 남극 지역 13곳에 인간 탐사를 시도하는 것을 시작으로, 루나 게이트웨이lunar gateway라는 이름으로 달 궤도 위에 차세대 우주정거장을 짓겠다는 구상을 NASA와 캐나다 우주국Canadian space agency, CSA, 유럽 우주국European space agency, ESA, 일본 항공

딥테크 전쟁, 시장을 파괴하는 창조적 독재자들

우주연구개발기구Japan aerospace exploration agency, JAXA가 가지고 있습니다. 이후에는 달 표면에 탐사 기지를 구축하고, 월면차를 통해 달 표면을 탐험하는 것을 구상 중입니다. 달 궤도와 달 표면에서 인간 주거 가능성을 실험하겠다는 것입니다.

스타십은 스타십 우주선과 슈퍼 헤비 부스터super heavy booster로 구성되어 있으며, 1단 로켓의 재사용을 목표로 하고 있습니다. 스타십의 첫 번째와 두 번째 통합 시험 발사Integrated Flight Test, IFT는 프로젝트의 중요한 이정표였습니다. '통합 시험 발사'로 부르는 이유는 스타십 우주선과 슈퍼 헤비 부스터가 결합된 형태이기 때문으로 보입니다. 1단의 슈퍼 헤비 부스터와 2단의 스타십을 합치면 높이가 120m에 달하며, 33개의 랩터 엔진이 내는 최대 발사 중량은 5,000톤 규모에 달하는, 그야말로 인류가 현재까지 만든 가장 크고 강력한 로켓입니다.

일론 머스크는 2000년대부터 오랫동안 인류 문명의 지속가능성을 위해 인간이 다행성 종족multi-planet species이 되어야 한다는 주장을 꾸준히 펼쳐왔습니다. 그는 다행성 종족이 필요한 이유에 대해서 여러 가지 이유를 들고 있습니다. 먼저 지구에만 인류가 존재하게 되면, 지구에 소행성 충돌이나 대규모 자연재해, 기후 변화, 과도한 인구, 전쟁 등 여러 이유로 지구에 사람이 살 수 없게 되었을 때 대비책이 없다는 것입니다. 다음으로는 미래 세대에게 더 많은 가능성과 우주 탐험을 통해 새로운 과학적 발견과 기술 혁신을 이어가고, 우주 공간에서 새로운 경제적 기회를 발굴할 수 있다는 점을 강조하고 있습니다.

일론 머스크는 이러한 자신의 비전에 적합한 행성으로 화성^{Mars}을 꼽고 있습니다. 이에 대해서도 화성이 태양계에서 지구와 유사한 점이 많은 행성으로 지구(24시간)와 비슷한 하루(약 24.5시간)를 가지고 있고, 화성 대기 중의 이산화탄소를 이용해 식물을 키울 수 있는 가능성이 있다고 주장합니다. 지금은 다소 허황되어 보일 수 있으나 그는 꽤나 다행성 종족 계획에 진심인 듯합니다. 일론 머스크와 스페이스X는 스타십을 통해 인류의 대규모 화성 이주까지 계획하고 있습니다. 아직까지는 초기 개발 단계로 화성 이주라는 장기적인 목표에 비해 기술 수준이 많이 부족하지만, 궁극적으로는 기술 혁신을 통해 1인당 화성 이주 비용을 미국 평균 주택 가격 수준인 20만 달러로 낮추겠다는, 꽤나 구체적인 수치도 목표로 제시하고 있습니다.

다만, 이를 위해서는 생각보다 많은 허들이 존재합니다. 목표 달성을 위해서는 슈퍼 헤비 부스터의 재사용과 더불어, 지구 저궤도 상에 100대 이상의 수많은 스타십 로켓을 띄워 둔 다음, 우주 공간에서 연료 보급용 스타십에서 여객 운송용 스타십으로 두 대의 스타십이 맞붙은 상태에서 급유하여 연료 재보급을 마쳐야 합니다.

이후 스타십은 2년가량 화성으로의 여정을 떠나야 합니다. 1대의 스타십에 100명가량의 사람을 태우고 화성까지 이동하는 것을 구상하고 있습니다. 화성에 도착해서도 쉽진 않습니다. 초기에는 인간이 화성에서 다시 지구로 돌아올 수 없을 가능성이 높기 때문에,

　　　　　　　　　　딥테크 전쟁, 시장을 파괴하는 창조적 독재자들

초기 정착 기지를 화성에서 온전히 구축하면서 도시를 키워나가야 합니다. 궁극적으로는 스타십을 통한 화성과 지구 간 사람과 물자 교류를 꿈꾸고 있습니다.

스타십의 통합 시험 발사

▶▶

스페이스X는 본격적인 화성 탐사 시점을 10~15년 뒤로 설정하고 있는데, 지금 시점에서는 다소 꿈같은 이야기처럼 들리는 부분이 있기도 합니다. 이런 엄청난 스케일의 비전과 함께 이를 하나씩 실천해 나가기 위해 스페이스X는 스타십의 발사 실험을 꾸준하게 준비해 왔습니다. 2024년 7월 기준으로, 스타십은 37번째 기체^{SN37} 까지 만들고 있는 상태이며, 슈퍼 헤비 부스터는 17번^{Booster 17}까지 제작 중인 것으로 확인되고 있습니다.

스타십의 첫 번째 통합 시험 발사는 2023년 4월 20일 텍사스 남단의 보카 치카^{Boca Chica}에 있는 스페이스X의 스타베이스^{Starbase}에서 진행됐습니다. 이 발사는 스타십과 슈퍼 헤비 부스터가 함께 발사되는 최초의 시험이었습니다. 당초 발사 후 약 8분 동안 로켓은 초음속 비행을 이어갈 예정이었으나, 부스터와 스타십의 분리가 제대로 이루어지지 않았습니다. 이로 인해 기체가 무게중심을 잃고 회전했고, 결국 발사 중단 시스템을 통해 스타십이 스스로 폭발했습니다. 4분가량의 짧은 비행이었습니다.

비록 발사가 성공적이지는 않았지만, 이 시험 발사를 통해서 스페이스X는 시스템 개선에 필요한 데이터들을 수집할 수 있었습니다. 또한 이 시험 발사를 통해 생각보다 슈퍼 헤비 부스터의 출력이 워낙 강해서 발사대 아래의 흙이 파이고, 발사대에도 파편이 튀어 손상이 발생한 것이 확인되었습니다. 이후에는 물 분사를 통해 수냉식으로 강력하게 로켓 발사열을 관리하는 시스템이 등장하게 됩니다.

두 번째 통합 시험 발사는 2023년 11월 18일에 이뤄졌습니다. 이 발사에서 스타십은 발사 약 3분 후에 1단인 슈퍼 헤비 부스터와 성공적으로 분리되었습니다. 그러나 우주에 도달하고 궤도 진입을 시도하던 중, 발사 약 8분 후에 스타십과의 통신이 끊겼습니다. 스페이스X는 우주선이 경로를 벗어나는 것을 방지하기 위해 자폭 시스템을 작동시켰습니다.

비록 실패로 끝났지만, 2차 발사는 1차 발사보다 기술적인 진전을 보여주었으며, 핫 스테이징hot staging으로 불리는 성공적인 1단 부스터와 2단 스타십 우주선의 분리가 있었습니다. 핫 스테이징 분리란 로켓의 2단 엔진이 1단과 완전히 분리되기 전에 점화하는 기술을 의미합니다. 통상 2단 엔진은 1단과 분리 후에 점화되지만, 핫 스테이징을 하게 되면 2단 엔진 성능을 높일 수 있습니다. 발사 시 수냉 장치도 효과적으로 작동되었습니다.

세 번째 통합 시험 발사는 2024년 3월 14일에 진행됩니다. 이때 28번째 스타십 기체SN28와 10번째 부스터Booster 10가 활용됩니다. 슈

딥테크 전쟁, 시장을 파괴하는 창조적 독재자들

퍼 헤비 부스터의 33개 랩터 엔진이 모두 성공적으로 점화되었으며, 전체 연소 시간을 완료했습니다. 이는 두 번째로 성공적인 전체 엔진 점화로, 시스템의 신뢰성을 입증했습니다. 핫 스테이징 이후 스타십(2단)의 6개 랩터 엔진이 성공적으로 점화되었고, 목표한 궤도에 도달했습니다. 1단인 슈퍼 헤비 부스터는 맥시코만에서 엔진 점화를 시도했으나 분해됐습니다. 스타십은 우주 공간에서 화물칸 문payload door을 열었다 닫는 실험operation test과 더불어 우주상에서 연료를 이동시키는 실험을 진행하기도 했습니다.

이 세 번째 테스트를 통해 스타십은 우주에서의 첫 재진입을 경험할 수 있었고, 어떻게 재진입 상황에서 열관리를 해야 하는지에 관한 중요한 데이터들을 얻을 수 있었습니다. 스타십이 대기권을 재진입할 때 나오는 플라스마 발생 장면을 실시간으로 볼 수 있다는 점이 상당히 인상적이었습니다. 다만, 스타십이 지구를 한 바퀴 돌고 지구로 재진입하는 시점에서 통신이 끊어진 것은 아쉬운 대목이었습니다. 49분가량의 비행이었습니다. 참고로 추가 설명드리면, 플라스마는 기체가 매우 뜨거워지거나 강한 에너지를 받아서 전기적으로 충전된 상태로 변하는 것을 말합니다. 통상 고체와 액체, 기체에 이어 물질의 '네 번째 상태'를 말합니다. 이 상태에서는 기체 속의 원자들이 전자를 잃고 이온으로 변해, 전자와 이온들이 자유롭게 움직이는 상태입니다. 플라스마는 번개와 태양과 같은 자연현상에서 볼 수 있고, 인공적으로는 네온사인이나 반도체, 디스플레이 제조 공정에서 많이 활용됩니다.

네 번째 시험 발사는 2024년 6월 6일 진행됐습니다. 앞서 진행된 세 번의 스타십 시험 발사 및 비행과 비교했을 때, 이 네 번째 시험 발사가 내용적인 면에서 가장 성공적이었습니다. 핫 스테이징도 성공적이었고, 1단 부스터도 목표했던 멕시코만에 안착했습니다. 여기서 '안착했다'는 표현의 의미는 재착륙을 수면에 로켓이 닿을 때까지 끝까지 조정했다는 의미입니다. 물론 이때는 바지선이 착륙을 기다리고 있지는 않았고, 그러한 상황을 가정하여 물 위에 최대한 천천히 속도를 제어하면서 관제하는 모습이었습니다. 이 네 번째 시험 발사에서 가장 인상적인 장면은 대기권 재진입 시 스타십에 장착된 카메라와 스타링크 인터넷을 통해 실시간으로 고온의 플라스마로 인해 스타십 동체 윗부분의 날개가 녹으면서 분해되는 장면이 생중계되었다는 점입니다.

더 놀라운 점은 이 날개가 끝까지 떨어지지 않고, 심지어는 해수면 근처에 다가갈 때 날개가 작동하면서 기체의 방향을 배면으로 바꾸는 벨리 플롭 기동Belly flop maneuver까지 진행하는 모습도 포착되었다는 것입니다. 날개 부분은 스페이스X에서도 지속적으로 타일 배치와 날개 모양을 여러 가지로 실험하면서 내구성 개선을 꾀하고 있는 부분으로 알려져 있습니다. 2단 스타십 우주선도 목표했던 인도양 해수면에 안착한 것으로 보입니다. 물론 이 4차 시험 발사가 끝은 아니고, 이제 진정한 시험test은 시작 단계입니다. 인간이 탑승하기 전 최대한 많은 무인 발사 시험을 통해 충분한 안전성 검증이 필요하기 때문입니다.

딥테크 전쟁, 시장을 파괴하는 창조적 독재자들

달까지 안전하게 도달하기까지

▶▶

다섯 번째 시험 발사는 당초 2024년 8~9월로 예정되어 있었으나, 미국 연방항공청FAA에서 환경 영향 분석과 규제 절차상의 이유로 발사 허가가 늦어지면서 지연되었습니다. 그러다 10월 12일에 필요한 허가가 발급되면서 5차 시험 발사를 진행할 수 있게 되었습니다. 2024년 10월 13일, 스타십 5차 시험 발사는 성공적으로 마쳤습니다. 이번 발사는 크게 두 가지 주요 성과로 주목받았습니다.

첫 번째, 슈퍼 헤비 부스터Booster 12가 발사 후 약 7분 만에 발사대로 복귀하여 메카질라Mechazilla 발사대의 '찹스틱chopsticks'으로 불리는 기계 팔에 성공적으로 안착했습니다. 이번 시험 발사에서 성공적인 1단 로켓의 재착륙을 통해 스타십 로켓 재사용 시스템 개발에 큰 진전을 보였다는 평가를 받고 있습니다. 이렇게 발사대 공중에서 1단 로켓을 받아서 재사용을 하는 것은 인류 역사상 처음으로 시도하여 성공한 방식입니다. 스타십은 향후 효율적인 발사를 위해 1단 부스터가 재진입할 때 메카질라 발사대에 부착된 두 젓가락chopsticks 팔로 잡아서, 연료 재주입과 2단 스타십 부착 등을 진행하고 빠르게 재발사를 진행하는 시나리오를 가지고 있습니다.

두 번째, 상단부인 스타십Ship 30은 준궤도 우주비행 궤적을 따라 비행한 후 약 65분 후에 인도양에 성공적으로 착수했습니다. 여기서 준궤도 우주비행sub-orbital spaceflight은 우주선이 발사 후 지상에서 상공 100km 이상인 우리가 통상 '우주 공간'으로 부르는 지점에 도달하지만, 동시에 지구 궤도를 벗어나지 않고 지구 궤도를 따라 돌다가 지구 중력으로 인해 다시 지구로 돌아오게 되는 것을 의미합니다. 즉, 준궤도 우주비행은 지구 중력을 이겨내고 지구 궤도를 벗어나지 못하거나, 지구 궤도를 인공위성처럼 계속 돌지 못하고, 지구 한 바퀴를 채 돌지 못한 채 지구로 다시 낙하하는 것을 뜻합니다. 스타십의 경우에도 미국 텍사스주 남부의 스타베이스에서 발사하여 약 한 시간가량 비행한 뒤에 지구 대기권으로 다시 진입하여 인도양 해상에 착륙하는 시험 발사 궤적을 보이고 있습니다.

5차 시험 발사에서도 발사 약 65분 후 스타십 대기권 재진입 과정에서 발생하는 엄청난 마찰로 인해 고온의 플라스마가 형성되었고, 스타십의 열 차폐 시스템의 성능을 시험할 수 있었습니다. 이번 스타십의 열 차폐 시스템은 이전 시험 비행에 비해 강화되었으며, 새로운 절연재와 열 보호 타일이 적용되었습니다. 일부 미세한 열 손상이 보이긴 했으나, 날개 부분이 손상되지는 않았고, 작동에도 문제가 없었습니다. 이 모든 과정은 스타링크의 개선된 안테나와 스타십에 장착된 카메라를 통해 스페이스X의 X(구 트위터) 계정에서 전 세계로 생중계되었습니다.

대기권 재진입 후, 스타십은 대기권 내에서 수평 자세를 취하며 속도를 크게 줄이는 벨리 플롭 기동을 안정적으로 구사했습니다. 스타십이 지구로 돌아오는 동안 마치 스카이다이버처럼 수평으로 내려오며 공기 저항을 최대한 활용해 감속하는 방식입니다. 이후 착수 직전에 엔진을 다시 점화하여 수직 자세로 전환한 후, 인도양

딥테크 전쟁, 시장을 파괴하는 창조적 독재자들

에 부드럽게 착수했습니다. 5차 스타십 착수는 이전 4차 시험 발사에 비해 개선된 모습을 보였으며, 착수 장면은 스타십에 부착된 카메라 외에도 인도양 해상 착륙 예상 지점에 미리 기다리고 있던 선박의 카메라를 통해서도 생중계되었습니다.

5차 시험 발사를 통해 스페이스X는 향후 스타십의 육지 착륙을 목표로 하는, 보다 정밀한 착륙 기술을 테스트할 수 있었습니다. 이번 시험 비행을 통해 스타십의 재사용 가능성을 높이는 중요한 데이터를 얻을 수 있었으며, 향후 스페이스X의 장기적인 우주 탐사 목표인 달과 화성 탐사를 위한 중요한 시험이었습니다.

이어 2024년 11월 20일, 스타십 6차 시험 발사가 진행되었습니다. 그간 미국 시간으로 밤에 발사하여 인도양 착수가 밤에 진행되었던 것과는 달리, 이번에는 미국에서 낮에 발사하여 낮 시간에 인도양에 착수했습니다. 특히 이날 스페이스X의 보카치카 스타베이스 발사장에는 도널드 트럼프Donald Trump 미국 대통령 당선인이 미국 정부효율부Department of Government Efficiency에 장관으로 입각한 일론 머스크와 함께 발사 현장을 참관하며 민간 우주 기업과 정부 간 협력의 중요성을 강조하였습니다. 트럼프가 일론 머스크와 스페이스X에 힘을 실어준 것입니다. 이는 스페이스X와 같은 민간 기업이 단순한 기술 개발을 넘어, 국가 우주 탐사 전략의 중요한 축으로 자리 잡고 있음을 보여주는 사례입니다. 트럼프 당선인은 자신의 소셜미디어를 통해 스타십 발사를 "사상 최대의 우주 탐사 기술을 직접 목격하는 역사적인 순간"이라고 평가하며 머스크와 스페이스X 팀에 축하

메시지를 전하기도 했습니다.

스타십 6차 시험 발사를 통해서 우주 공간에서 랩터 엔진의 재점화를 성공적으로 시험하여 향후 우주선이 우주 궤도에서 기동성을 발휘하고, 달과 화성의 표면에 착륙하기 위해 반드시 필요한 기술에 필수적인 데이터를 수집하는 성과가 있었습니다. 아울러 스타십 기체를 수정하여 대기권 재진입 시 극한의 열과 압력을 견딜 수 있도록 설계하여, 이전보다 비교적 안정적으로 플라스마를 이겨내는 모습을 보였습니다. 아울러 1단 로켓인 슈퍼 헤비의 회수 및 재사용 가능성도 시험했습니다만, 이번에는 상황이 좋지 않아 발사대 쪽으로 다시 가지 못하고, 바다에 착수했습니다.

스타십 시험 발사는 현재 진행형입니다. 아르테미스 프로젝트의 목표 중 하나는 달 남극 지역의 표면에 인간이 탑승한 우주선이 착륙하는 것입니다. NASA는 2021년, 28억 9,000만 달러 규모의 달 착륙선 개발 사업자로 스페이스X를 선정하였습니다. 스페이스X는 유인 달 착륙선의 발사에 앞서 무인 착륙선을 먼저 발사하여 안전을 검증하겠다는 점을 NASA에 어필하였고, 스타십 우주선의 넓은 공간을 활용한 인력과 물자의 이동이 가능하다는 점 등이 선정에 긍정적인 영향을 주었다고 알려져 있습니다. 스타십의 화물 운송능력payload capacity은 100톤 이상인 것으로 알려져 있습니다. 그리고 이는 시험 발사가 지속될수록 운송능력 목표치가 점점 올라가는 상황입니다. 하지만 스타십이 달까지 안전하게 도달하기까지, 아직은 거쳐야 할 시험 단계가 많이 남아 있는 것 또한 사실입니다.

미국의 우주 탐사와
다른 플레이어들

미국의 우주 탐사는 제2차 세계대전 이후로 1950년대와 1960년대를 거치며 성장해 왔고, 지금까지도 오랜 역사를 가지고 있습니다. NASA는 미국 우주 탐사의 중추적인 역할을 하고 있으며, 글로벌 기준에서도 우주 탐사와 관련하여 이만한 예산 규모와 연구 역량을 가진 곳은 쉽게 찾아볼 수 없습니다. 이런 NASA와 오랜 호흡을 맞춰온 항공우주 관련 기업들이 있습니다. 바로 록히드 마틴 Lockheed Martin과 보잉, 그리고 노스럽 그러먼Northrop Grumman입니다. 이 업체들은 미국의 국방 및 방위 산업에서도 여러 역할들을 수행하고 있는 기업들입니다.

방산 기업들의 우주 탐사 참여

▶▶

먼저 록히드 마틴은 1995년 록히드와 마틴 마리에타가 합병되며 탄생한 세계 최대 규모의 방위산업체 기업입니다. 록히드 마틴은 방산과 관련한 광범위한 사업 영역을 가지고 있습니다. U-2 정찰기와 F-22, F-35 전투기 모두 록히드 마틴의 대표작들입니다(F-22는 보잉과 함께 개발했고, F-35는 미국 외에도 영국과 이탈리아 등 여러 국가가 함께 참여함). 록히드 마틴은 트라이던트 1, 2와 같은 SLBMsubmarine launched ballistic missile(수중에서 발사되는 잠수함 탄도 미사일)과 고고도 요격 미사일인 사드THAAD를 개발한 기업입니다.

록히드 마틴은 앞서 20세기에 바이킹 화성 탐사선과 더불어 허블 우주 망원경의 본체를 제작하는 등 미국의 우주 탐사에 참여하였습니다. 록히드 마틴은 2006년에 유나이티드 론치 얼라이언스United Launch Alliance, ULA라는 이름으로 보잉과 각각 50%씩 지분을 출자하여 합작회사를 만들고, 이를 통해서도 우주 산업과 관련한 활동을 이어가고 있습니다. ULA는 우주 발사체에 집중하는 기업으로 NASA 외에도 미국 국방부와 미국 연방수사국FBI, 미국 중앙정보국CIA의 군사 정찰 위성을 위한 우주 발사 로켓 서비스를 제공하고 있습니다.

다음으로 보잉입니다. 보잉은 1960년대 아폴로 프로그램에서 새턴 V 로켓Saturn V rocket의 1단 추진체를 제작하며 달 탐사에 기여했으며, 이후 스카이랩Skylab 우주정거장과 우주왕복선 프로그램에도 참여했습니다. 최근에는 보잉과 록히드 마틴의 합작 회사인 ULA를

딥테크 전쟁, 시장을 파괴하는 창조적 독재자들

통해, NASA의 아르테미스 프로그램에 참여하고 있습니다.

특히 보잉은 발사체인 우주 발사 시스템Space Launch Systems, SLS 로켓을 개발하고 있습니다. SLS 블록 1의 첫 발사인 아르테미스 1 미션은 2022년 11월 16일에 성공적으로 진행됐습니다. 무인 상태로 진행된 이 시험은 록히드 마틴이 제작한 오리온Orion 우주선을 달 궤도로 보내기 위한 로켓 추진체의 발사 시험이었습니다. 다음 미션인 아르테미스 2는 2025년 9월 발사 예정입니다. 물론 이후 상황에 따라 발사가 연기될 가능성도 배제할 수는 없습니다. 아르테미스 2 미션은 유인 우주선인 오리온 우주선에 미국과 캐나다의 우주비행사 4명이 탑승하여, 과거 진행된 아폴로 8호의 달 탐사 임무와 유사하게 10일 간의 임무를 수행하여, 여러 시스템을 점검하는 시간을 가질 예정입니다.

아울러 보잉은 나사의 상업 승무원 프로그램을 위한 CST-100Crew Space Transportation-100 스타라이너 우주 캡슐을 개발하여, 지구와 국제우주정거장 간의 우주비행사 이동에 중요한 역할을 맡고 있습니다. 하지만 최근 이슈도 있었습니다. 스타라이너는 첫 유인 시험 비행crew flight test, CFT을 통해 2024년 6월 5일에 발사되어 국제우주정거장과 도킹을 하였으나, 이후 추력 제어 시스템에서 여러 차례의 헬륨 가스 누출과 추력기thruster 고장과 같은 기술적인 문제가 발생한 것으로 보입니다. 결국 스타라이너는 기술적 이슈로 인해 2024년 9월 탑승객 없이 도킹 해제 후 지구로 귀환했고, 스타라이너로 귀환하기로 했던 2명의 우주인들은 2025년 2월경 스페이스X의 드래곤 유인 우주선을 통해 지구로 돌아올 예정입니다.

노스럽 그러면 역시 우주 탐사 분야에서 중요한 기여를 해 온 기업입니다. 이 회사는 2002년 노스럽과 그러먼의 합병으로 탄생하였으며, 아폴로 프로그램에서 달 착륙선Lunar Module을 설계·제작한 것으로 알려져 있습니다. 이후 노스럽 그러먼은 우주 임무를 위한 다양한 항공우주 시스템을 개발했으며, 최근에는 안타레스Antares 로켓과 사이그너스Cygnus 우주선을 통해 NASA의 국제우주정거장 보급 임무를 지원하고 있습니다.

상업적 우주여행 시장으로의 진출
▶▶

한편, 미국 내에서 우주여행을 둘러싼 버진 갤럭틱Virgin Galactic과 블루 오리진Blue Origin, 두 회사 간 경쟁도 아주 치열합니다. 여기서 말하는 우주여행은 지구 대기권을 벗어나 일정 시간 동안 무중력 상태를 경험하고, 지구의 곡면과 우주 공간의 초입을 관찰할 수 있는 준궤도 우주여행suborbital space tourism을 의미합니다. 통상 고도 100km의 카르만 라인Karman line 인근에 도달한 후 다시 지구로 돌아오는 체험입니다.

버진 갤럭틱은 리처드 브랜슨Richard Branson이 설립한 회사로, 주로 민간인들이 몇 분간 무중력 상태를 경험한 후 지구로 귀환하는 프로그램을 제공합니다. 버진 갤럭틱의 VSS 유니티VSS Unity라는 이름의 우주선을 통해 최대 6명의 승객과 2명의 조종사를 태우고 항공기에서 발사되는 형태입니다. 버진 갤럭틱은 2021년 7월 리처드 브랜슨이 직접 참여하여 첫 유인 시험 비행을 성공적으로 마쳤으며, 상업적 우주여행 시장에 본격적으로 진출했습니다.

한편, 아마존Amazon을 창업한 제프 베이조스Jeff Bezos가 설립한 블루 오리진은 2022년 창업한 스페이스X보다 먼저인 2000년에 설립된 미국의 항공우주 기업입니다. 블루 오리진은 뉴 셰퍼드New Shepard 로켓을 통해 우주여행을 제공합니다. 이 로켓은 수직 발사 후 다시 착륙하는 방식으로, 탑승객들은 버진 갤럭틱과 유사하게 몇 분간 무중력 경험을 하게 됩니다. 블루 오리진은 2021년 7월 첫 유인 비행에 성공하며 상업적 우주여행의 문을 열었으며, 제프 베이조스가 직접 이 비행에 참여했습니다.

블루 오리진은 2023년에 아르테미스 프로그램의 달 착륙선 프로젝트 사업자로 선정되어, 34억 달러 규모의 인간 착륙 시스템HLS 개발 계약을 따냈습니다. 이 계약을 통해 블루 오리진은 2029년까지 달에 인간과 화물을 착륙시키는 임무를 수행할 예정입니다. 앞서 2019년, 제프 베이조스는 블루 오리진의 블루문Blue Moon 착륙선 콘셉트를 통해 달 탐사와 착륙 솔루션을 제안한 바 있으며, 이번 프로젝트로 그 비전을 실현하려 하고 있습니다. 그러나 이전에 해당 계약을 스페이스X가 먼저 따낸 것에 대해 블루 오리진은 반발한 적이 있습니다.

중국의 거침없는 우주몽

중국의 로켓 역사는 중화인민공화국이 수립한 1949년 이후인 1950년대부터 시작됩니다. 1950년, 중국과 소련은 같은 공산권의 사회주의 국가로서 상호 간의 군사 안보 지원과 정치적 협력 강화를 위해 중소우호동맹상호원조조약을 체결합니다. 이는 1980년까지 30년간 이어진 군사 동맹입니다.

1957년에는 중소 국방기술 협력 협정을 통해 R2 단거리 미사일 탄도 미사일 기술을 제공하였습니다. R2 미사일은 독일의 V2 로켓을 기반으로 소련이 개량한 모델로, 이 기술 이전을 통해 중국은 자체적인 로켓과 미사일을 개발하는 데 좋은 토양을 만들 수 있었습니다. 이를 활용해 중국은 둥펑^{Dongfeng} 미사일을 개발합니다. 둥펑东风은 '동쪽에서 불어오는 바람'이라는 뜻으로, 1960년에 둥펑 1

호(최대 사거리 590km)를 개발하고, 1964년에는 둥펑 2호(최대 사거리 1,300km)를, 1966년에는 둥펑 3호(최대 사거리 2,800km)의 개발(실전 배치는 1971년)까지 이어지게 됩니다.

이후 1970년 4월 24일, 중국은 간쑤성 주취안 위성발사센터에서 인공위성을 발사합니다. 실제 위치는 주취안시에서 100km 정도 떨어진 내몽골자치구(네이멍구) 지역에 위치하고 있습니다. 중국은 창정Chang Zheng, CZ 1호 로켓을 사용해 최초의 인공위성인 둥팡훙Dong Fang Hong 1호를 성공적으로 발사했습니다. 이로써 중국은 소련, 미국, 프랑스, 일본에 이어 세계에서 다섯 번째로 인공위성을 발사한 국가가 되었습니다. 여기서 둥팡훙은 '동방이 붉게 빛난다'는 뜻이며, 창정 로켓의 명칭은 1934년부터 1936년까지 중국 공산당이 중국 국민당 군대의 포위망을 피해 12,000km에 이르는 장거리 행군(중국 공산당 홍군의 대장정)을 의미합니다.

1975년 11월 26일에 최초의 귀환식 인공위성인 FSW-0Fanhui Shei Weixing를 발사하여 3일 동안 궤도를 돌고 지구로 성공적으로 귀환시켜, 중국은 소련과 미국에 이어 세계에서 세 번째로 위성 귀환 기술을 보유하게 되었습니다.

우주 개발의 핵심 발사체, 창정 로켓 시리즈

▶▶

중국 국가항천국China National Space Administration, CNSA의 창정 로켓 시리즈는 중국 우주 개발의 핵심 발사체로, 다양한 위성 및 우주 임무를 성공적으로 수행해 오고 있습니다. 창정 로켓의 이야기는 앞서 설명한 1970년, 중국 최초의 인공위성인 둥팡훙 1호를 발사한 창정 1호에서 시작됩니다. 이후 창정 시리즈는 꾸준히 발전했습니다. 창정 2호는 유인 우주선과 중형 위성을 발사하기 위해 개발되었고, 창정 3호는 주로 통신 위성을 정지궤도에 올려놓는 임무를 맡았으며, 창정 4호는 기상 및 지구 관측 위성 발사에 사용됩니다.

중국의 우주 탐사가 본격화되면서, 더 강력한 로켓들이 필요해졌습니다. 창정 5호는 대형 위성, 우주정거장 모듈, 그리고 달 탐사선까지 발사할 수 있는 대형 로켓으로, 중국 국가항천국의 주요 달 탐사 임무에 사용되고 있습니다. 또한, 창정 6호와 7호는 각각 소형 위성 발사와 우주정거장 건설을 지원하는 중형 로켓입니다. 창정 8호를 통해서는 태양동기궤도까지 중량 3톤에서 4.5톤을 운반할 수 있습니다.

최근에는 달과 화성 탐사를 염두에 둔 창정 9호와 창정 10호가 개발되고 있습니다. 창정 9호는 100톤 이상의 화물을 지구 저궤도로 운송하는 것을 목표로 하고 있으며, 2030년대 초 발사가 예정되어 있습니다. 창정 10호는 유인 달 탐사를 위해 설계된 중대형 발사

딥테크 전쟁, 시장을 파괴하는 창조적 독재자들

체로, 역시 2030년대 초 발사가 예정되어 있습니다.

창정 11호와 같은 차세대 로켓들도 개발 중입니다. 특히, 창정 11호는 해상 플랫폼에서 발사가 가능한 고체연료 발사체로 소형 위성 군집 발사에 최적화되어 있습니다. 창정 11호는 2019년 상업위성 7기를 싣고 해상 발사에 성공하였습니다. 2024년 기준으로 누적 15회 이상의 발사가 이뤄졌으며, 이 중 5회 이상은 해상에서 이뤄진 것으로 보입니다. 이 로켓들은 미래의 우주 탐사 임무를 수행하는 데 중요한 역할을 할 것으로 보입니다.

유인 우주 탐사 프로그램
▶▶

중국은 선저우Shenzhou 유인 우주선 프로그램 역시 운영하고 있습니다. 중국이 독자적으로 유인 우주 탐사를 수행하기 위해 시작한 프로젝트로, 1999년에 첫 시험 비행을 시작하여 중국의 유인 우주 탐사 역사를 열었으며, 현재까지 이어지고 있습니다.

선저우 프로그램의 목표는 중국의 우주비행사를 지구 저궤도로 보내고 안전하게 귀환시키는 것이며, 이는 중국의 독자적인 우주 역량을 보여주는 중요한 성과로 평가받고 있습니다. 2003년 선저우 5호를 통해 중국의 첫 유인 우주 비행이 이뤄졌으며, 이때 중국 공군 출신의 중국 최초 우주인인 양리웨이Yang Liwei가 탑승했습니다. 이를 통해 중국은 소련(러시아)과 미국에 이어 세계에서 세 번째로 독자적인 우주 비행을 성공시킨 국가가 되었습니다.

이후 선저우 6호부터는 다인승 우주선으로 발전해 여러 명의 우주비행사가 장기간 우주 임무를 수행할 수 있게 되었습니다. 선저우 7호에서는 중국의 첫 우주 유영(우주 공간에서 걷는 것을 의미)이 이루어졌고, 선저우 9호와 10호는 중국의 톈궁 1호 모듈과의 도킹을 성공시키면서 향후 우주정거장 건설을 위한 중요한 기술을 확보했습니다.

톈궁 프로젝트는 중국의 독자적인 우주정거장 건설 및 운영 계획으로, 유인 우주 탐사 수행을 위한 장기 프로젝트입니다. 2011년 발사된 톈궁 1호를 시작으로, 2016년 발사된 톈궁 2호에서 다양한 과학 실험을 수행하였습니다. 현재 톈궁 우주정거장css은 3개의 모듈로 구성되어, 거주 모듈인 톈허(2021년 발사)를 주축으로 두 개의 실험 모듈이 연결된 형태로 구성되어 있습니다. 최대 6명의 우주비행사가 머물며 여러 과학 연구와 우주 임무를 수행하고 있습니다. 톈궁 우주정거장의 무게는 100톤 정도로 국제우주정거장의 400~450톤과 대비했을 때 1/4~1/5 수준이며, 톈궁 우주정거장의 크기는 정확히 밝혀진 내용은 없으나 대략 국제우주정거장의 50~60% 수준으로 추산된다고 합니다.

선저우 계획은 2024년 4월 유인 우주선인 선저우 18호까지 성공적으로 발사한 상태입니다. 선저우 18호를 통해 톈궁 우주정거장 밖의 우주 공간에서 우주비행사 2명이 8시간 반 동안 시설 점검을 진행했습니다. 선저우 19호 발사는 2024년 11월경으로 예정된 상

딥테크 전쟁, 시장을 파괴하는 창조적 독재자들

태입니다. 선저우 11호에서 18호까지의 임무는 중국의 우주정거장 톈궁 건설 및 운영에 핵심적인 역할을 했습니다. 선저우 11호(2016년 발사)에서는 톈궁 2호 모듈과 도킹해 장기 체류 실험을 성공적으로 수행했고, 이후 선저우 12호(2021년 발사)를 통해 톈궁 우주정거장의 첫 번째 모듈인 톈허와 도킹해 정거장 운영을 시작했습니다. 선저우 13호(2021년 발사)부터 15호(2022년 발사)까지는 우주비행사들이 장기간 체류하며 정거장을 완성하고 다양한 과학 실험을 수행했습니다.

선저우 16호(2023년 발사)부터 선저우 17호(2023년 발사)를 통해서는 톈궁 우주정거장 임무 교대와 우주 임무 수행을 진행했습니다. 선저우 17호 우주비행사들은 만두를 먹는 영상을 보여주기도 했습니다.

달 탐사에 이어 화성 탐사 계획까지
▶▶

한편, 중국은 창어Chang'e 시리즈로 불리는 일련의 달 탐사 프로그램을 운영하고 있습니다. 창어는 중국 신화에서 달에 사는 여신의 이름에서 따왔습니다. 창어 1호(2007년)와 창어 2호(2010년)는 달의 궤도를 돌며 표면을 탐사했고, 창어 3호(2013년)는 중국의 첫 번째 달 착륙 임무로, 달 표면에 로버를 성공적으로 착륙시켰습니다. 이후 창어 4호(2019년)는 세계 최초로 달의 뒷면에 착륙해 탐사 임무를 수행한 바 있습니다. 창어 5호는 2020년 말 달 표면에서 샘플을 채취해 지구로 귀환하는 데 성공했습니다. 이는 미국과 소련(러시아) 이후 세계에서 세 번째로 달 샘플을 지구로 가져온 임무로 기록되었습니다. 창어 6호는 2024년 5월 발사되어 달 뒷면에 착륙하였고, 토양과 암석 샘플을 채취하였으며, 달 뒷면을 탐사한 뒤 2024년 6월 지구로 귀환했습니다.

중국은 달 탐사에서 한발 더 나아가, 화성 탐사 계획까지 이어가고 있습니다. 중국은 톈원Tianwen으로 불리는 화성 탐사 프로그램을 가지고 있습니다. 톈원이라는 이름은 중국 고대 시인의 작품에서 따온 표현으로 '하늘에 질문하다'라는 뜻입니다. 톈원 1호는 궤도선과 착륙선, 로보로 이뤄졌으며, 2020년 발사되어 2021년 착륙하였습니다. 앞서 화성 착륙에 성공한 나라는 미국과 소련(러시아)뿐이었는데, 중국이 화성에 탐사선을 착륙시킨 세 번째 국가가 되었습니다. 중국은 이를 통해 화성의 표면과 지형, 대기 등에 대한 기초 데이터를 얻을 수 있었습니다.

중국 국가항천국은 2025년경 소행성 탐사를 위한 톈원 2호 발사를 계획하고 있으며, 2030년경에는 화성 샘플 수집을 위한 톈원 3호와 목성계 탐사를 위한 톈원 4호 발사까지 준비하고 있다고 합니다. 톈원 3호는 2031년 지구 귀환을 목표로 하고 있으며, 미국은 화성 샘플 수집의 지구 귀환 시점을 2033년으로 잡고 있습니다. 예정대로 중국이 2031년에 화성 샘플을 지구로 가져오게 된다면, 이는 세계 최초의 기록이 됩니다.

중국은 향후 달 탐사를 위한 창어 7호와 창어 8호를 통해 각각 달 남극 지역에 대한 조사와 달 자원의 현장 활용에 대한 기술적 테스트를 진행할 예정이라고 합니다. 중국 역시 NASA의 아르테미스 프로그램과 같이 중국 국가항천국도 2030년대에 달 연구기지 International Lunar Research Station, ILRS를 공동으로 건설할 예정에 있습니다. 여기에는 러시아의 연방우주국인 로스코스모스Roscosmos와 아제르바이잔, 벨라루스 등이 참여할 예정입니다.

아울러 더 많은 화물 운송이 가능한 발사체, 그리고 재사용이 가능한 우주 로켓도 개발할 계획이라고 전해집니다. 2024년 6월에는 중국항천과기집단공사China Aerospace Science and Technology Corporation, CASC의 자회사인 상하이 우주비행기술원Shanghai Academy of Spaceflight Technology, SAST에서 진행한 재사용 발사체의 수직 이착륙 시험 비행에 성공하였습니다. 직경 3.8m의 액체 연료 로켓이 지상 위로 12km까지 상승하였다가 수직으로 착륙한 것입니다. 추후 70km의 고도를 목표로 추가 테스트를 진행할 예정이라고 합니다.

2014년은 중국 민간우주항공 산업의 시작이 열린 해입니다. 2014년 11월, 중국 국무원에서는 제60호 문건(중점 분야의 투자 및 융자 메커니즘 혁신과 사회 투자 장려에 관한 국무원의 의견 지도)을 통해 국가의 우주 기반에 민간이 참여할 수 있도록 장려하겠다는 발표를 합니다. 뒤이어 2015년에 중국 정부는 '국가 민간 우주 인프라 중장기 발전계획(2015~2025)'에 대한 발표를 통해 민간 기업의 항공우주 개발을 적극 장려하면서 우주 산업의 상업화에 본격적으로 나서기 시작했습니다. 중국의 국가발전개혁위원회National Development and Reform Commission, NDRC는 2015년부터 민간 우주 인프라 구축을 지원하는 정책을 발표했으며, 이후 민간 우주 시장은 급격히 성장하게 되었습니다. 이는 미국의 스페이스X와 같은 민간 주도의 우주 개발 모델을 중국에도 안착시키려는 시도로 해석됩니다.

우주 개발에 뛰어든 유망한 스타트업들

▶▶

이번에는 중국의 유망한 우주 스타트업 몇 곳을 살펴보고자 합니다. 랜드 스페이스LandSpace는 2015년 설립한 스타트업으로, 메탄을 연료로 사용하는 로켓 개발을 선도하고 있습니다. 앞서 중국 전기차 기업도 그러하였듯이, 중국 우주 기업들도 중국어 기업명과 영문 기업명이 다른 경우가 있습니다. 랜드 스페이스의 중국어 기업명은 랑젠항톈蓝箭航天으로, '청색 로켓'과 '우주항공'이라는 두 단어의 조합입니다.

남쪽을 수호한다는 상상 속의 새 '주작'을 의미하는 이름의 주쿼이 2호Zhuque-2를 2022년 처음 발사했으나 목표 궤도 도달에 실패했습니다. 그러나 2023년 두 번째 발사에서 목표 궤도에 도달하면서 세계 최초로 메탄 연료 기반의 로켓을 궤도에 진입시킨 사례로 기록되었습니다. 메탄과 액체 산소를 연료로 하는 TQ-12 엔진은 기존 케로신kerosene(등유) 연료에 비해 연소 후에 남는 잔여물도 상대적으로 적은 편으로 알려져 있습니다.

메탄methane, CH₄은 기존의 케로신 연료보다 높은 연소 효율을 가지고 있으며, 케로신보다 정제 과정이 단순해 생산이 더 쉽고 상대적으로 저렴합니다. 메탄 생산을 위해 산업용 액화천연가스LNG를 사용할 수 있기 때문입니다.

아울러 메탄은 여러 가지 이유에서 차세대 로켓 연료로 주목받고 있습니다. 지구에서 풍부한 화학 물질이며, 화성에서도 메탄을 생산할 수 있는 가능성이 있기 때문입니다. 여러 과학적 관찰을 통해 화성 극지방의 얼음이 물H_2O 성분으로 추정되고 있습니다. 화성 대기 속 이산화탄소CO_2와 화성 극지방 지표면 인근 및 지하 동토층에 있는 얼음 속 수소H_2를 고온에서 반응시키면 사바티에 반응Sabatier reaction을 통해 메탄CH_4과 물H_2O을 생산할 가능성이 있기 때문입니다.

오리엔스페이스Orienspace는 2020년에 설립한 중국의 우주 스타트업입니다. 중국어 기업명은 동팡콩젠东方空间으로 '동쪽의 우주'를 의미합니다. 오리엔스페이스는 중형 발사체를 통해 유연한 상업 발사 서비스를 제공하는 데 강점을 보이고 있습니다. 오리엔스페이스의 대표 로켓은 그래비티 1Gravity 1이 있습니다. 2024년 1월, 해양 플랫폼에서 성공적으로 발사되었습니다. 그래비티 1은 고체연료로 추진하였으며, 중국 상업용 로켓 탑재 용량 기록을 경신했습니다. 후속 로켓인 그래비티 2Gravity 2 로켓은 액체 산소/케로신LOX/Kerosene을 사용할 것으로 알려져 있으며, 2025년경 발사를 위한 개발 작업을 진행 중인 것으로 보입니다.

갤럭틱에너지Galactic Energy라는 스타트업도 있습니다. 갤럭틱에너지의 중국어 기업명은 싱허동리星河动力로, '은하수'와 '에너지'라는 단어의 조합입니다. 영문 기업명과 중국어 기업명이 뜻이 비교적 잘 통하는 사례입니다. 갤럭틱에너지는 2018년 창업하여 스페이스X의 팰컨 9과 같이 재사용이 가능한 로켓 개발에 주력하고 있습니다. 2020년 세레스 1호Ceres-1 발사체를 발사하여, 소형 위성인 티엔치TQ-11 위성을 성공적으로 궤도에 안착시켰습니다. 이후 2023년 12월까지 세레스는 10여 차례 발사를 이어갔고, 이 중 한 번 실패를 하기도 했지만, 다른 한 번은 해상 플랫폼에서 발사에 성공하기도 했습니다. 2024년에도 3차례 이상 발사를 이어가고 있습니다. 이어 중형 발사체인 팔라스 1호Pallas-1 로켓은 2024년 11월 첫 발사 예정이며, 1단 로켓 회수는 2025년 이후에 시험할 예정인 것으로 알려져 있습니다.

물론 스페이스X의 팰컨 9에 비하면 갤럭틱에너지의 팔라스 1호는 아직은 작은 로켓입니다. 하지만 갤럭틱에너지의 빠른 개발 속도는 우리가 계속 지켜봐야 할 필요성을 잘 말해주고 있습니다. 직접 비교는 조심스럽지만 거칠게 비교해 보자면, 스페이스X가 2002년 창업하여 팰컨 1(길이 약 21m, 직경 1.7m, 발사 중량 약 27톤)을 2006~2007년간 3차례의 실패 끝에 2008년 성공한 바 있습니다. 하지만 갤럭틱에너지는 2018년 창업하여 2년 만인 2020년에 세레스 1호(길이 약 19m, 직경 1.4m, 발사 중량 약 30톤)를 쏴올린 점은 꽤나

딥테크 전쟁, 시장을 파괴하는 창조적 독재자들

인상적인 대목입니다. 물론 차이점도 존재합니다. 스페이스X의 팰컨 1은 액체연료 로켓이었고, 갤럭틱에너지의 세레스 1호는 고체연료 로켓입니다.

일반적으로 액체연료 로켓이 고체연료 로켓보다 설계와 개발에 어려움이 있는 것으로 잘 알려져 있습니다. 아울러 스페이스X가 팰컨 1을 개발할 당시와 갤럭틱에너지가 팔라스 1호를 개발한 비교적 최근 시점 역시 차이가 있습니다. 스페이스X 팰컨 1은 2008년 민간 기업이 지구 궤도에 성공적으로 발사체를 쏘아올릴 수 있다는 것을 보여준 기념비적인 사건이었습니다. 무언가를 처음 시작할 때 새로 길을 개척하는 일의 어려움은 어느 분야에나 적용될 것입니다. 예전에 남자 100m 달리기에서 10초는 마의 10초라고 불릴만큼 절대 깰 수 없다고 여겨졌던 시절이 있었습니다. 하지만 1968년 미국의 짐 하인즈^{Jim Hines}가 9.95초로 10초의 벽을 깬 이후, 육상 역사에서 훈련 기법과 장비 발전을 통해 점점 더 많은 선수들이 10초 벽을 깨나가고 있습니다. 민간에서 로켓 발사의 길을 걸어가는 것은 이러한 사례와 유사하다 할 수 있을지도 모르겠습니다. 누가 잘했다 못했다를 비교하려는 것보다는, 두 기업을 이런 다른 관점에서 바라보는 시각도 있을 수 있다는 차원에서 말씀드렸습니다.

아이스페이스^{iSpace}는 2016년 창업한 기업으로, 영문명이 'Beijing Interstellar Glory Space Technology'입니다. 일본에도 아이스페이스라는 항공우주 기업이 있는데, 두 기업의 차이는 일본 기업에는 'i-Space'로 하이픈이 붙는다는 점입니다. 중국 아이스페이스의 중국어 정식 기업명은 '북경성 제영예 우주과학기술 유한회사'이며, 중국어로 싱지룽야오星际荣耀로, '우주의 영광'이라는 의미를 가지고 있습니다.

아이스페이스는 2019년, '쌍곡선'이라는 의미의 하이퍼볼라 1Hyperbola-1 로켓이 위성에 궤도를 성공적으로 안착시키면서 주목받았습니다. 이는 중국 민간 상업 우주 운반 로켓의 첫 성공적인 발사 및 궤도 진입으로 기록되었습니다. 현재는 하이퍼볼라 2Hyperbola-2를 통해 재사용 가능한 액체연료 로켓을 개발 중입니다. 하지만 2019년 첫 발사 성공 이후에 4번 실패하여, 발사 성공률이 좋은 편은 아닙니다.

2014년 설립한 중국의 우주 스타트업 링크 스페이스LinkSpace는 링커항톈翎客航天이라는 중국어 기업명을 가지고 있습니다. '새의 깃털'과 '우주항공'이 합쳐진 이름입니다. 링크 스페이스는 수직 이착륙vertical takeoff and vertical landing, VTVL이 가능한 재사용 로켓 기술을 개발 중입니다. 2019년 수직 이착륙 시제품 로켓인 RLV-T5를 발사했는데, 여기서 RLV는 'reusable launch vehicle'이란 의미고, T5의 T는 '테스트 버전'임을 의미합니다. 링크 스페이스는 RLV-T5가 50초간 300m까지 날았다가 다시 착륙했다는 링크 스페이스의 X 계정을 통한 영상 업로드 및 게시글을 통해 발표하기도 했습니다.

2020년, 링크 스페이스는 RLV-T6 테스트 코드를 SRV-1space reusable vehicle-1으로 이름을 바꿔 메탄을 연료로 사용하고, 재사용이 가능한 발사체로 콘셉트를 발표하기도 했습니다. 2022년에는

RLV-T6 시제기의 정적 연소를 실험하기도 했습니다만, 2024년 8월 기준으로 아직 첫 발사는 이뤄지지 않았습니다.

신간센 1호New Line 1이란 이름의 로켓에 대한 콘셉트도 있습니다. 1단 엔진 연소 시험은 이어왔으나, 아직 발사 일정이 발표된 것은 없습니다. 중국에서 인기있는 동영상 플랫폼인 블리블리BliBli의 링크 스페이스 공식 계정에서도 2023년 4월 RLV-T6을 테스트하는 영상이 가장 최근 영상이고, 이후 영상은 업로드 되어 있지 않은 상태입니다.

세계 각국의 치열한 우주 경쟁

세계 각국은 우주 탐사를 위한 발사체를 쏘아 올리기 위해 우주 발사장을 가지고 있습니다. 우주 로켓을 하늘로 발사시키는 데 있어 지리적인 위치는 상당히 중요합니다. 일반적으로 발사장이 위도 0도인 적도 근처에 위치할수록 유리하다고 알려져 있습니다. 이는 지구의 자전 속도와 관련이 있습니다. 지구는 자전하면서 24시간인 하루의 시간 동안 한 바퀴를 스스로 돕니다. 이때 적도 지역에서 지구의 자전 속도가 가장 빠릅니다. 이러한 현상이 나타나는 이유는 지구의 모양 때문입니다.

지구는 약간 찌그러진 타원체 모양에 가깝습니다. 그래서 적도 쪽이 지구의 둘레 중에서 가장 긴 부분입니다. 그리고 지구가 자전 할 때는 극지방이나 적도에서나 모두 하루에 한 바퀴씩 돌게 됩니다. 이렇게 지구가 자전할 때, 적도 지방이 극지방에 비해 훨씬 더 긴 궤적으로 돌게 됩니다. 그래서 같은 하루라는 시간 동안 한바퀴를 돌려면, 적도 지역은 극지방보다 더 빠른 속도로 돌 수밖에 없습니다. 이러한 속도 차이는 생각보다 큽니다. 극지방에서는 이 속도가 거의 0에 가까운 수준이지만, 적도에서는 시속 1,670km로 극지방보다 빠른 속도를 보입니다. 이는 지구 적도 지역의 둘레가 40,075km 수준인데, 하루 24시간으로 나누면 시간당 속도가 시속 1,670km가 되는 것입니다.

지정학적으로 중요한 우주발사장
▶▶

우주발사장의 위치는 국가 간 지정학적 경쟁에서 중요한 요소로 작용합니다. 우주발사장은 단순히 로켓을 발사하는 기술적 기지일 뿐 아니라, 해당 국가의 안보, 경제, 그리고 국력을 상징할 수 있는 전략적 자산입니다. 예를 들어, 적도에 가까운 발사장은 지구의 자전 효과를 극대화해 연료 효율성을 높이므로, 프랑스령 기아나Guiana의 발사장을 통해 프랑스는 유럽, 아시아, 남미를 연결하는 중요한 전략적 요충지를 가질 수 있습니다. 참고로 기아나는 브라질 북쪽에 위치하고, 베네수엘라와 수리남의 동쪽에 있습니다.

한편, 러시아의 바이코누르 우주기지Baikonur Cosmodrome는 소련 시절부터 중요한 요충지 중 하나였습니다. 카자흐스탄에 있는 바이코누르 우주기지는 러시아가 중앙아시아에 대해 군사적, 정치적 영향력을 유지하고 싶은 열망을 상징하는 장소입니다. 세계 지도를 펼쳐 보면 이에 대한 작은 실마리를 찾아볼 수 있습니다. 카자흐스탄의 지리적 위치는 우랄산맥을 기준으로 서쪽인 수도 모스크바를 중심으로 하는 핵심 지역과 동쪽의 시베리아 지역을 포함한 러시아 동부를 지키는 데 있어 상당히 중요한 위치를 가지고 있습니다. 몽골과 카자흐스탄, 우크라이나, 벨라루스는 모두 러시아의 관점에서는 완충 지대buffer zone로서의 역할을 가지는, 지정학적으로 중요한 국가들입니다.

이처럼 각국의 우주발사장은 단순하게는 적도에 가까울수록 로켓이 목표로 한 우주 궤도에 도달하는 데 필요한 연료의 양이 줄어들 수 있다는 기술적인 목적도 있지만, 각 국가들의 지정학적 전략에 있어 요충지의 역할을 하는 경우가 많습니다. 이제 우주 탐사 예산 규모를 기준으로 미국, 중국, EU, 러시아, 일본, 인도 순으로 우주발사장에 대한 지정학 이야기를 살펴보고, 우주 정책도 함께 살펴보고자 합니다.

미국의 중요한 우주발사장
▶▶

미국의 우주발사장은 NASA의 케네디 우주센터(플로리다주)와 반덴버그 우주군 기지(캘리포니아주), 그리고 스페이스X의 스타베이스

딥테크 전쟁, 시장을 파괴하는 창조적 독재자들

(텍사스주), 월롭스 비행시설(버지니아주)을 중심으로 구성되어 있습니다. 참고로 아폴로 프로그램을 다룬 우주 관련 영화들을 보면 미국 우주비행사가 통신할 때 "휴스턴"을 외치는 경우가 많습니다. 이는 텍사스주 휴스턴에 소재한 NASA의 존슨 우주센터에서 우주 임무를 관제control하는 역할을 맡고 있기 때문입니다.

케네디 우주센터Kennedy Space Center, KSC는 미국 플로리다주에 위치한 NASA의 주요 우주 발사 기지입니다. 케이프 커내버럴Cape Canaveral 인근에 위치해 있으며, 1962년에 세워진 후 미국의 유인 우주 탐사 및 로켓 발사의 중심지 역할을 해왔습니다. 아폴로 프로그램의 달 착륙 임무, 스페이스 셔틀 프로그램, 그리고 최근의 상업용 유인 우주 비행까지 많은 중요한 임무가 이곳에서 수행되었습니다. 케네디 우주센터는 발사대 39ALaunch Complex 39A, LC-39A로 불리는, 미국의 우주 역사를 함께한 살아있는 화석 같은 발사장을 가지고 있습니다. 2014년 스페이스X는 이 발사장을 20년간 장기 임대 계약하여 크루 드래건 유인 발사와 화물 운송 등 다양한 우주 임무들을 수행하였습니다.

반덴버그 우주군US Space Force 기지는 미국 캘리포니아주에 있습니다. 1941년 반덴버그 공군 기지로 시작했으나, 2019년 미국 우주군이 창설된 이후 우주군 기지로 재명명되었습니다. 반덴버그 공군 기지는 서부 해안에 위치한 지리적 위치를 활용하고 있습니다. 일반적으로 우주 로켓 발사 때에는 지구 자전 방향(서쪽에서 동쪽으로 회전)에 맞춰 속도를 더 받기 위해 동쪽을 향해 발사합니다. 하지만 극궤도polar orbit와 태양동기궤도sun-synchronous orbit는 지구의 남극 또는 북극 방향으로 발사해야 하기 때문에, 서부 해안에서 발사해도 괜찮은 것입니다. 여기에서는 주로 극궤도와 태양동기궤도로의 발사가 이뤄집니다. 극궤도는 위성이 지구의 북극과 남극을 지나가는 궤도로, 지구의 자전(회전)에 관계없이 전 세계 관측이 가능하여 기상 위성이나 정찰 위성 등 지구 관측 용도로 많이 사용됩니다. 태양동기궤도는 극궤도의 한 종류로, 해당 궤도에 놓인 물체가 지구를 도는 동안 항상 같은 지역을 동일한 태양 각도에서 관측할 수 있는 궤도를 의미합니다. 지구 환경을 관측하거나 위성지도 촬영 등의 목적에 활용됩니다.

아울러 NASA는 월롭스 비행시설Wallops Flight Facility을 1945년부터 운용하면서 사운딩 로켓sounding rocket과 같은 소형 로켓 발사를 통해 대기 연구와 우주 환경 탐사를 진행하고, 무인 항공기 테스트 등 연구 활동도 진행하는 것으로 알려져 있습니다. 사운딩 로켓은 대기나 우주 환경을 연구하기 위해 짧은 시간 동안 우주로 올라갔다가 지구로 돌아오는 소형 로켓입니다. 이 로켓은 일반적인 위성 발사 로켓과 달리 궤도에 진입하지 않고, 수직으로 빠르게 올라가 필요한 데이터를 수집한 후 낙하합니다. 주로 대기 상층부, 우주 방사선, 또는 소규모 과학 실험을 수행하는 데 사용되며, 비용이 저렴하고 빠르게 발사 준비가 가능하다는 장점이 있습니다.

마지막으로 스페이스X의 스타베이스 발사장은 멕시코와 국경을 맞대고 있는 보카 치카에 위치해 있습니다. 스페이스X의 발사 근거지 중 하나인 텍사스 남부의 보카 치카는 본래 작은 해변 마을이었습니다. 그러나 현재는 스타십 시험 발사를 통해 전 세계 우주 팬들의 많은 관심을 받고 있는 지역으로 부상했습니다. 스타베이스 발사장은 미국 최남단에 위치하여 적도에서 상대적으로 가까운 장점을 가집니다. 최근에는 스타베이스에 추가 발사대launch pad B를 건설하고 있습니다.

미국의 우주 정책은 NASA와 미국 우주군을 중심으로 진행되며, 이를 통해 국가 안보, 과학 연구, 그리고 상업적 우주 활동을 통합적으로 관리합니다. NASA는 주로 우주 탐사, 과학 연구, 그리고 국제 협력 등을 담당하며, 달과 화성 탐사, 우주 기술 개발에 중점을 둡니다. 반면 우주군은 국가 안보와 관련된 우주 작전을 주도하며, 위성 보호, 우주 감시, 그리고 전략적 억지력을 담당합니다. 2020년 당시 미국 트럼프 대통령은 국가 우주 정책national space policy을 발표했습니다. 우주를 탐사하고 개발하는 데 있어 미국의 리더십을 회복하고 안보를 지키겠다는 원칙을 표명하고, 아르테미스 프로그램을 통해 미국 우주비행사를 달로 다시 보내고, 상업 우주 산업을 강화하겠다는 내용을 밝혔습니다.

미국이 2021년 발사한 제임스웹 우주망원경James Webb Space Telescopes, JWST은 허블망원경Hubble Space Telescope, HST의 후속 임무로, 우주의 초기 상태와 은하 형성 과정을 연구하기 위해 개발된 차세대 우주망원경입니다. 2021년에 발사된 제임스웹은 적외선 관측을 통해 별과 행성 형성, 초기 우주 구조 등을 더 깊이 탐사하며, 과학자들이 우주에 대한 이해를 크게 확장할 수 있게 합니다. NASA와 유럽 우주국 ESA, 캐나다 우주국CSA도 참여했습니다.

중국의 우주 발사 센터
▶▶

중국의 우주 발사 역량은 급속히 성장하고 있습니다. 현재 네 곳의 주요 발사 센터를 운영 중이며, 각각의 발사장은 지리적 특성과 목적에 따라 다양한 임무를 수행하고 있습니다. 1958년에 설립된 주취안 위성 발사 센터Jiuquan satellite launch center는 중국에서 가장 오래된 우주 발사 기지입니다. 내몽골 자치구 지역에 위치해 있으며, 중국의 유인 우주 임무인 선저우 프로그램을 포함한 여러 유인 임무가 이곳에서 수행되었습니다. 주취안 발사장은 초기에는 군사 기지로 활용되었지만, 현재는 중국의 국방 관련 정찰 위성 발사와 저궤도 위성 발사에 활용되고 있습니다. 위도가 약 40도여서 발사장으로는 다소 높은 편이나, 중국 내륙에 위치하고 있어 해안가에 비해 외부 공격에 상대적으로 안전하다는 평가도 있습니다.

쓰촨성에 위치한 시창 위성 발사 센터Xichang satellite launch center는 주로 정지궤도 위성 발사를 많이 진행하는 것으로 알려져 있습니다. 정지궤도는 상공 약 35,786km에 위치하여 지구 자전 속도와 일치하는 궤도를 의미하며, 정지궤도 위성은 통신과 기상, 해양 관측, 대기 환경 모니터링 등에 활용됩니다. 중국의 많은 통신 위성과 방송

위성이 시창 발사장에서 발사되었습니다. 시창 발사장은 중국의 우주 탐사 및 상업 위성 발사에서도 중요한 역할을 하고 있습니다.

타이위안 위성 발사 센터Taiyuan satellite launch center는 산시성 북부에 위치하여 베이징 남서쪽으로 500km 정도 떨어진 위치에 자리하고 있으며, 여러 과학 탐사와 국방 목적의 위성들을 발사하고 있습니다. 1996년, 창정 3호가 인근 마을에 떨어진 사고도 이곳 발사장 인근에서 있었던 일입니다.

원창 우주발사장Wenchang sapce launch site은 중국 최남단 지역인 하이난 섬에 있습니다. 2014년에 완공되어, 2016년부터 발사를 이어오고 있습니다. 상대적으로 적도에 가까운 위치에 자리 잡고 있어 발사 효율성이 높은 강점이 있습니다.

하이난 섬의 지정학적 가치는 매우 큽니다. 이곳은 남중국해에 접해 있어 중국 해상 물류망의 중심지로 기능하며, 전략적으로도 중요한 위치에 있습니다. 남중국해는 중국에게 중요한 세계 해상 무역의 요충지로, 수많은 화물선들이 이곳을 지나갑니다. 따라서 하이난 섬은 중국이 자국의 경제적, 군사적 이익을 보호하는 데 있어 중요한 곳입니다. 2021년 중국 우주정거장CSS(톈궁)의 핵심 모듈인 톈허가 창정 로켓을 통해 이곳에서 발사되기도 했습니다.

중국은 2021년 우주 백서를 통해 중국이 우주 산업을 국가 핵심 전략 기술로 생각하고 있으며, 자국의 평화적 우주 탐사가 목표임을 천명한 바 있습니다. 아울러 중국은 궈왕Guowang이라는 국가 주도의 위성 인터넷 프로젝트를 통해 미국 스페이스X의 스타링크와 같이 수천 개 이상의 위성을 쏘아올려 지구를 아우르는 통신 네트워크를 갖고자 하고 있습니다. 그리고 우리가 한 가지 더 깊이 생각해 볼 부분이 있습니다. 중국의 많은 우주 기업들이 빠른 속도를 강점으로 하고 있으나, 아직 뚜렷한 수입을 만들어 내지 못하고 있는 것 또한 현실이라는 점입니다. 자금력과 민간 소형 위성 시장 사이에서 보다 긴 관점으로 중국의 우주 스타트업들을 지켜봐야 할 이유입니다.

EU 내 우주발사장들
▶▶

EU의 주요 우주발사장으로는 남아메리카의 프랑스령 기아나에 위치한 기아나 우주센터Guyana space center가 있습니다. 1968년에 완공된 기아나 발사장은 현재 유럽 우주국European Space Agency, ESA과 프랑스 항공우주국Centre National d'Études Spatiales, CNES이 공동으로 운영하고 있으며, 유럽의 우주 개발 전략의 핵심 기지로 기능합니다. 프랑스령 기아나는 적도에 가까워 발사 효율성이 뛰어나며, 특히 정지궤도 위성 발사에 유리한 조건을 갖추고 있습니다. 이곳에서 2021년 12월 25일에 제임스웹 우주 망원경도 발사되었습니다.

기아나 우주센터에서 아리안Ariane과 베가Vega 로켓 등이 발사되며, EU 국가 외에 전 세계의 상업적 위성 발사에도 자주 활용되기도 했습니다. 한국 최초의 인공위성인 우리별 1호도 기아나 우주센터에서 발사되었습니다. 기아나 우주센터는 EU의 독자적 우주 역량을 상징하는 곳입니다.

아울러 아리안 로켓 시리즈는 상업적 통신 위성 발사에 있어 세계적인 신뢰성을 자랑하며, EU가 국제 우주 시장에서 경쟁력을 유지하는 데 기여하고 있습니다. 아리안 로켓은 1979년부터 유럽을 대표하는 로켓 시리즈입니다. 2024년 7월, 아리안 6호가 4년 간의 지연 끝에 기아나 우주센터에서 발사에 성공하기도 했습니다. 유럽 우주국에서는 당시 발사 스트리밍을 통해 유럽의 여성 과학자들이 이 프로젝트에 다수 참여하였고, 아리안 5호에 비해 비용 절감에 많은 노력을 했음을 어필한 바 있습니다.

최근에는 스웨덴 북부의 위성 발사장도 주목받고 있습니다. 이스레인지 우주센터Esrange Space Center는 스웨덴 우주 공사Swedish Space Corporation, SSC에서 운영하는 위성 발사장으로, 스웨덴 최북단의 키루나Kiruna 지역에 위치하고 있습니다. 이스레인지 우주센터는 1966년에 설립되어 기상 및 과학 연구 목적으로 사용되었으나, 최근에는 EU의 우주 발사 능력을 확대하기 위한 인프라로 재조명되고 있습니다. 이스레인지 센터의 주요 목적은 소형 인공위성 발사를 지원하는 것입니다. 유럽 우주국을 비롯한 유럽 내 여러 국가들이 안보적인 관점에서 위성 발사 능력을 강화하기 위한 관심과 노력이 이어지는 가운데, 이스레인지 우주센터는 EU 지역 내에 있다는 점에서 중요한 지정학적 지위를 가집니다.

EU의 우주 정책은 독자적인 우주 능력을 확보하고, 이를 통해 안보·경제적 이익을 강화하는 것을 목표로 합니다. 이를 위해 위성 네트워크, 우주 탐사, 데이터 활용을 포함한 다양한 분야에서 활동하고 있으며, 미국과도 활발하게 협력하고 있습니다.

EU 버전의 글로벌 항법 위성 시스템인 갈릴레오Galileo 위성 시스템과 지구 관측 프로그램인 코페르니쿠스Copernicus 등의 프로그램들이 있습니다. 갈릴레오 위성 시스템은 미국의 GPS, 러시아의 글로나스GLONASS, 중국의 베이더우Beidou 등이 유사한 시스템입니다.

EU의 행정부 역할을 수행하는 유럽연합 집행위원회European Commission에서는 2021년부터 2027년까지 뉴 스페이스를 포함한 우주 산업 혁신과 더불어 관련 중소기업, 스타트업 지원을 위해 카시니 이니셔티브Cassini space entrepreneurship initiative를 만들었습니다. 이 프로그램을 통해 10억 유로 규모의 EU 펀딩과 더불어 해커톤과 멘토링 등 다양한 엑셀러레이팅accelerating 활동을 지원하고 있습니다.

카자흐스탄에 임대해 사용하는 러시아
▶▶

러시아는 1957년 소련 시절, 카자흐스탄에 세운 바이코누르 우주 기지를 우주발사장으로 활용하고 있습니다. 인류 최초의 인공위성인 스푸트니크 1호가 1957년 이곳에서 발사되었습니다. 현재 러시아는 카자흐스탄에게 임대 형식으로 발사장을 빌리고, 매년 사용료도 납부하고 있습니다.

이러한 의존도를 낮추기 위해서였을까요? 러시아는 중국 국경 인근의 극동 지역인 아무르주에 보스토치니 우주기지Vostochny Cosmodrome를 설립하여, 카자흐스탄 바이코누르 우주기지에 대한 의존도를 낮추려고 노력하고 있습니다. 2016년, 보스토치니 우주기지에서 첫 로켓 발사에 성공합니다. 이곳의 위도는 바이코누르 우주기지보다 높습니다. 2024년 4월에는 러시아의 앙가라-A5 로켓이 보스토니치 우주기지에서 성공적으로 시험 발사를 진행하기도 했습니다. 아울러 모스크바 북쪽에 위치한 군사시설인 플레세츠크 우주기지Plesetsk Cosmodrome를 통해서는 대륙간 탄도 미사일ICBM 발사를 하거나, 군사용 위성을 발사하는 것으로 알려져 있습니다.

러시아의 우주 정책은 러시아 연방우주국을 중심으로 진행되고 있습니다. 러시아는 2024년 이후 국제우주정거장에서 철수하고, 자체 우주정거장을 구축하겠다는 계획을 2022년 밝힌 바 있습니다. 이는 2022년 러시아–우크라이나 전쟁 이후 악화일로를 걷고 있는 러시아와 서방 국가들간의 관계와 관련이 깊은 것으로 보입니다. 다만, 이 계획은 '2024년까지'에서 '2024년 이후'로 표현이 바뀐 것이라는 점에서 아직은 상황을 지켜봐야 할 것 같습니다. 아울러 러시아는 최근의 뉴 스페이스 분위기에 발맞춰서 우주 산업의 상업성에도 관심을 가지고 있다는 발언도 했습니다만, 2022년 러시아–우크라이나 전쟁 이후 러시아 편에 있는 친구가 많아 보이지는 않은 것 같습니다. 러시아 연방우주국은 앞에서 언급한 바와 같이, 중국 국가항천국CNSA과 2030년대에 달 연구 기지ILRS를 공동으로 건설할 예정에 있습니다.

일본의 다네가시마 우주센터
▶▶

일본의 주요 우주발사장으로는 가고시마현에 위치한 다네가시마 우주센터가 대표적으로 손꼽힙니다. 다네가시마 우주센터는 일본 최대의 우주 발사 시설로, 주로 인공위성과 탐사선을 발사하는데 사용됩니다. 이곳은 일본 우주항공연구개발기구JAXA가 운영하며, H-2A, H-2B, 그리고 차세대 로켓인 H3 등의 발사 임무를 수행하고 있습니다. H2 로켓은 1994년에 처음으로 발사되었습니다. H-2A는 2001년 첫 발사됐으며, 일본의 소행성 탐사선인 하야부사 2Hayabusa 2를 2014년 탑재한 로켓입니다. H-2B는 2009년 첫 발사됐으며, H-2A에서 탑재량을 늘리기 위해 개량한 모델입니다.

다네가시마 우주센터에서 2024년 2월, 차세대 주력 로켓인 H3 로켓이 성공적으로 발사됐습니다. H3 로켓은 H-2A보다 발사 비용이 1/2 수준이고, 엔진 추력은 더 강합니다. 그밖의 우치노우라 우주센터는 관측을 위한 목적이 더 강한 시설로, 초소형 위성 발사를 주로 수행하고 있습니다.

일본의 우주 정책은 기술 자립성을 추구하는 가운데, 미국 등 다른 국가와의 국제 협력에도 열심히 참여하고 있습니다. 일본의 대표적인 우주 탐사 임무로 볼 수 있는 하야부사 2는 2014년 발사되

딥테크 전쟁, 시장을 파괴하는 창조적 독재자들

어 3억km 떨어진 소행성 류구^{Ryugu}에 도착하여, 탐사선이 소행성 표면에서 샘플을 채취해서 2020년 12월 지구로 성공적으로 귀환하였습니다.

2024년, 일본은 무인 달 탐사선 슬림^{Smart lander for investigating Moon, SLIM}을 목표한 달 표면 지점에 착륙시키는 데에는 성공했습니다. 목표 지점에서 55m 떨어진 곳에 착륙 했지만, 착륙할 때 미세 자세 조정에 실패한 것으로 보입니다. 이로 인해 몸체가 뒤집어져 태양전지가 햇빛을 충분히 보지 못해 전력 생산에 실패하게 되어, 목표한 임무 수행은 어렵게 되었습니다.

일본은 로봇을 활용한 우주 탐사 및 임무 수행에 강점을 보입니다. 국제우주정거장의 일본 실험 모듈인 기보^{Kibo}에서도 로봇을 내부에서 운용 중이며, 하야부사 탐사선에도 일본의 소형 로봇들이 있었습니다.

인도의 사티시 다완 우주센터 발사장
▶▶

인도의 대표적인 우주발사장은 타밀나두^{Tamil Nadu}주에 위치한 사티시 다완 우주센터^{Satish Dhawan Space Centre, SDSC} 발사장입니다. 이전에는 스리하리코타^{Sriharikota}로 불렸던 사티시 다완 우주센터는 인도우주연구기구^{Indian Space Research Organization, ISRO}의 주 발사 시설로 다양한 인공위성과 우주선을 발사하고 있습니다.

사티시 다완의 발사장은 인도의 주요 우주 발사 임무의 중심지로, 인도가 글로벌 우주 발사 시장에서 경쟁력을 갖출 수 있게 한 중요한 인프라입니다. 사티시 다완 우주센터는 인도 동남부의 주요 도시 중 하나인 첸나이Chennai 인근에 위치하고 있으며, 인도 최남단까진 아니지만 그래도 상대적으로 적도에 가까운 편입니다. 아울러 인도는 동부 찬디푸르Chandipur 발사장을 통해 아스트라Astra 미사일(인도의 지대공 미사일)과 핵탄두 탑재가 가능한 프리트비-2Prithvi-2 지대지 미사일 등을 시험하고 있습니다. 프리트비-2 미사일은 사거리가 350km 정도로 추산되는 단거리탄도미사일short-range ballistic missile, SRBM입니다.

인도의 우주 정책은 자국 내 저비용 고효율 우주 기술 개발을 바탕으로, 과학 탐사와 상업적 위성 발사 서비스를 확대하는 데 중점을 두고 있습니다. 대표적인 프로젝트로는 망갈리얀Mangalyaan 화성 탐사 임무와 찬드라얀Chandrayaan 달 탐사 시리즈가 있습니다. 망갈리얀 화성 탐사선은 2013년 발사하여 2014년 화성 궤도에 진입하여 탐사를 진행했고, 이는 미국, 러시아, EU 다음으로 세계에서 네 번째 기록입니다. 화성 궤도 탐사의 첫 시도가 바로 성공까지 이어진 것은 인도가 처음입니다. 2023년 찬드라얀 3호를 통해 인도는 미국, 소련(러시아), 중국에 이어 세계에서 네 번째로 달 착륙을 한 국가가 되었고, 달 남극에 세계 최초로 착륙하는 데 성공했습니다. 참고로 러시아 루나 25호도 2023년 달 남극 착륙을 시도했으나, 기술적 문제로 실패한 바가 있습니다.

딥테크 전쟁, 시장을 파괴하는 창조적 독재자들

인도는 특히 다양한 국가의 소형 위성을 한 번에 발사하는 상업적 서비스로도 주목받고 있습니다. 또한 2024년까지 유인 우주 비행 임무인 가간얀Gaganyaan 프로젝트를 목표로 하고 있습니다. 이처럼 인도는 자국의 우주 탐사 역량을 여러 방면으로 확장하려는 구상을 가지고 있습니다. 우주 공간도 하나의 지정학적 위치를 가지고 있다는 점에서 앞으로 우리도 여러 국가들이 우주 공간에서 어떠한 안보 및 경제 이익을 두고 경쟁하는지 지켜볼 필요가 있겠습니다.

우주 경쟁 시대,
한국의 우주 전략

각국의 우주 탐사는 3~4년 새에 양적으로 빠르게 성장하고 있습니다. 궤도 발사 시도와 궤도 발사 성공 모두에 있어 최근 5년의 전 세계 누적 기록은 늘어가는 추세입니다. 2023년에는 전 세계에서 223회의 궤도 발사가 있었습니다. 2024년에도 2023년의 기록을 갱신할 것으로 전망됩니다.

빠르게 성장하는 우주 산업 역량
▶▶

한국 역시 빠르게 우주 역량을 키워왔습니다. 1992년 한국 최초의 인공위성인 우리별 1호KITSAT-1를 발사한 이후, 한국은 꾸준히 우

딥테크 전쟁, 시장을 파괴하는 창조적 독재자들

주 역량을 키워오며 여러 방면에서 성과를 내고 있습니다. 특히 정부 차원에서는 한국형 발사체 개발과 더불어, 달 탐사선인 다누리호의 성공, 우주항공청 설립을 통한 정책적 지원이 이어지고 있습니다.

2009년에는 전라남도 고흥군에 나로우주센터가 건립되어 한국은 세계 13번째 우주센터 보유국이 되었습니다. 나로호는 2013년 마침내 발사에 성공하며, 한국은 우주 발사체 기술을 확보하게 되었습니다. 2022년 6월에는 순수 국내 기술로 개발된 우주 발사체 누리호가 2차 시험 발사에 성공했고, 2023년 5월에는 누리호 3차 시험 발사에 성공하였습니다. 이로써 한국은 세계에서 7번째로 1톤 인공위성을 자력으로 발사할 수 있는 능력을 갖춘 국가가 되었습니다. 누리호는 한국형 발사체로, 2027년까지 여러 차례 시험 발사를 진행할 예정입니다.

아울러 2022년에 한국 최초의 달 궤도선인 다누리를 성공적으로 발사하여 달 궤도에 안착시켰고, 이를 통해 우주 탐사에 한 걸음 더 다가섰습니다. 이러한 성과는 국제 사회에서도 긍정적으로 평가되고 있으며, 향후 한국의 우주 외교 및 협력 강화에 중요한 기여를 할 것입니다.

민간 기업에서도 괄목할 만한 성과들이 이어지고 있습니다. 예를 들어 한국항공우주산업Korea Aerospace Industries, KAI은 위성 개발, 한국형 발사체 누리호 제작, 우주 탐사 기술 연구 등을 통해 한국의 우주 산업에 중요한 역할을 하고 있습니다. 한화에어로스페이스는 발사체 엔진 기술을 고도화하고 있으며, 이노스페이스와 같은 우주 스타트업들도 새로운 발사체 기술을 개발하며 새롭게 시장에 진출하고 있습니다.

국제 우주 협력의 중요성도 커지고 있습니다. 아르테미스 프로그램에서 볼 수 있듯이, 우주 탐사는 한 국가가 혼자 감당하기에는 너무 큰 비용과 기술적 부담이 따릅니다. 한국은 이미 아르테미스 프로그램에 참여하고 있으며, NASA 등 해외 기관들과도 긴밀한 협력을 이어오고 있습니다.

아울러 우주 탐사와 관련한 모빌리티 기술에서도 한국 기업의 역할이 커지고 있습니다. 현대자동차는 GM, 토요타가 월면차 개발을 진행하였던 것처럼, 차세대 달 모빌리티(월면차와 로봇 등) 개발에 관심을 보이며 연구를 진행하고 있는 상황입니다.

안보에 있어 자체 기술력이라고 하는 것은, 우리나라가 앞서 FA-50 고등훈련기와 KF-21 전투기 개발 사례를 통해 느꼈던 것과 같이, 포기하지 않고 지속적이고 전폭적인 국가 차원의 투자로 우리만의 안보 역량을 키워 내야만 하는 부분입니다. 그리고 이를 위해 헌신적으로 피땀 흘린 엔지니어들의 처절한 노력과 축적의 시간, 그리고 노고를 기억해야 합니다. 국가 안보를 위해서 관련 기술 개발은 반드시 필요한 작업입니다. 중국의 우주 개발 사례에서 알 수 있듯 우리도 제주도와 이어도 지역의 국토 최남단 지역에 해상 플랫폼을 통한 재사용 발사체 발사 및 소형 위성 발사에 대한 계획들을 함께 고려하여 미래를 준비해 나가야 합니다.

딥테크 전쟁, 시장을 파괴하는 창조적 독재자들

우주 탐사의 이유

▶▶

우리는 왜 우주를 탐사하는 걸까요? 우주 탐사에는 수많은 사람이 붙어서 많은 돈과 시간을 투자해야 하는데 말이죠. 저는 과학을 기반으로 하는 우주 탐사가 가진 호기심curiosity과 도전challenge, 그리고 영감inspiration을 말하고 싶습니다. 다시 말해, 우리 미래 세대에게 새로운 가능성과 꿈을 보여줄 수 있다고 표현해 보고 싶습니다.

우주 탐사가 우리 인류에게 영감을 준 사례는 많습니다. 그중 최근 사례 2가지를 살펴보겠습니다. 먼저 화성 탐사에서 NASA는 화성 탐사선 퍼서비어런스Perseverance 로버가 2021년 화성에 착륙한 이후, 2021년 4월 인제뉴이티Ingenuity 헬리콥터를 통해 화성에서 최초로 동력 비행을 성공시켜 미래의 화성 탐사 기술 발전에 기여한 사례가 있습니다.

다음으로 NASA는 2023년 프시케Psyche 프로젝트를 통해 화성과 목성 사이의 소행성대에 있는 소행성 16 프시케16 Psyche를 탐사하고자 합니다. 이는 금속 성분이 풍부한 소행성을 탐사하여 행성의 형성 과정을 밝히고, 태양계 초기의 형성 과정을 이해하는데 기여할 수 있는 사례입니다. 제임스웹 천체망원경을 비롯하여 화성 및 소행성 탐사 프로젝트를 띄우기 위해 정말 많은 과학자들과 공학자들이 헌신을 다해 열정적으로 임해주었고, 그들의 치열한 노력과 과학 탐구를 위하는 순수한 도전 정신을 통해 우리는 가슴 벅찬 감동을 느끼고 있다고 생각합니다. 무엇보다 우리 미래 세대들이 이런

우주 탐사 활동들에 영감을 받고, 후속 세대로서 우리의 뒤를 이어
갈 수 있도록 보다 좋은 환경을 지속적으로 갖춰 나가야 합니다.

4장

드론,
전쟁의 판도를 바꾸는
핵심 무기

DEEP

TECH

WAR

드론의 탄생과
중요성

드론drone이라는 단어의 어원은 다양한 의미와 연결 지어 볼 수 있습니다. 그중에서도 가장 널리 알려진 어원은 드론이 '수벌'을 뜻하는 영어 단어 'drone'에서 유래되었다는 설이 있습니다. 물론 수벌역시 보다 넓은 의미에서는 벌bee에 포함됩니다. 수벌은 일벌처럼일을 하지 않고, 벌집에서 생식 기능만을 담당하며, 여왕벌 주변에서 구애의 춤을 추는 것으로 알려져 있습니다. 이런 수벌의 현란한춤사위(비행)가 현대 드론의 비행 모습과 유사해서, 무인 비행체를'드론'으로 불렀다는 이야기입니다.

드론이라는 용어는 20세기 초반부터 무인 항공기를 지칭하는 데사용되기 시작했습니다. 특히 1930년대 영국 해군이 타깃 연습용으로 개발한 무인 항공기 DH−82BQueen Bee의 등장이 중요한 계기가 되었습니다. 이 무인 항공기의 이름에 '벌bee'이라는 단어가 들어간 것이 '드론'이라는 단어와 연결되었다는 이야기도 있습니다.

군사적 활용의 중요성이 부각되다
▶▶

1940년대 제2차 세계대전 당시, 미국 해군은 공격용 무인 드론 TDR-1에 폭탄을 싣고, TV 화면을 통해 원격 조종하며 공격에 활용했다고 전해집니다. 이후 1980년대에 이스라엘은 무인정찰기 파이오니어Pioneer를 정찰 임무에 활용하기도 했습니다. 이후 무인 항공기 관련 기술이 점차 발전하면서 군사적 활용 가능성에 관한 관심도 함께 증가했습니다.

1990년대에 이르러 미국은 프레데터Predator 드론을 개발하며 드론 기술의 새로운 장을 열었습니다. 프레데터는 정찰뿐만 아니라 무장 공격까지 수행할 수 있는 다목적 드론으로, 2001년 아프가니스탄 전쟁과 2003년 이라크 전쟁에서 본격적으로 사용되었습니다. 프레데터 드론은 원거리에서 실시간으로 영상을 송출하며 목표물을 타격할 수 있었기 때문에 전장의 판도를 바꾸는 핵심 무기로 자리잡았습니다. 특히, 이러한 무인 항공기의 활용은 전쟁의 양상 자체를 변화시켰고, 드론의 중요성은 더욱 부각되었습니다.

2022년부터 시작된 러시아와 우크라이나 전쟁은 드론 기술의 또 다른 변곡점이 되었습니다. 이 전쟁에서는 공중뿐만 아니라 수중 드론도 적극적으로 활용되었습니다. 특히, 우크라이나 측에서 사용한 수중 드론이 러시아의 전함을 격침시키며 드론이 전장의 결정적인 요소로 작용했습니다. 이로 인해 드론은 공중, 지상, 해상 모든 전투 영역에서 중요한 무기 시스템으로 인정받기 시작했습니다. 드론의 효용성과 전술적 가치는 이때부터 비약적으로 성장하게 되었습니다.

자동 비행 기능의 무인 항공기
▶▶

드론에 관한 여러 용어 정의와 분류 체계들이 존재하며, 사람에 따라 다양한 명칭과 내용으로 이를 표현하고 있습니다. 이 책에서 다룰 드론 기술은 '무인 항공기'를 말하며, 경우에 따라 UAV[unmanned aerial vehicle]와 UAM[urban air mobility] 개념도 함께 포괄하여 설명드리고자 합니다.

UAV는 앞에서 언급한 미국의 프레데터 드론처럼 조종사가 탑승하지 않고, 원격으로 조종되거나 자동 비행 기능이 있는 무인 항공기를 의미합니다. UAM은 도시 내에서 항공(하늘길)을 통한 사람과 화물의 이동을 위한 개념입니다. 아울러 UAM에서 한발 더 나아간 미래 항공 모빌리티[advanced air mobility, AAM] 개념도 이 책에서 함께 다룰 것입니다. AAM은 UAM을 포함하여 도시 내에서의 저고도 항공 모빌리티(드론 포함) 운영 외에, 교외와 농촌 지역 또는 지역 거점 간 이동regional air mobility을 포함한 개념입니다.

드론의 기술 구성 요소들은 하드웨어와 소프트웨어적인 요소가 결합된 형태를 갖고 있습니다. 하드웨어적인 측면에서 가장 먼저 생각해 볼 수 있는 것은 비행체flight platform입니다. 여기에는 뼈대를 이루는 프레임structure과 모터motor, 프로펠러propeller 등이 포함됩니다. 이러한 요소들은 안전을 위해 튼튼하면서도 동시에 경량화에 대한 이슈를 해소할 수 있는 방향으로 연구 개발되고 있습니다.

다음으로는 드론이 이동할 수 있는 동력을 제공하는 에너지power를 제공하는 것입니다. 최근에는 많은 드론이 리튬 배터리를 활용해서 전력을 공급하고 있으며, 여기에는 드론 작동을 위해 곳곳에 전원을 분배하는 다양한 부품들도 함께 포함됩니다. 아울러 각 드론별로 고유 목적에 맞는 적화물payload을 싣게 되는데, 어떤 목적인지에 따라서 여러 장치를 부착할 수 있습니다. 촬영을 위해 카메라나 각종 센서를 부착할 수도 있고, 농업용인 경우 작물 경작에 필요한 약품을 실어서 공중에서 살포할 수도 있습니다.

소프트웨어적인 측면에서 중요한 2가지 부분은 비행을 위한 제어flight control와 통신communication을 위한 소프트웨어 및 시스템입니다. 무엇보다 공중에서 비행하기 위해서는 현재 위치에 대한 파악과 더불어 경로를 파악하고, 목적지까지 이동할 수 있는 판단과 제어 기능이 필요하며, 이러한 과정에서 드론 내부에서 그리고 드론과 외부와의 통신이 필수적입니다. 여기에는 자동화를 통한 일정 수준의 자율비행 옵션까지 함께 고려됩니다.

딥테크 전쟁, 시장을 파괴하는 창조적 독재자들

드론의 비행 방식은 드론의 용도 및 비행 특성에 따라 여러 유형으로 나뉩니다. 먼저 회전 날개rotor(로터, 회전자)의 개수로 분류하는 방법이 있습니다. 통상적으로 3개, 4개, 6개, 8개 등 다양한 로터 방식이 있으며, 이렇게 복수의 로터를 활용하는 드론을 멀티로터 드론multirotor drone이라고 부릅니다. 멀티로터 드론은 여러 개의 회전 날개를 사용하여 안정적인 비행이 가능하며, 한 곳에 멈춰서 비행하는 정지 비행과 같이 정밀한 제어가 필요할 때 주로 사용됩니다. 로터가 4개인 것을 의미하는 쿼드콥터quadcopter는 대표적인 멀티로터 드론으로, 촬영, 정찰, 농업 등 다양한 분야에서 널리 활용됩니다.

한편, 비행기 날개와 같이 긴 날개를 가진 고정익 드론fixed wing drone도 존재합니다. 고정익 드론은 날개를 이용해 비행하는 구조로 고속 비행과 장거리 비행에 유리하지만, 한곳에 멈춰서 비행하는 정지 비행이 어렵습니다. 고정익 드론은 넓은 지역을 효율적으로 커버하는 임무에 적합합니다.

이외에도 고정익 항공기와 회전익 항공기의 장점을 결합한 틸트로터 드론tiltrotor drone이 있습니다. 틸트로터 드론은 고정된 날개와 로터가 모두 부착되어 있어 수직 이착륙이 가능합니다. 틸트로터tiltrotor는 이름에서 알 수 있듯이, 날개가 부착된 로터rotor가 기울여질tilt 수 있다는 의미입니다. 다시 말해, 로터가 수직·수평으로 모두 이동이 가능하여 헬리콥터의 로터(로터를 기체 위쪽 방향으로 설정할 경우)와 비행기 프로펠러 역할(로터를 드론 전진 방향으로 놓을 경우) 모두를 수행할 수 있습니다.

하이브리드 수직 이착륙Vertical Take-Off and Landing, VTOL 드론은 고정익의 장거리 비행 능력과 멀티로터의 수직 이착륙 기능을 결합해, 복합적인 임무에 적합한 유연성을 제공합니다. VTOL은 수직 이착륙 콘셉트에 집중하는, 보다 넓은 의미의 개념입니다. 수직 이착륙이 가능한 멀티로터, 싱글로터(로터가 하나인 기체를 의미), 고정익에 하이브리드로 수직 리프트 로터를 결합하는 경우들이 포함되며, 앞서 말한 틸트로터도 VTOL의 한 종류로 볼 수 있습니다.

딥테크 전쟁, 시장을 파괴하는 창조적 독재자들

미국, 방산 중심의 세계 최대 시장

미국의 강한 국력은 군사력에서 나온다고 해도 과언이 아닐 것입니다. 미국은 방위산업을 중심으로 세계 최대 규모의 드론 시장을 형성하고 있습니다. 군사용 무인 항공기 개발과 활용이 활발히 이루어지면서 기술 혁신을 선도하고 있으며, 전 세계 드론 시장에서 중요한 위치를 차지하고 있습니다.

미국의 드론 시장은 군사용 드론 수요를 기반으로 시작하여, 상업용 및 민간 드론 시장까지 확장되고 있는 양상을 보이고 있는 것이 특징입니다.

방산을 중심으로 커지는 시장

▶▶

미국은 방산을 중심으로 드론 시장을 이끌고 있습니다. 보잉은 군사 및 상업적 응용을 위한 드론 기술 개발에 적극적으로 나서고 있습니다. MQ-28 고스트 배트Ghost Bat를 개발 중인 것으로 알려져 있는데, 이 드론은 3,000km 이상의 항속 거리를 가지고, 유인 전투기와 함께 비행하여 전력 증강에 활용할 수 있으며, 정보 수집과 감시, 정찰 등 다양한 군사적 임무를 위해 설계되었습니다.

또한 보잉은 항공기 검사를 위한 자율 드론 사용을 확대하고 있습니다. 미국의 드론 업체인 스카이디오Skydio와 협력하여 소형 쿼드콥터 드론을 군용 항공기의 외부 검사에 활용하고 있으며, AI 기반 소프트웨어 알고리즘을 개발하여 자동화된 손상 탐지에 활용합니다. 기체 부식 관련하여 검사 시간을 단축하는데 기여하고 있으며, 수작업 검사에 따른 비용을 절감하는 효과도 있습니다.

록히드 마틴 역시 여러 군사용 드론을 개발 중입니다. 먼저 인다고 쿼드콥터Indago Quadcopter는 소형 접이식 쿼드콥터 드론으로, 무게는 약 2.3kg, 45분 이상의 비행 시간, 최대 2.5km의 작동 범위를 가지고 있습니다. 2024년 인다고 4Indago 4까지 나왔습니다. 카메라 기반의 360도 정찰과 감시 임무 수행이 가능하며, 드론을 접을 경우 배낭에 담아서 옮길 수 있는 크기라고 합니다. RQ-170 센티넬RQ-170 Sentinel은 스텔스 기능을 갖춘 정찰용 무인 항공기UAV로, 2007년에 도입되었습니다. RQ-170 센티넬은 주로 고위험 지역에서 정보 수집 임무를 수행하는 데 사용되는 것으로 보이며, 구체적인 운용 정보는 잘 알려져 있지 않습니다. 아프가니스탄과 한국 등지에서 운용된 것으로 알려져 있으며, 날개 길이는 약 11.5m, 최대 운용 고도는 1만 5,000m로 추정됩니다.

록히드 마틴의 모피어스Morfius는 적의 소형 드론 군집 공격으로부터 아군을 방어하기 위해 개발된 제품입니다. 튜브 형태의 발사관을 통해 하늘로 쏘아올릴 수 있는 소형 드론으로 재사용이 가능하며, 소형 드론 무리swarm의 공격을 막기 위해 고출력 마이크로파microwave(라디오파와 적외선 사이의 파장과 주파수를 가지고 있는 전자기파)를 활용하여 적의 소형 드론들을 무력화하는 무인기 대응 시스템Counter-Unmanned Aircraft Systems, C-UAS의 일환으로 활용됩니다.

2023년 RTX로 기업명을 변경한 미국의 방산업체 레이시온Raytheon 역시 무인기 대응 시스템C-UAS 차원에서 코요테Coyote 드론과 KuRFSKu-band Radio Frequency Sensor 레이더를 활용한 낮고, 느리고, 작은 무인 항공기 통합 격퇴 시스템Low, slow, small-unmanned aircraft Integrated Defeat System, LIDS을 미국 육군에 공급하고 있습니다. 이 레이더에는 능동 전자 주사 배열Active Electronically Scanned Array, AESA을 통해 한 번에 많은 물체들을 탐지하고 구분할 수 있는 기술이 들어가 있습니다. 코요테 드론은 적의 드론으로 날아가 충돌하거나 상대 드론 인근에서 폭발하여 상대의 드론을 제거하는 방법을 채택하고 있습니다.

노스럽 그러먼은 여러 무인 항공 시스템UAS을 개발해 왔습니다. 먼저 RQ-4 글로벌 호크RQ-4 Global Hawk는 고고도 장기체공이 가능한 무인 감시 항공기로, 최대 60,000피트(약 18.3km)의 고도에서 약 30시간 이상 비행할 수 있습니다. 넓은 지역에 대한 실시간 고해상도 이미지를 제공하며, 2001년부터 미 공군에서 활발히 운용되고 있습니다.

MQ-8 파이어 스카우트MQ-8 Fire Scout는 무인 자율 헬리콥터 시스템으로, 정찰, 상황 인식, 정밀 타격 지원을 제공합니다. 이 드론은 MQ-8B와 더 큰 MQ-8C 두 가지 변형이 있으며, 항공기 운용이 가능한 함정이나 육상 기지에서 운용할 수 있습니다. 마지막으로 X-47B는 무인전투기로 무인 항공 전투 시스템 시범사업Unmanned Combat Air System Demonstrator, UCAS-D에 활용된 시범 기체로, 꼬리가 없는 전투기 크기의 무인 항공기입니다. 항공모함 기반 작전을 위해 설계되었으며, 자율 공중 급유를 성공적으로 시연한 바 있습니다.

배달용 드론 시장을 이끄는 기업들
▶▶

한편, 드론의 상업적인 활용을 위해 활동하고 있는 업체들도 있습니다. 조비 에비에이션Joby Aviation은 2009년에 캘리포니아에서 창업한 스타트업으로, eVTOL(전기 수직 이착륙 항공기) 에어택시 서비스 개발에 주력하고 있습니다. 조비 에비에이션의 eVTOL은 6개의 프로펠러를 탑재하고 있으며, 각 프로펠러는 비행 환경에 따라 방향을 조절할 수 있습니다. 조비 에비에이션은 2019년, 미국 연방항공청^{FAA}으로부터 G-1 인증의 2단계를 승인받았습니다.

미국 연방항공청은 미국 교통부$^{Department of Transporation, DoT}$의 산하기관으로, 항공교통과 안전에 대한 법제도를 아우르며, 최근 증가세를 보이는 상업 우주 수송에 대한 관리도 맡고 있는 연방 정부 기관입니다. G-1 인증은 항공기가 안전하게 상업적으로 운영될 수 있음을 입증하는 중요한 단계입니다. 이후 조비 에비에이션은 2024년 2월에 eVTOL 개발사 중 처음으로 미국 연방항공청의 형식 인증^{TC} 절차의 5단계 중 3단계를 완료했다고 발표했습니다. 이는 항공기의 모든 구조적, 기계적, 전기 시스템을 포함한 인증 계획이 미국 연방항공청에 의해 검토되고 승인되었음을 의미합니다.

조비 에비에이션은 이제 4단계를 준비하고 있습니다. 그들이 구상하는 전기 항공 택시는 조종사 1명과 승객 4명을 수송하고, 운용 중 배출가스가 없는 형태로 준비하고 있다고 알려져 있습니다.

미국은 드론을 활용한 배달 서비스에서 큰 혁신을 이루고 있습니다. 전자상거래 비즈니스를 영위하고 있는 아마존은 아마존 프라임 에어$^{Amazon Prime Air}$를 통해 드론 배송 서비스를 2022년에 출시했습니다. 2013년, 아마존을 이끌던 제프 베이조스가 인터뷰를 통해 드론 배송 구상을 밝힌 이후 기술 개발을 시작하여, 미국과 캐나다에서 초기 테스트를 통해 400피트(약 122m) 이하의 저고도에서 시험 비행을 했습니다.

이후 2020년, 아마존은 미국 연방항공청으로부터 배달용 드론에 대한 인증 프로그램에 참여하도록 선정되었고, 항공사 인증$^{FAA Part 135}$

도 획득했습니다. 아마존의 드론 서비스는 텍사스주 칼리지 스테이션과 캘리포니아주 록퍼드에서 운영한 적이 있으며, 현재 캘리포니아주에서의 시범 운영은 중단된 상태입니다. 아마존은 애리조나주 피닉스에서 드론 배송을 시작하기 위해, 미국 연방항공청과 주 당국의 허가 절차를 밟아나가겠다는 입장도 내놓은 바 있습니다. 하지만 10년 이상의 개발 기간 동안 수많은 인력과 시간, 에너지, 자원을 투자하였으나 아직 여러 가지 법 제도와 기술적 허들을 이유로 본격적인 배송에 활용되지는 못하고 있는 실정입니다.

집라인Zipline은 아프리카 지역에서 의료 접근성을 크게 개선하고 있는 혁신적인 드론 배송 스타트업입니다. 2014년 창업했으며, 고정익 형태의 집스Zips 드론을 활용하여 장거리 자율비행을 통해 의료품을 신속하게 배송합니다. 특히 착륙하지 않고 낙하산을 이용해 물품을 전달하는 방식으로, 아프리카 르완다와 가나에서 혈액과 백신 등 다양한 의료품을 공급하며 산모 생존율을 높이는데 기여하는 등 의료적 성과 개선에 기여한 바 있습니다. 또한, 코로나19 팬데믹 상황에서도 마스크와 의료장비, 백신 등을 신속하게 전달하는 역할을 수행했습니다. 집라인의 드론 배송은 아프리카 지역의 험난한 지형과 열악한 도로 사정을 극복하고 긴급한 의료 물품을 필요한 곳에 빠르게 전달할 수 있는 강점이 있었습니다.

중국, 상업용 시장을 개척하는 기업들

중국은 최근 몇 년간 다양한 첨단 기술 분야에서 세계를 선도하는 역할을 해왔으며, 특히 상업용 드론과 UAM 분야에서 두드러진 성과를 보여주고 있습니다. 이 가운데 중국의 상업용 드론 시장을 개척하는 기업들이 있습니다. DJI^{Da-Jiang Innovations Science and Technology}, 이항^{EHang}, 지페이커지^{XAG}가 대표적인 기업들로 꼽힙니다.

DJI, 소비자용 드론의 선두 주자
▶▶

DJI는 2006년에 설립된 중국의 드론 제조업체로, 중국 광둥성 선전에 본사를 두고 있으며, 현재 전 세계에서 가장 큰 상업용 드론

회사입니다. DJI의 중국어 기업명은 대강창신과기유한공사大疆创新科技
有限公司로 '큰 영토에서의 혁신'을 의미합니다.

DJI는 전 세계 드론 시장의 절반 이상을 차지하고 있습니다. DJI
의 창업자 프랭크 왕Frank Wang은 1980년 중국 항저우에서 태어났으
며, 왕타오Wang Tao, 王涛라는 중국 이름을 갖고 있습니다. 그는 홍콩 과
학기술대학교Hong Kong University of Science and Technology, HKUST에서 공부하면서
무인 항공기UAV 제어 시스템을 연구했고, 2006년 석사과정 중에 DJI
를 창업했습니다.

DJI는 초기에는 헬리콥터를 위한 비행 제어 시스템으로 시
작하여, 드론의 안정적인 비행에 관한 기술을 연구하다가(DJI
Wookong-H는 RC 헬리콥터를 위한 비행 제어 시스템이었음), 상업용 드론
의 비행 제어 시스템과 정지 비행을 위한 짐벌gimbal stabilizer 기술을 통
해 상업용 드론의 기술력을 쌓아갑니다. 짐벌은 움직임을 최소화하
기 위해 2축 또는 3축으로 흔들림을 줄여주는 조정을 하는 장치 또
는 기술입니다.

DJI는 드론 제작에 필요한 다양한 기술들을 자체적으로 개발하
고 있으며, 이는 회사의 독보적인 경쟁력으로 작용하고 있습니다.
DJI의 드론은 비행 성능 관련 기술과 영상 처리 및 전송 기술, 센서
기술, 흔들림 제어 등 다양한 첨단 기술을 통합적으로 활용해 매우
안정적이고 정밀한 비행 및 촬영이 가능합니다.

2013년 DJI가 출시한 팬텀Phantom 시리즈는 드론 시장에 혁신을
가져온 첫 번째 소비자용 드론입니다. 이 드론은 직관적인 조작법

딥테크 전쟁, 시장을 파괴하는 창조적 독재자들

과 뛰어난 비행 안정성, 그리고 통합된 고화질 카메라를 통해 전문가와 아마추어 사용자 모두에게 인기를 끌었습니다. 특히 GPS 기반의 위치 유지 기능과 자동 귀환 기능이 포함되어 있어 드론 조작이 더욱 쉬워졌고, 이를 통해 드론의 대중화가 가속화되었습니다. 팬텀 시리즈의 성공은 DJI가 소비자용 드론 시장에서 선두 주자로 자리 잡는 계기가 되었으며, 드론을 사진 및 영상 촬영의 필수 도구로 확립하는 데 중요한 역할을 했습니다. 이 성공을 바탕으로 DJI는 다양한 드론 제품군을 확대하며, 드론 산업 전반에 걸쳐 큰 영향을 미쳤습니다.

DJI는 처음에 방송 영상 촬영과 레저용 드론으로 시작하여, 주로 영화나 방송에서 멋진 공중 영상을 촬영하는 데 사용되었습니다. 이 초기 제품들은 직관적인 조작법과 안정적인 비행 성능으로 많은 인기를 끌었으며, 특히 고화질의 공중 영상을 쉽게 촬영할 수 있다는 점에서 전문가와 아마추어 모두에게 큰 호응을 얻었습니다. 이러한 성공을 바탕으로 DJI는 소비자용 드론 시장에서 선두 주자로 자리 잡았습니다. 시간이 지나면서 단순히 촬영용 드론에만 머무르지 않고 다양한 산업 분야로 사업을 확장했습니다.

오늘날 DJI는 소비자용 드론뿐만 아니라, 산업용 드론, 항공 촬영 장비, 카메라 스테빌라이저, 액션 카메라 등 다양한 제품군을 보유하고 있습니다. 특히 DJI의 드론은 농업, 보안, 건설, 영화 제작 등 여러 분야에서 널리 사용되면서 산업 전반에 걸쳐 중요한 도구로 자리매김했습니다.

이항, 자율 비행이 가능한 드론 택시

▶▶

이항은 후화즈Huazhi Hu가 2014년 창업한 기업입니다. 정식 기업명은 Guangzhou EHang Intelligent Technology으로, 통상 '이항'으로 불립니다. 이항은 전통적인 차량과 도로로 구성된 지상의 모빌리티와 인프라를 넘어서 새로운 모빌리티 개념으로 자율주행 항공기autonomous aerial vehicle, AAV를 제시했습니다(한국에서는 미래 항공기와 AAV 등 다양한 용어로 쓰이고 있음).

이항은 자율비행이 가능한 유인 드론의 형태로 제품을 출시하고 있습니다. 특히, 자율비행이 가능한 드론 택시drone taxi를 통해 모빌리티에 있어 새로운 접근을 시도하고 있습니다. 이항의 창립자이자 CEO인 후화즈는 칭화대학교Tsinghua University에서 컴퓨터 과학을 전공했습니다. 그는 2005년, 이항의 전신인 베이징 이항 창스 테크놀로지北京亿航创世科技有限公司를 설립하였고, 현재의 이항을 2014년에 설립했습니다.

이항은 창업 이후 빠른 속도로 드론 제품들을 선보였습니다. 2016년 1월, 미국 네바다주 라스베이거스에서 열린 CESConsumer Electronics Show에서 세계 최초의 유인 드론인 이항 184EH184를 선보였습니다. 이 드론은 승객 한 명을 태우고 비행할 수 있도록 설계된 자율비행 항공기로, 전기로 구동되며 2시간 만에 완전히 충전이 가능합니다. 약 20분 동안 비행할 수 있고, 최대 100kg의 중량을 실을 수 있습니다. 4개의 팔에 8개의 프로펠러가 지면과 평행하게 회전

딥테크 전쟁, 시장을 파괴하는 창조적 독재자들

할 수 있도록 달려 있어 기존의 소형 헬리콥터와 비슷한 외관을 가지고 있으며, 프로펠러를 접으면 크기가 작아지는 디자인입니다. 탑승자는 태블릿을 이용하여 터치스크린 인터페이스를 통해 이륙과 착륙 명령만으로 간단하게 드론을 조종할 수 있습니다. 이항의 드론 제품은 수직 이착륙이 가능한 항공기인 eVTOL로 분류되곤 합니다. eVTOL의 e는 배터리를 통해 전기 에너지를 얻는다는 의미입니다.

2018년, 후속 모델 이항 216^{EH216}이 처음 공개되었습니다. 이항 216은 2인승 자율비행 드론으로, 16개의 프로펠러가 있는 동축 이중 설계를 갖추고 있으며, 최대 탑승 무게는 260kg입니다. 이항 216이 최대 35km를 비행할 수 있으며, 최고 속도는 시속 160km, 순항 속도는 시속 130km이며, 자율비행 기능을 통해 설정된 목적지까지 스스로 비행할 수 있다고 이항은 밝히고 있습니다. 기체 내부에 에어컨도 부착되어 있다고 합니다.

이항은 빠른 성장과 새로운 모빌리티 콘셉트라는 밝은 면도 있지만, 시장에서 여러 논란과 도전들도 함께 받고 있습니다. 이항에 대해 알려진 정보가 많지 않다 보니, 앞서 드론 생산 공장 시설과 생산량에 대한 정보의 신뢰성, 재무 보고서의 신뢰성에 대한 시장의 부정적인 반응들이 있었습니다. 여기에 시장은 이항이 배터리 성능의 기술적인 한계를 어디까지 넘어설 수 있을지에 대해 의문을 계속 이어갔습니다. 배터리 성능이 충분해야 비행 거리와 이동 시간을 지금 수준보다 더 안정적인 성능으로 확보할 수 있으며, 모빌리티 이동체로서의 시장성을 확보할 수 있을 것이기 때문입니다.

현재 이항의 유인 드론은 항공기로서 각 국가 정부 기관의 비행 승인 등 각종 안전 가이드라인의 허들을 넘어야 합니다. 아직까지는 테스트 비행에 대한 엄격하고 제한적인 승인일뿐, 관련 기업들이 정식으로 우리가 생각하는 드론 택시로 여객 운송 사업을 수행하는 단계까지 도달하려면 아직은 갈 길이 멀지 않겠냐는 시장의 반응들도 존재합니다.

이항은 이러한 시장의 부정적인 반응을 일축하며 2023년 재무 성과를 발표했습니다. 매출이 2022년보다 좋아졌고, 2023년 한 해 동안 50여 대의 유인 드론EH216을 판매했다고 밝히고 있습니다. 2022년 20여 대의 유인 드론을 판매한 것에서 크게 늘어난 것입니다. 또한, 중국 정부의 항공 관련 승인을 받고 있는 점, 아랍에미리트UAE 등 중동 시장에서의 시험 비행 진행 성과, 배터리 기술 개발 등을 강조하고 있습니다. 이 중 중국 정부의 승인 관련 내용을 보다 자세히 살펴보겠습니다.

중국 민용항공국China Aviation Supplies Holding Company, CAAC은 중국 국무원 직속 행정기구로, 중국 내 민간 항공 산업과 안전을 담당하는 기관입니다. 이항은 중국 민용항공국으로부터 2023년 이항 216-SEH216-S 모델의 eVTOL 전기 수직 이착륙 항공기 시스템에 대한 형식 승인Type Certificate, TC을 확보했습니다. 또한, 표준 감항 인증서를 획득하여 승인된 설계 준수와 성능, 안전, 신뢰에 관한 중국 정부의 안전 및 품질에 대한 인증을 받았습니다. 아직 중국 이외에 eVTOL에 대한

딥테크 전쟁, 시장을 파괴하는 창조적 독재자들

정부 당국의 승인 사례가 거의 없는 상황이고, 앞서 말씀드린 바와 같이 유인 드론에 대한 개념이 어떻게 우리 사회에서 피부로 와닿는 서비스로 구현될지 관련 기업들이 구체적인 비전을 제시할 필요가 있습니다.

이와 더불어 유인 드론 관련 시장이 아직 본격적으로 열리지 않은 상황인지라, 유인 드론이 드론 택시로까지 이어질지 아니면 일부 제한된 조건의 관광용에 그칠지 지켜봐야 합니다. 또한, 사람이 탑승하는 만큼 안전에 대한 엄격한 기준과 검증이 이어질 것으로 보입니다.

지페이커지, 농업용 드론 시장을 장악하다
▶▶

로봇과 AI 기술을 활용하여 농업용 드론을 판매하고 있는 지페이커지XAG는 비행 모형aeromodelling을 좋아했던 펑 빈Peng Bin, 彭斌과 무선 조종remote control, RC 애호가들이 모여 2007년 창업한 기업입니다. 처음에는 XAircraft라는 이름으로 시작했다가, 2014년에 농업용 드론으로 초점을 전환하고, XAG로 사명을 바꿨습니다. 지페이커지의 중국어 기업명 극비과기極飞科技는 '최고의 비행 기술'을 의미합니다.

창업자 펑 빈은 2004년 중국 시안Xi'an의 시디안대학교Xidian University에서 컴퓨터 과학 학사 학위를 취득하고, 마이크로소프트 중국 지사에서 엔지니어로 2년간 근무한 경험이 있습니다. 지페이커지가 농업용 드론으로 전환하게 된 계기는 CEO인 펑 빈이 2012년 중국 신장Xinjiang 지역을 여행하던 중, 연로한 농부들이 적절한 보호 장비를 구비하지 못한 채 무거운 농약 탱크를 등에 메고 작물에 뿌리는 모습을 보고, 드론을 통해 농업에 도움을 주고 싶다는 생각을 한 것으로 알려져 있습니다.

지페이커지는 2020년 바이두 캐피탈과 소프트뱅크 비전펀드 2의 투자를 유치했으며, 현재 다양한 농업 관련 기술을 개발하고 있습니다. 드론을 통한 농약 및 비료 살포와 경작지 모니터링 등 사람이 직접 수행하려면 많은 시간과 에너지가 드는 작업들을 드론이 대신 수행하고 있습니다. 이 외에도, 농작지를 효율적으로 관리하기 위해 농약 및 비료 살포와 잡초 제거를 할 수 있는 지상 무인 로봇 제품도 판매하고 있습니다.

현재 지페이커지는 중국 농업용 드론 시장에서 50% 이상의 시장 점유율을 차지하고 있는 것으로 알려져 있습니다. 한국에서도 이들의 농업용 드론이 판매되고 있습니다.

안보와 직결된
양날의 칼, 드론

드론은 가격이 저렴하고, 조작이 비교적 간단하며, 다양한 전술적 목적에 맞게 개조할 수 있습니다. 이러한 특징은 국가 간 전쟁뿐만 아니라 비국가 행위자인 테러 조직이나 반군 세력들이 드론을 선호하게 만드는 요인이 됩니다.

비대칭 전력에 중요한 수단
▶▶

드론 기술은 현대 전장에서의 비대칭 전력의 대표적인 사례로 자리 잡고 있습니다. 비대칭 전력이란, 상대적으로 약한 세력이 강력한 적을 효과적으로 상대하기 위해 사용하는 전술 및 기술을 의미합니다. 이는 2019년 예멘 후티 반군이 사우디아라비아의 아람코 Aramco 석유 시설을 공격한 사건에서 잘 드러납니다. 후티 반군은 드론과 미사일을 이용해 사우디아라비아의 석유 생산 시설이 있는 아브카이크Abqaiq와 쿠라이스Khurais 지역을 공격했습니다. 이 공격으로 인해 일시적이지만 석유 생산 시설과 국제 유가에 피해를 입혔습니다. 무엇보다 후티 반군은 상대적으로 저렴한 드론과 미사일을 사용해, 중동 지역의 강국 중 하나인 사우디아라비아에 효과적인 타격을 가할 수 있었습니다. 드론 기술이 비대칭 전력에 중요한 수단이 될 수 있음을 잘 보여준 사례였습니다.

이스라엘은 무인 항공기 기술을 정찰, 감시, 표적 제거 등의 군사적 목적으로 광범위하게 활용해 왔습니다. 이스라엘 방위군Israel Defense Forces, IDF은 이스라엘 방산 업체인 엘빗 시스템즈Elbit Systems의 헤르메스 드론Hermes 450, Hermes 900과, 이스라엘항공우주산업Israel Aerospace Industries, IAI의 헤론Heron 드론 등을 활용하여 실시간으로 정보를 수집하고, 정밀한 타격 임무를 수행하고 있습니다. 한편, 하마스와 같은 팔레스타인 무장 단체들도 최근 몇 년간 드론을 활용하여 이스라엘에 대한 공격을 시도하고 있습니다. 비록 이들 드론의 기술 수준은 이스라엘 드론보다 낮지만, 폭발물을 투하하거나 정보 수집을 위해 사용되고 있습니다. 그리고 이는 이스라엘에게 새로운 위협으로 다가오고 있습니다.

이에 대응하기 위해 이스라엘은 드론 돔Drone Dome과 같은 드론 방어 체계를 구축했습니다. 드론 돔은 이스라엘의 라파엘Rafael Advanced

딥테크 전쟁, 시장을 파괴하는 창조적 독재자들

Defense Systems에서 개발한 무인 항공기 대응 시스템으로, 적 드론을 탐지하고 추적하며, 필요시 무력화하는 역할을 합니다. 라파엘은 이스라엘 국방부 산하의 무기 관련 R&D 연구소에서 시작한 이스라엘 국영 방산업체입니다. 우리가 뉴스를 통해 들어본 적이 있는 아이언 돔Iron Dome(이동식 방공 시스템)도 이 업체에서 개발했습니다. 라파엘의 드론 돔 시스템은 레이더와 전자광학 센서를 사용해 드론을 탐지하고, 통신을 방해하거나 드론을 제어할 수 있으며, 레이저로 드론을 직접 파괴할 수 있는 기능도 갖추고 있습니다.

시아파 무장정파 헤즈볼라와 하마스 같은 무장단체의 드론 사용 빈도가 증가하면서, 드론 돔과 같은 드론 위협 방어 체계가 중요해지게 되었습니다. 다만, 드론 돔 역시 단거리 위협에 초점이 맞춰져 있어, 다수의 드론에 대한 방어를 위해서는 아이언 돔과 전투기 등 다양한 방어 시스템과 결합하여 촘촘하게 대응해야 합니다.

드론 전쟁에 대응할 수 있는 능력
▶▶

안보 차원에서 드론은 테러리스트나 적대 세력에 의해 무기로 사용될 수 있는 잠재적인 위협 요소입니다. 소형 드론을 이용해 폭발물을 운반하거나 감시 장비를 설치하는 등, 기존의 방어 체계를 우회할 수 있는 방법으로 악용될 수 있기 때문입니다. 또한, 군사용 드론이 적대국에 의해 해킹되거나 전자전 공격을 받을 경우, 국가 안보에 심각한 위협이 될 수 있습니다. 드론이 현대 국가의 안보와 분쟁에서 점점 더 중요한 역할을 하게 됨에 따라, 이에 대한 미래 준비는 필수적입니다.

현대전에서 드론의 활용은 단순한 무력의 사용을 넘어 정보전, 심리전 등의 영역까지 확장되고 있습니다. 이에 따라 전자전 교전 수칙은 드론의 특성을 반영하여 업데이트되어야 합니다. 특히, 드론 간의 교전, 적 드론의 탐지 및 교란, 그리고 아군 드론의 보호를 위한 새로운 전략이 필요합니다. 전파 방해jamming, 거짓 GPS 신호 송출을 통한 방해 작업을 하는 GPS 스푸핑spoofing 등의 전자전 기술은 적 드론을 무력화하는 데 효과적이지만, 이러한 기술을 사용할 때 아군 드론이 피해를 입지 않도록 주의가 필요합니다. 따라서 전자전 수칙은 더 정교하고, 상황에 따라 유연하게 적용될 수 있도록 발전되어야 합니다.

아군 드론을 살리면서 적의 드론을 효과적으로 무력화하는 방법은 기술적 우위와 전략적 대응에 달려 있습니다. 우선, 아군 드론은 적의 전자전 공격에 저항할 수 있도록 강화된 보안 시스템과 암호화된 통신을 사용해야 합니다. 또한, 드론의 자율성autonomy을 향상시켜 외부의 통신 교란이 발생하더라도 임무를 수행할 수 있도록 해야 합니다. 반면, 적 드론에 대해서는 전자기 펄스electromagnetic pulse, EMP 등의 기술을 활용해 무력화하거나, 미국의 드론 요격 시스템C-UAS 사례와 같이 아군의 소형 드론을 통해 적 드론을 물리적으로 파괴할 수 있는 대응책을 마련해야 합니다.

딥테크 전쟁, 시장을 파괴하는 창조적 독재자들

드론과 관련된 안보 대응 체계는 기술과 법제도, 그리고 전략적 측면에서 다각적으로 준비해야 합니다. 기술적으로는 드론 탐지 및 무력화 기술의 연구 개발이 필요하며, 이를 뒷받침할 수 있는 인프라와 시스템을 구축해야 합니다. 법적으로는 드론 사용에 대한 국제적 규범과 국내 법률을 정비하고, 이와 관련된 안전 규제와 가이드라인을 마련하여 강화해 나가야 합니다. 또한, 민간 영역에서도 목적에 맞는 올바른 드론 사용에 대한 지침과 교육을 이어가야 합니다. 전략적으로는 드론을 포함한 무인 시스템이 전쟁의 새로운 핵심 요소로 자리 잡을 가능성에 대비해 군사 교리를 재검토하고, 드론 전쟁에 대응할 수 있는 능력을 배양해야 하겠습니다.

드론을 둘러싼
위험 요소들

드론의 안전한 활용을 위해 우리가 먼저 검토해 봐야 할 부분들에 대해 살펴보겠습니다. 드론을 둘러싼 위험 요소들은 크게 통신 해킹과 시민 안전을 포함한 국가 안보의 두 가지 측면에서 생각해 볼 부분이 있습니다.

통신 해킹 관점에서 드론은 원격 조종과 실시간 데이터 전송을 위해 통신 네트워크에 의존하기 때문에, 드론 통신은 해킹의 위험이 상존합니다. 해커가 드론의 통신을 해킹하게 되면 드론의 제어권을 탈취하거나, 드론을 통해 수집된 민감한 정보를 빼낼 수 있습니다. 이는 개인의 프라이버시 침해부터 시작하여, 기업의 기밀 정보 유출, 심지어 국가 안보 위협으로 이어질 수 있습니다. 아울러 드론은 하늘을 날아다니기 때문에, 어떤 기술적인 문제 등 결함으로 인해 드론이 지상으로 떨어지면 인명과 재산 피해를 입을 수 있습니다. 때문에 안전에 대한 대처가 중요합니다. 이번에 드론 통신 해킹의 다양한 형태와 그로 인한 위험성, 그리고 이를 예방하기 위한 대응 방안을 중심으로 보다 자세히 살펴보고자 합니다.

통신 해킹으로 인한 위협
▶▶

드론 관련 통신 해킹의 유형은 크게 GPS 교란을 통한 가짜 신호, 통신 방해, 탈취의 3가지 유형이 있습니다. 먼저, GPS 스푸핑은 드론에 가짜 GPS 신호를 보내 위치 정보를 조작하는 기술입니다. 이를 통해 해커는 드론이 잘못된 위치로 이동하게 하거나, 비행경로를 교란시켜 정상적인 임무 수행을 방해할 수 있습니다. 특히, GPS 스푸핑으로 인해 드론이 금지된 구역에 침입하거나, 제어 불능 상태로 떨어질 수 있어 정상적이고 목적에 맞는 드론 활용에 대한 위협 요소로 주의를 기울일 필요가 있습니다.

다음은 재밍jamming입니다. 재밍은 드론과 조종기 사이의 통신을 방해하는 기술로, 주파수를 혼란시키거나 GPS 신호를 차단하여 드론의 제어를 어렵게 만드는 방법입니다. 재밍은 드론의 무선 주파수 신호나 GPS 신호와 같은 드론 통신에 필요한 신호를 표적으로 삼습니다. 재밍 공격이 성공하게 되면, 드론은 통제력을 상실해 추락하거나 이륙 지점으로 복귀하거나, 배터리가 소진될 때까지 제

자리에 머무르는 등 비정상적으로 작동할 수 있습니다. 한편 재밍은 특정 군사 목적으로 지어진 시설이나 정부에 중요한 인프라 등을 보호하기 위해 재밍 장치를 설치해 민감하고 중요한 지역에 외부 드론이 침입하지 못하도록 방어하는 시스템으로 작동하기도 합니다.

마지막으로 하이재킹^{hijacking}입니다. 하이재킹은 해커가 드론의 제어권을 완전히 탈취하는 것을 의미합니다. 이를 통해 해커는 드론을 원격으로 조종하여 원래 의도와는 다른 임무를 수행하도록 만들 수 있습니다. 드론 하이재킹은 드론 제어에 사용되는 무선 신호를 가로채고 인수하여 공격자에게 드론의 완전한 제어권을 부여하는 악의적인 행위입니다.

이러한 공격은 주로 암호화되지 않은 통신 채널과 부족한 인증 체계, 보안 결함이 있는 오래된 펌웨어^{firmware}, 외부 공격에 취약할 수 있는 와이파이^{Wi-Fi} 연결과 같은 보안 관점의 약점을 악용합니다. 특히, 소비자용 드론이 이러한 취약점에 노출되기 쉽습니다.

드론 하이재킹의 잠재적 결과는 심각할 수 있습니다. 공격자는 드론과 그 탑재물을 도난하거나, 드론이 전송하는 데이터를 가로채서 중요한 영상 정보를 탈취할 수도 있습니다. 더 나아가 하이재킹된 드론을 악의적인 목적으로 사용할 수도 있으며, 의도적으로 드론을 추락시켜 인명 피해나 재산 손상을 초래할 위험도 있습니다.

최근에는 군집 드론을 대상으로 한 하이재킹 시도도 탐지되고 있습니다. 이는 하이재킹한 하나의 드론을 이용해 주변의 다른 드론들을 제어하고, 이를 통해 공격자의 통제하에 있는 드론 군집을 형성하는 것입니다. 이 기술은 단일 드론을 넘어 여러 대의 드론을 동시에 제어할 수 있게 하여, 더 큰 규모의 공격을 가능하게 만들 수 있습니다.

보안의 중요성과 안전한 사회적 환경
▶▶

이러한 드론 해킹 공격은 취약한 보안 체계에서 기인하는 경우가 많습니다. 드론 제어를 위한 통신에 있어 암호화가 부족했거나, 무선 통신을 사용하는 드론 제어 특성상 중간자 공격man in the middle attack 에 취약할 수 있습니다.

이러한 문제를 방지하기 위해서는 기본적으로 드론 운용 및 활용에 있어 안전과 보안에 대한 철저한 방비가 우선되어야 할 것입니다. 먼저 드론 제작 업체와 정부 당국의 보안 소프트웨어 기능 고도화와 이와 관련한 안전 인증을 강화해야 합니다. 또한, 보안을 위해서는 통신 채널과 데이터에 암호 체계를 강화하고, 드론에 접근하는 통신에 대해 원 사용자가 맞는지 인증 절차를 강화해야 할 것이며, 드론에 연결할 수 있는 기기의 숫자를 제한하는 방법들을 생각해 볼 수 있습니다. 드론 스푸핑 방지를 위해서는 다중 센서 활용을 통해 GPS에만 의지하지 않고, 레이더를 비롯한 다수의 센서들을 함께 사용하여 드론의 현재 위치를 정확하게 확인할 수 있는 복합

체계를 가질 수 있도록 고려하는 것이 필요합니다.

무엇보다 드론 보안 문제에 대한 일반 시민들의 인식을 제고하기 위해 다양한 노력과 캠페인이 필요합니다. 드론 사용이 점차 보편화됨에 따라, 이에 따른 보안 위협 또한 증가하고 있습니다. 이에 대한 중장기적 접근을 위해, 정부와 관련 기관들은 드론 사용에 대한 규제를 강화하고, 사용자들에게 보안의 중요성을 지속적으로 교육할 필요가 있습니다. 또한, 미디어를 활용한 홍보와 시민 참여형 프로그램을 통해 보안 의식을 높이는 것이 중요합니다.

더 나아가, 드론 보안에 대한 법적 제도와 기술적 대응책을 마련해 나가는 과정에서 시민들의 의견을 수렴하고 반영하는 것도 필수적입니다. 이러한 노력을 통해 드론이 안전하고 책임감 있게 사용될 수 있는 사회적 환경을 조성해 나가야 할 것입니다. 특히, 드론 기술의 확산으로 사생활 침해 우려는 물론 드론으로 인한 물리적 보안 및 안전에 대한 우려도 높아지고 있습니다. 그런 만큼, 우리 사회에서 드론의 효용을 충분히 누릴 수 있는 시장성을 확보하면서도, 동시에 어느 수준까지 어떻게 공공 안전과 시민들의 권리를 보호할 것이며, 이를 위해 사회에서 어디까지 드론을 수용해 나갈지에 대한 논의가 필요합니다.

미국과 중국의 경쟁

이번에는 미국과 중국의 드론 전략에 대해 살펴보겠습니다. 미국과 중국의 드론 규제 및 육성 정책은 공통점과 차이점을 모두 가지고 있습니다.

미국과 중국 모두 정부의 항공규제기관을 통해 드론의 안전한 이용을 위한 규정을 세세하게 정하고 있는 유사점을 보입니다. 다만, 미국의 경우에는 드론 기술 개발을 위해 공공과 민간의 역량을 결집하여 방산에서 민간으로 확산되는 드론 생태계를 구축하고자 노력하고 있고, 중국의 경우 각 지역별로 민간 기업들이 다양한 배송 서비스 실증을 위해 실제 비즈니스 적용 사례와 드론 서비스 운용 경험을 축적해 나가고 있다는 점에서 차이점을 보입니다.

미국, 연방항공청 중심으로
사용 목적에 따라 관리
▶▶

미국에서 드론의 안전 규제 및 산업 육성 정책은 미국 연방항공청FAA에 의해 주도되고 있습니다. 연방항공청은 미국 내 드론 운용을 규제하는 주요 기관으로, 드론이 안전하게 사용될 수 있도록 다양한 규정을 마련하고 있습니다.

연방항공청의 핵심 규정 중 하나는 드론의 비행 고도를 400피트(약 122m) 이하로 제한하는 것입니다. 이 규정은 드론과 항공기의 충돌 위험을 줄이기 위해 도입되었습니다. 또한, 무게가 250g 이상인 드론은 반드시 등록해야 하며, 조종자는 드론을 자신의 시선 밖으로 나가지 않도록 제어해야 합니다. 이러한 규정들은 드론이 무분별하게 비행하거나 공역 내 다른 항공기와 충돌하는 것을 방지하기 위한 최소한의 기준입니다. 특히, 공항 근처나 특정 제한된 공역에서는 별도의 허가 없이는 드론을 비행할 수 없습니다.

상업용 드론 조종자는 추가로 연방항공청의 Part 107 규정을 따라야 하며, 원격 조종사 자격증remote pilot certificate을 취득해야 합니다. FAA Part 107은 미국에서 드론을 상업적으로 운영하기 위한 규정으로, 조종자는 인증 시험을 통과하고 비행 제한을 준수해야 합니다. 한편, 취미나 여가 목적으로 드론을 사용하는 레크리에이션 조종자는 TRUSTThe Recreational UAS Safety Test라는 안전 시험을 통과해야 합니다.

이처럼 연방항공청은 상업용과 레크리에이션용 등 드론의 사용 목적에 따라 다른 규제를 적용하고 있습니다. 미국 내 개별 주 단위에서도 드론 관련 법률을 제정하여 적용하고 있지만, 이러한 드론 법률들은 사생활 침해와 불법 침입 등에 대한 규제와 더불어 사법 집행을 위해 공공에서 드론을 사용할 수 있는 경우에 관한 내용들을 담고 있습니다. 연방항공청의 규정에 따르면 주 및 지방정부는 공역이나 비행 운영에 대해 규제할 수 없습니다. 이는 연방 정부의 관할입니다.

드론의 안전한 사용을 촉진하기 위해 연방항공청은 다양한 프로그램과 도구를 제공합니다. 그중 대표적인 것이 B4UFLY 모바일 애플리케이션으로, 이 앱을 통해 드론을 조종하는 사람들은 특정 지역의 공역 제한 여부를 손쉽게 확인할 수 있습니다. 또한, LAANC low altitude authorization and notification capability을 통해 드론 조종자들은 공역 사용 허가를 신속하게 받을 수 있습니다. 이 외에도 드론 조종자들을 위한 교육 프로그램과 관련 자료들을 제공하고 있으며, 드론 제조업체 및 관련 단체들과 협력하여 안전한 드론 사용 문화 정착을 위해 노력하고 있습니다.

디지털 번호판 원격 ID 규정
▶▶

미국은 더 나아가 드론 산업의 발전을 지원하기 위해 지속적인 정책을 이어가고 있습니다. 원격 ID^{remote ID}(원격 식별)는 이러한 사례 중 하나입니다. 원격 ID는 미국 내 드론의 안전하고 책임감 있는 운영을 위해 도입된 규정으로, 드론에 차량 번호판과 유사한 일종의 디지털 번호판을 장착하도록 하는 것입니다.

원격 ID는 비행 시작부터 종료까지 드론의 고유 식별 번호, 위치 및 고도, 조종자의 위치, 시간 정보, 그리고 비상 상태를 실시간으로 발송해야 합니다. 여기서 말하는 원격 ID 정보 데이터 송출 broadcast은 와이파이나 블루투스^{Bluetooth} 기반을 의미하며, 셀룰러^{Cellular}를 의미하진 않습니다. 해당 드론으로부터 상대적으로 가까운 거리에 있는 블루투스는 최대 도달거리가 10~30m 정도이고, 와이파이는 실외에서 최대 100m 내외까지 닿을 수 있다고 알려져 있기 때문입니다.

이러한 정보는 연방항공청과 법집행기관^{law enforcement agency}, 그리고 경우에 따라 일반 대중이 접근할 수 있습니다. 2023년 9월 16일부터 연방항공청에 등록된 모든 드론은 원격 ID를 갖추거나, 연방항공청이 지정한 특정 비행 구역^{FAA-Recognized Identification Areas, FRIAs} 내에서만 운영해야 합니다. 드론이나 인근 지상 인프라가 서로 식별하여 충돌이라는 나쁜 상황은 막아보자는 데에서 그리고 미국 내에 드론이 엄청나게 많은데 이를 제대로 식별할 수 있는 체계를 고도화 해보자는 것에서 원격 ID를 고려하기 시작한 배경과 맥락이 있다고 볼 수 있겠습니다.

원격 ID를 준수하는 것에는 3가지 방법이 있습니다. 내장된 원격

ID 기능이 있는 드론을 사용하거나, 원격 ID 모듈을 기존 드론에 부착하거나, 또는 연방항공청이 지정한 특정 비행 구역FRIAs 내에서만 비행하는 것입니다. 이 규정은 무게가 250g 이상인 모든 드론에 적용되며, 이보다 가벼운 드론이라도 상업용으로 사용되는 경우에는 준수해야 합니다. 단, 취미용으로 사용되는 250g 미만의 가벼운 드론은 예외입니다.

원격 ID의 도입은 공역의 안전과 보안을 강화하고, 복잡한 드론 운영을 가능하게 하는 기반을 마련하며, 드론 비행에 대한 대중의 투명성을 높이기 위한 것입니다. 연방항공청은 이를 통해 드론이 국가 공역에 안전하게 통합될 수 있도록 유도하고, 드론 산업의 성장을 지원하는 동시에 보안 문제를 해결하고자 합니다. 원격 ID 규정은 2023년 9월부터 시행되었으며, 2024년 3월 16일부터는 이 규정을 준수하지 않는 운영자에게 벌금이나 조종자 자격 정지 등의 제재가 가해질 수 있습니다.

연방항공청은 BEYOND 프로그램을 통해 2020년 10월부터 시야 밖Beyond Visual Line of Sight, BVLOS 드론 비행을 위한 기준들을 잡기 위해 관련 데이터를 수집해 나가고 있습니다. 한편, 2002년에 설립된 미국의 스타트업인 미국항공우주기술American Aerospace Technologies, AATI은 연방항공청으로부터 처음으로 대형 드론의 시야 밖BVLOS 상업 비행을 승인받았다고 발표했습니다. 이 기업은 Ai레인저AiRanger라는 이름의 드론을 가지고 있고, 길이 3m, 날개폭 5m, 최대 이륙 중량 99kg, 탑재량은 34kg입니다. 이 드론은 15,000피트(4,500m) 고도에서 100

노트(약 시속 185km)의 속도로 비행할 수 있으며, 공중이나 지상에서의 관찰자 없이 조종사의 시야를 벗어나 상업적 운항에 한발 더 가까워졌습니다. 이는 미국에서 55파운드(약 25kg) 이상, 400피트(약 122m) 이상의 고도를 비행하는 드론이 상업적 시야 밖 운항을 승인받은 사례입니다. 향후 드론 탐지 및 외부 충돌 회피 시스템과 명령 및 제어 기술 고도화와 함께 이러한 시야 밖 드론에 대한 논의도 보다 활발해 질 것으로 보입니다.

공공 주도 기술 개발의 미국
▶▶

미국 공공 주도의 여러 기술 개발 노력들도 이어지고 있습니다. 어질리티 프라임Agility Prime이라고 해서, 2020년 시작된 프로그램이 있습니다. 이는 미국 공군US Air Force, USAF이 AFWERX라고 하는 혁신 기술 개발 촉진을 위한 생태계의 연장선상에서 eVTOL(전기 수직 이착륙) 항공기와 같은 첨단 항공 모빌리티 기술의 개발을 지원하고, 군사적 사용 외에도 상업적인 사용까지 염두에 두고 관련 기술 개발을 통해 미국이 미래 항공 모빌리티 분야에서 견고한 지위를 유지할 수 있도록 목표를 가지고 있습니다.

AFWERX라는 이름은 공군Air Force과 작업 프로젝트working project의 줄임말인 WERX이 합쳐진 이름입니다. 공군의 미래 기술을 개발하는 미국 공군연구소Air Force Research Laboratory, AFRL의 지원을 받는 산하

딥테크 전쟁, 시장을 파괴하는 창조적 독재자들

조직으로, 미국 공군의 혁신 기술 개발과 미래 경쟁력 확보를 위해 노력하고 있습니다. 여기에는 단순히 공군 소속의 엔지니어와 연구자만 활동하는 것이 아니라, 민간 산업계와 공공 연구기관, 정부 기관, 민간 및 공공 투자기관이 함께 모여 미래 항공우주 관련 기술을 기반으로 미래 경쟁력을 준비하는 하나의 생태계를 구성하고 있습니다. 전기 추진, 자율성, 첨단 제조라는 세 가지 주요 기술 분야에 집중하고 있으며, 학계, 산업계, 투자기관, NASA 및 연방항공청과 같은 정부 기관 등을 아우르는 광범위한 협력을 추구하고 있습니다. eVTOL 항공기의 군사적 운영 및 의료 후송 능력 시연 등을 진행한 바 있으며, 2023년에는 연구와 개발에 7,000만 달러 이상을 투자한 바 있습니다.

중국, 민용항공국 중심으로 드론 등록 관리
▶▶

중국 민용항공국CAAC은 최근 몇 년간 드론에 대한 여러 규제와 정책을 시행해 왔습니다. 먼저 등록 및 면허에 관한 규정을 보면, 250g 이상의 모든 드론은 중국 민용항공국에 등록해야 하며, 상업용 드론 운영자는 민용항공국으로부터 면허를 취득해야 합니다. 취미로 드론을 조종하는 경우 면허는 필요 없으나, 관련 규정을 준수해야 합니다. 비행 제한 사항으로는 최대 비행 고도가 120m(약 400

피트)로 제한되며, 비행 시 반드시 시각적 가시 범위 내에서 조종해야 합니다. 또한 사람이나 대규모 군중 위를 비행할 수 없으며, 공항 주변, 군사 시설 및 베이징, 신장, 티베트 등 안보적으로 중요한 특정 지역은 비행 금지 구역으로 지정되어 있습니다.

아울러 민용항공국은 드론 소유자의 등록 의무화와 실명 인증을 하고 있으며, 드론 소유자는 자신의 이름, 신분증 번호, 연락처 등 개인 정보와 드론 제조사, 모델명, 일련번호serial number, 드론 용도 등을 포함한 정보를 CAAC 공식 드론 등록 시스템 웹사이트를 통해 등록해야 하며, 등록번호를 발급받아 드론 기체에 QR 스티커로 붙여놔야 합니다. 이를 미국과 비교해 보면, 중국의 드론 소유자 개인 정보(실명 인증 등) 및 드론 제품 정보를 받는 것과 미국의 원격 ID는 다른 점이 있습니다. 원격 ID는 공중에 떠 있는 드론의 제품 및 소유자 정보를 실시간으로 파악이 가능하다는 점에서 일종의 자동차 번호 표지판과 같은 디지털 식별자가 될 수 있습니다. 정확한 이유나 내막은 잘 알 수 없지만, 우선 중국의 현재 정책은 드론 등록에 보다 더 집중하는 모양새입니다.

한편, DJI에서는 2019년 스마트폰 내 DJI 앱을 통해 드론을 1km 이내에서 추적 가능하다는 이야기도 있었습니다. 사실 지금 말하고 있는 '식별identification'이라는 주제는 특정 드론에 대한 정보를 정확히 파악하여 사회의 안전을 지키자는 가치와 개인정보 및 프라이버시가 침해될 우려가 있지 않느냐는 또 다른 가치의 충돌이 발생하는 지점입니다. 하지만, 지금 이런 가치의 충돌을 둘러싸고 옳고 그름을 따지며 루프loop에 빠지기보다는, 보다 실용적인 관점에서 바라 보는 것이 중요하다고 생각합니다. 현재 기술 – 기업 – 국가로 연결되는 이 동학dynamics 속에서 특정 시점에 어떤 기술과 관련한 규제가 특정 국가에서 나온다면, 새로운 기술과 규제가 관련 기술 시장에 어떤 영향을 미칠 지에 대해 곱씹어 보는 것이 더 이로운 접근이지 않을까 싶습니다.

가치 사슬을 형성한 중국의 드론 정책
▶▶

중국의 드론 관련 규제 및 정책은 시간이 지남에 따라 점진적으로 발전해 왔으며, 각 시기마다 다양한 규정이 도입되었습니다. 2003년, 중국은 '일반항공 비행 규제 조례'를 통해 드론을 민간 업무 비행에 사용할 경우, 일반 항공기로 간주하는 드론 관련 조례를 시행한 바 있습니다. 이는 드론이 민간 영역에서 활용되기 시작한 초기 단계에서 마련된 규제로, 드론을 항공기와 동일한 기준에서 관리하려는 초기 시도를 보여줍니다.

2009년에는 민간 무인 항공기UAV 항공교통 관리 대책을 통해 드론 사용에 대한 보다 구체적인 관리·감독 규정을 도입했습니다. 이 대책은 민간 드론의 활용이 급증하면서 발생할 수 있는 안전 문제를 예방하기 위해 마련되었으며, 드론의 상업적 사용이 본격화되면서 그 필요성이 더욱 강조되었습니다. 2013년에는 민용 무인 항공기 시스템 관리 잠행 규정을 발표하여 7kg 이하의 소형 무인기는 가시거리 500m 이내, 상대고도 120m 이하에서 비행 시 별도의 허가증 없이 운영할 수 있도록 했습니다. 이 규정은 소형 드론의 상업적 활용을 촉진하면서도, 동시에 조종사는 관련 협회나 민용항공국의 감독을 받도록 하여 안전을 챙기려는 노력의 일환이었습니다.

2015년에는 경소형 드론 운용 규정을 통해 드론 조종자격증 도입 계획을 발표하며, 9개 등급의 자격증 체계를 마련하여 드론 운영자에 대한 자격을 강화했습니다. 이어 2017년에는 민간 무인기 실명제 등록 및 관리 규정을 도입하여 드론 사용자에 대한 실명 등록 제도를 의무화했습니다. 이는 드론의 무분별한 사용을 방지하고, 사용자의 책임을 강화하기 위한 조치였습니다. 2018년에는 무인 항공기 비행 관리 잠정 조례를 통해 드론 비행에 대한 보다 구체적이고 포괄적인 규정을 마련함으로써, 드론 산업의 성장과 함께 발생하는 다양한 문제들을 체계적으로 관리할 수 있는 법적 틀을 구축해 나가고 있습니다. 중국의 드론 산업은 설계, 제조, 판매, 유지보수, 응용 및 관련 기술 연구 개발을 포함한 가치 사슬value chain을 형성하고 있습니다.

지역별로 특화하여 발전 중인 드론 산업
▶▶

중국의 드론 산업은 지역별로 특화된 발전을 보이고 있습니다.

딥테크 전쟁, 시장을 파괴하는 창조적 독재자들

광둥성 선전은 개인 소비자용 드론이 상대적으로 발전하였으며, 쓰촨성 청두Chengdu는 산업용 드론 특화 도시를 목표로 하고, 중국 정부의 적극적인 지원 정책으로 산업 발전이 촉진되고 있습니다. 특히, 중국 각 성province별로 드론 기술을 활용한 다양한 실증 시범 사례들이 있다는 점에서 주목해 볼만 합니다. 드론을 이용한 물류와 배송 등 여러 서비스의 적용 지점에 대해 먼저 광둥성에서 여러 방면으로 타진되고 있습니다.

중국의 드론 배송 실증과 관련하여 각 지역별로 어떤 기업들이 어떠한 방식으로 드론 배송 서비스를 실증하고 시범적으로 시행하고 있는지, 어떻게 차근차근 미래를 준비해 가고 있는지 생생하게 말씀드리겠습니다.

메이투안Meituan은 2010년 창업한 중국 최대의 음식 배달앱 서비스 기업입니다. 선전시에서 드론을 활용한 혁신적인 배달 서비스를 제공하고 있습니다. 이는 복잡한 도시 교통 상황을 고려할 때, 효과적인 대안으로 생각할 수 있는 선택지입니다. 메이투안은 선전의 여러 공원에서 드론을 이용한 음식 배달 서비스를 성공적으로 도입하여, 공원 방문객들이 음식을 빠르고 편리하게 받을 수 있는 혁신적인 방법을 제시했습니다.

그들은 선전의 주요 공원과 명소에 30개 이상의 드론 배달 경로를 구축하여, 드론 출발지는 쇼핑몰 등의 건물 옥상에 두고, 픽업 키오스크는 공원 지역이나 사무실 건물 근처에 배치하여 서비스를 운영합니다. 고객은 메이투안 앱이나 위챗을 통해 음식을 주문하고, 드론은 평균 12분~20분내에 주문한 음식을 공원 내 지정된 픽업 지점으로 배달합니다. 메이투안의 드론 배달 서비스는 선전을 비롯해 상하이 등 여러 대도시의 10개 이상의 상업 구역에서 운영되고 있습니다. 메이투안은 향후 이러한 드론 배달 서비스를 확장하고 개선하는 가운데, 보다 복합적인 도시 유통 네트워크 시스템 구축을 통해 더 많은 지역에서 효율적인 배달 솔루션을 제공할 계획에 있습니다.

이렇듯 중국의 다양한 성들에서 드론 배송 기술의 실증 사례들이 활발히 이루어지고 있습니다. 이러한 실증은 중국 전역에서 드론 기술이 물류와 배송에 어떻게 통합되고 있는지를 잘 살펴볼 수 있는 사례입니다. 장시성 간저우Ganzhou에서 2017년에 순펑SF Express이라는 물류 배송 업체가 드론을 활용한 물류 배송 시범 운행을 진행한 바 있습니다. 순펑의 중국어 기업명은 순풍속운順丰速运으로, 순조롭고 빠른 배송 서비스를 의미합니다.

징동닷컴JD.com은 1998년 창업한 기업으로, 가전제품 판매로 시작하여 2003년 사스SARS 사태를 계기로 전자상거래 분야에도 진출한 것으로 알려져 있습니다. 징동닷컴의 중국어 기업명은 징동상청京东商城으로, '베이징'과 창업자 '류창동Liu Qiangdong'의 단어를 합친 것으로 추정됩니다.

2016년, 징동닷컴은 드론 배달 프로그램을 통해 중국의 시골 지역에서 배송 서비스를 진행하여, 외딴 지역의 소비자들도 쇼핑에 참여할 수 있다는 것을 강조한 바 있습니다. 이를 다른 관점에서 바

라볼 수 있습니다. 그동안 징동닷컴이 중국 전역의 대다수 도시에 당일 또는 익일 배송을 하고 있었는데, 지형적 이유와 부족한 도로 인프라로 인해 외딴 지역까지 배송할 때 라스트 마일last mile(소비자에게 최종적으로 배송되는 마지막 단계)에서 늘 어려움을 겪고 있는 상황이었습니다. 이러한 상황을 타개하기 위해 징동닷컴은 드론으로 '배송 시간 단축'과 '물류 비용 절감'이라는 두 마리 토끼를 모두 잡으려고 시도하게 된 것이라는 풀이도 가능합니다.

중국 물류를 논하는데 마윈Jack Ma, 马云의 알리바바Alibaba를 빼놓을 순 없겠죠. 알리바바는 미래의 드론 배송 시대를 다양한 방식으로 준비하고 있습니다. 알리바바는 2017년에 드론을 사용하여 물 위를 가로질러 상품을 배송하는 데 성공했습니다. 3대의 드론이 푸젠성 푸톈Putian에서 인근 메이저우Meizhou 섬까지 12kg가량의 과일이 담긴 상자 6개를 운반했습니다. 드론들은 5km의 거리를 약 10분 만에 비행해 목적지에 도달했습니다.

또한 2015년에는 알리바바가 베이징, 상하이, 광저우의 세 주요 도시에서 드론을 이용한 배송 시험을 진행한 바가 있습니다. 이때 주어진 미션은 '생강차 배달'이었습니다. 배달할 생강차는 일반적인 사무실 탕비실에 비치된, 티백 50포가량 들어있는 작은 박스를 떠올리면 됩니다. 이 작은 생강차 박스를 400여 명의 고객에게 배달하는 것이 목표였습니다. 당시 고객들은 오픈마켓인 타오바오Taobao에서 생강차를 구입했고, 주문한 지 한 시간 이내에 드론이 배송을 모두 완료했다고 알려져 있습니다.

한편, 중국은 2023년 갈륨과 게르마늄 같은 중요 금속에 대한 수출 제한을 발표한 것에 이어서, 군사적 목적으로 사용될 우려가 있는 민간용 고성능 드론 및 관련 제품을 위한 장비의 수출을 제한하기로 발표했습니다. 2023년 9월부터 시행된 이 조치는 드론의 군사적 사용 가능성을 우려한 것으로, 중국 상무부는 이를 국제적 관례에 따른 것이라고 설명했습니다.

특이한 점은 이 발표가 중국 상무부와 해관총서(국무원 산하에서 관세청 역할을 하는 정부기관), 국가 국방과기공업국(중국 공업정보화부 산하 부서로, 우리나라의 방위산업청과 유사한 역할을 수행), 중앙군사위원회(중국 국가와 당의 모든 무력 역량을 지도하고 관리하는 기관)가 함께 발표했다는 점입니다. 중국은 세계 최대 드론 생산국이자 수출국이고, 미국은 중국산 드론의 최대 수입국입니다. 중국은 이번 조치는 특정 국가나 지역을 겨냥한 것이 아니며, 책임감 있는 대국으로서 상업용 드론이 군사적 목적으로 활용되는 것을 방지하기 위함이라고 역설했습니다.

EU와 일본의 추격

EU와 일본의 드론 전략에 있어 유사한 방향성을 발견할 수 있습니다. 기본적으로 각국은 드론의 안전한 활용을 위한 규제와 동시에, 드론 관련 미래 산업을 육성하는 정책을 함께 펼쳐야 하는 입장입니다. 이를 위해 균형점을 잘 잡고, 드론으로 대표되는 첨단 기술의 글로벌 경쟁에서 뒤처지지 않기 위한 치열한 노력을 기울이고 있습니다.

EU의 경우, 드론의 비행 고도를 기존 항공 공역과 통합하여 다양한 드론 및 항공 서비스를 제공하는 시대를 준비하고 있습니다. 일본의 경우에도 드론 조종자의 시야에서 벗어난 영역까지 비행할 수 있는 드론 운영 규정을 정비하기 위한 준비를 하고 있습니다.

EU의 드론 규정

▶▶

EU의 드론 규정^{EU drone regulation; EU 2019/947}은 2020년 12월 31일부터
EU 전역에서 시행된 포괄적인 규정을 바탕으로 하고 있습니다. 유
럽의 많은 법규제가 그러하듯이 EU의 드론 규정도 기존에 유럽 내
국가마다 상이했던 드론 규정을 통일하여, EU 회원국들과 영국, 노
르웨이, 아이슬란드, 리히텐슈타인에서 공통으로 적용되는 체계를
구축한 것이라고 볼 수 있습니다. 유럽 지역에는 많은 국가들이 있
습니다. 이번 규정을 통해 취미용이나 상업용 드론을 조종하는 시
민들이 유럽 전역에서 자국과 동일한 조건으로 드론을 운용할 수
있게 되었습니다. 이러한 변화들은 드론의 상용화와 산업 발전에
탄력을 줄 것으로 기대되며, 동시에 안전과 규제의 균형을 맞추는
데 중점을 두고 있다고도 볼 수 있습니다.

EU 드론 규정은 드론을 무게와 기능에 따라 C0부터 C4까지로
분류하고(C4로 갈수록 드론의 최대 무게가 무거워짐), 운영 위험 수준에
따라 개방^{open}(저위험 범주), 특별^{specific}(중위험 범주), 인증^{certified}(고위험 범
주)의 3가지 등급으로 구분하고 있습니다.

인증 등급은 이름에서 알 수 있듯 항공 당국의 항공 규정에 따라
사전에 관련된 승인사항을 통과하고, 인증을 받아야 합니다. 특별
등급은 유럽 내 각국 정부의 항공 당국 허가를 받아야 합니다. 개방
등급은 저위험 운영으로 사전 허가가 필요 없으며, 최대 비행 고도
120m, 가시거리 내 비행 등의 규칙을 준수해야 합니다. 250g 이상

의 드론은 등록 및 라이선스가 필요하며, 2024년부터는 원격 ID 기능이 의무화됩니다.

자, EU에서도 '원격 ID'가 등장합니다. 유럽은 어떤 꿈을 꾸고 있을까요? 미국과 비교하면서 몇 가지 포인트를 짚어 보겠습니다. 일단 EU는 고유 식별자로 일련번호 또는 고유한 ID를 요구합니다. 미국은 제조업체가 매번 다른 번호나 ID로 실시간 데이터 송출이 가능하도록 허용합니다. 미국에 비해 유럽이 드론 비행에 대한 더 많은 정보를 요구한다고 볼 수 있습니다. 미국에서는 식별이 목적이므로, 비행마다 ID를 변주하는 것은 마치 우리가 배달시킬 때 안심번호를 쓰는 것과 비슷합니다.

EU와 미국이 각각 요구하는 정보도 결은 유사하나 살짝 다릅니다. EU는 드론의 ID와 드론의 위치, 고도, 속도, 제어 스테이션의 위치, 시간, 현재 비행이 비상 상태인지 여부를 알게 되어있습니다. 미국에서는 드론의 경도와 위도, 비행 방향, 수평 및 수직 속도, 조종사의 위치를 요구합니다. 가장 중요한 것은 EU는 드론 원격 ID를 향후 유럽의 'U-스페이스space'라고 하는 자체적인 공역 관리 시스템과 통합하려고 한다는 점입니다. 그래서 미국은 원격 ID 데이터 송출broadcast을 와이파이와 블루투스로 하는데, 유럽은 셀룰러를 굳이 배제하지 않는 뉘앙스를 주며 굳이 통신방식까지는 특정하지 않고 있는 것입니다.

그럼 EU가 구상하는 U-스페이스는 무엇일까요? U-스페이스는 드론의 안전하고 효율적인 공역 통합을 위해 EU가 제시하고 있는 공역 관리 시스템입니다. 주로 저고도^{low-altitude}에서 복잡하고 자동화된 드론 운영을 지원하며, 의료 샘플 운송, 긴급 구조, 원격 인프라 점검과 같은 다양한 작업을 수행할 수 있도록 합니다.

U-스페이스는 드론이 공역에 안전하게 접근할 수 있도록 필수적인 서비스를 제공합니다. 여기에는 네트워크 식별 서비스, 지리 인식 서비스, 비행 허가 서비스, 교통 정보 서비스 등이 포함됩니다. 기상 정보 서비스와 비행 허가 준수 모니터링 서비스도 추가 제공될 수 있습니다. EU는 U-스페이스를 2030년까지 구현하는 것을 목표로 하고 있으며, 시스템의 구현을 위해 EU 회원국들은 특정 공역을 지정하고, 현재의 항공 교통 관리^{ATM} 시스템과 통합하여 조화로운 공존을 도모합니다. 쉽게 말해 U-스페이스는 EU 지역의 저고도 활용(드론 시장)을 기존 항공 공역 체계 및 질서와 연계해서 다차원 또는 층층이 쌓아서 통합해서 보겠다는 시도로 읽힙니다.

유럽 드론 전략 2.0
▶▶

앞에서 EU의 드론 법규제 내용을 보셨는데, 어떤 느낌이 드셨나요? 제가 보기엔 유럽은 지금 드론에 있어서도 다른 첨단 기술 분야들과 마찬가지로 마음이 아주 급합니다. 왜냐하면 미국의 기술 경쟁력이 매우 강하고, 중국의 기술 혁신 속도가 매섭게 빠르기 때문입니다.

EU는 어떻게 해서든 유럽 지역에 혁신의 씨앗을 뿌리고 싶어 합니다. 다만, 뭔가 잘 안 풀린다 싶을 때는 규제 가이드라인을 선제적으로 어렵고 방대하게 풀어내서 엄청나게 두꺼운 책들로 유럽 시장에 방벽을 치는 모습을 보이기도 합니다.

EU의 강력한 규제를 보며 드는 생각은, 이는 적어도 유럽 안에서 자생하는 혁신 기술 경쟁력이 다른 강국과 비교하여 현재와 가까운 미래에 당장 부족하다는 판단이 들 때, 혹은 법규제 가이드라인 혹은 프레임워크라 부르는 여러 국가의 힘을 사용해서 본인들이 선제적으로 규제 관련 시장을 선도해 보고 싶을 때 사용하는 일종의 고육지책 중 하나이지 않을까 비판적으로 보게 되는 대목입니다. 이제 EU는 무조건 크게 뭉쳐야 그나마 미국과 중국 등 다른 강국들과 비교하여 규모나 여러 경쟁력 면에서 상대적으로 뒤처지지 않을 수 있습니다. 그런데 가만히 지켜보다 보면, 어떤 경우에는 역설적으로 그런 EU의 강한 규제 프레임워크가 도리어 혁신의 발목을 잡는 것처럼 보일 때도 있습니다.

EU는 드론 산업 육성을 위해서도 여러 노력을 기울이고 있습니다. 2022년 EU의 유럽 드론 전략 2.0^{European Drone Strategy 2.0}은 유럽 드론 시장의 확장을 목표로 한 대표적인 비전 제시 중 하나로 볼 수 있습니다. EU는 EU 지역의 안전을 위한 프레임워크를 시작으로 상업적 드론 운영을 통해 새로운 경제적 기회를 창출하는 것을 목표로 삼고 있습니다.

특히 인공지능과 로봇, 반도체 등 핵심 기술과 연계해서 더 경쟁력 있는 드론 산업을 육성하고, 더 나아가 유럽 지역의 기술 경쟁력과 전략적 자립성을 높이는 데 방점을 두고 있습니다. 드론은 각종 센서와 소프트웨어, 통신, 배터리, 기체 등 종합 선물 세트처럼 많은 첨단 기술들이 한데 녹여져 있는 아이템 중 하나입니다. 기체만 해도 경량화 관련 나노소재 등과 연계할 수 있고, 조금 더 나아가 유체역학과 같은 항공우주 분야와도 연결이 가능한 세부 연구 주제들이 있습니다.

드론에 대한 유럽의 접근을 보면서 제가 받은 인상은 유럽이 그저 '드론만 잘하자' 또는 '우린 드론에 올인한다'는 것은 아닙니다. 그보다는, 'AI, 로봇, 반도체, 배터리 등 앞으로 수많은 첨단 기술 분야들에서 유럽이 다 잘해야 하는데, 마침 드론도 다른 기술들과 모두 연결이 가능한 기술이니 잘 키워보자'라는 입장을 가진다는 느낌입니다.

EU는 유럽 드론 전략 2.0을 통해 향후 드론을 활용한 여러 서비스와 배송, 운송 등의 여러 모빌리티 서비스들도 미래 시나리오로 함께 그리고 있습니다. 유럽 드론 전략 2.0은 드론 산업의 성장을 지원하기 위해 15개 이상의 주요 행동 계획을 방대하게 담고 있습니다. 여기에는 드론의 비행 적합성에 대한 공통의 규칙을 마련하고, eVTOL 항공기 조종사를 교육하고, 사이버 보안 인증에 대한 기준과 정의들을 다듬고 정비하는 내용들이 포함되어 있습니다.

EU는 향후 민간 상용 서비스와 군사 안보적 목적 모두를 방비하고, 상호 간의 시너지 효과도 꾀하겠다고 밝히고 있습니다. 나아가

딥테크 전쟁, 시장을 파괴하는 창조적 독재자들

드론 관련 기술과 산업, 시장 육성을 통해 향후 2030년까지 145억 유로 규모의 가치와 14만 5천 개의 일자리를 창출하겠다는 당찬 포부도 가지고 있습니다.

일본의 드론 전략
▶▶

마지막은 일본입니다. 일본 역시 안전한 드론 활용을 위한 법규제 체계를 가지고 있으며, 일본 항공국Japan Civil Aviation Bureau, JCAB을 중심으로 관리하고 있습니다. 일본 항공국은 국토교통성 산하의 정부 기관으로, 항공과 관련한 정책과 규정들을 담당하고 있습니다.

2022년 6월부터 무게가 100g 이상인 모든 드론은 항공국에 등록해야 하며, 비행 중 식별 정보를 전송하는 원격 ID 기능을 장착해야 합니다. 드론은 비행 중 항상 운영자의 시야 내에 있어야 하고, 주간에만 비행이 허용됩니다. 비행 고도는 지상에서 150m 이하로 제한되며, 사람, 건물, 차량으로부터 30m 이내로 비행하지 않아야 합니다.

또한, 특별한 허가 없이는 군중이나 인구 밀집 지역 위로 비행할 수 없습니다. 공항 근처나 정부가 정의한 인구 밀집 지역, 그리고 사원, 신사, 공원 등 지역 규정에 따라 지정된 비행 금지 구역에서는 사전 승인 없이 드론을 비행할 수 없습니다. 제한된 구역에서 비행하거나 표준 규정을 벗어난 비행을 위해서는 국토교통성의 허가를 받아야 하며, 신청서는 비행 예정일 최소 10영업일 전에 제출해야 합니다. 드론으로 위험 물질을 운반하거나 물체를 떨어뜨리는 행위는 금지되며, 특별 허가 하에 운영할 때는 비행 계획을 사전에 국토교통성에 보고해야 합니다. 사고나 심각한 사건이 발생한 경우에는 반드시 보고해야 하며, 규정 위반 시 최대 50만 엔의 벌금이 부과될 수 있으며, 심각한 경우 징역형이 부과될 수도 있습니다.

한편, 2022년 12월부터 시행된 개정 항공법은 인구 밀집 지역에서 자율적으로 운영할 수 있는 레벨 4 수준의 드론 비행을 가능하게 하여, 물류 및 배송 서비스와 같은 더 발전된 드론 응용 프로그램이 엄격한 규제 조건 아래에서 실행될 수 있도록 했습니다. 이러한 규정들은 일본 내에서 드론의 안전한 운영을 보장하고, 공공의 안전을 위해 마련된 것입니다. 드론 운영자는 이 규정들을 숙지하고 필요한 모든 허가를 받아야 합니다.

앞에서 말씀드린 레벨 4 수준의 드론 비행은 자율주행 4단계와는 다른 개념입니다. 이는 일본 항공법에 나와 있는 인구밀도와 드론 조작 수준을 종합하여 4단계로 드론 비행을 구분하고 있는 내용을 의미합니다.

드론 비행 레벨 1은 무인 지대에서 시야 내에서 조종하는 비행으로, 일반적으로 농약 분무나 영상 콘텐츠 촬영, 인프라 점검 등에 활용됩니다. 레벨 2는 무인 지대에서 시야 내 자율비행으로, 자동 운전 기능을 활용하여 공중 사진 측량이나 태양광 패널 설비 점검 등에 사용됩니다. 레벨 3는 사람이 있는 지역에서 시야 내에서 이

딥테크 전쟁, 시장을 파괴하는 창조적 독재자들

루어지는 비행으로, 사람 주변에서 드론을 운영할 때 적용됩니다. 레벨 4는 유인 지대에서 시야 밖 자율비행을 의미하며, 도시 지역에서 운영자의 시야가 닿지 않는 범위까지 드론을 비행시킬 수 있는 수준을 의미합니다. 일본 항공법에서 말하는 레벨 4 수준의 드론 비행은 우리가 미국 정책에서 살펴본 시야 밖[BVLOS] 드론 비행과 유사한 의미로 이해할 수 있습니다.

한국, 국가 안보와
상업용 드론 전략

　한국도 항공안전법을 통해 드론(무인비행장치) 관련 정의 내용을 품고 있습니다. 항공기(비행기, 헬리콥터, 비행기, 활공기)와 경량 항공기, 초경량 비행장치를 정의하고 있으며, 드론은 초경량 비행장치에 속하는 무인비행장치에 해당합니다.

　드론의 야간 비행이나 조종사 시야 밖 비행은 원칙적으로 금지되며, 별도의 사전 허가 및 안전 승인 취득이 필요합니다. 드론을 대상으로 비행제한공역도 존재하며, 무인비행장치는 항공안전법과 개인정보보호법, 위치정보의 보호 및 이용 등에 관한 법률 등에 담긴 안전과 개인정보(개인위치정보 포함)에 대한 보호 의무를 준수해야 합니다. 아울러 군용, 경찰용, 세관용, 그리고 국가와 지자체, 공공기관 등에서 여러 공공 목적을 위해 필요한 경우에는 특례가 적용되기도 합니다. 드론 기술의 상업적 확산에 따라 관련 규제도 지속적으로 변화하고 있습니다.

국가 안보와 연계되는 중요한 이슈
▶▶

이번 장을 통해서 지속적으로 말씀드리려 했고, '한국의 드론'에 대해 다룰 이번 글에서도 여러분에게 말씀드리고 싶은 2가지 포인트가 있습니다. 한 축은 안전한 가운데 드론을 다양하게 활용하여 어떻게 유관 시장market과 관련 산업industry이 열릴 수 있도록 장려promote할 것인가라는 부분입니다. 다른 한 축은 동시에 어떻게 시민과 사회의 안전safety and security을 담보할 수 있도록 보호protection 조치와 방비를 든든히 할 것인가에 관한 주제입니다.

먼저 안보와 안전에 대한 이야기를 해야 할 것 같습니다. 최근 드론 기술의 발전과 함께 미래 항공 모빌리티AAM에 대한 논의가 증가하는 만큼, 반대급부로 이러한 드론 기술이 우리나라의 안보와 안전에 미칠 영향에 대한 방비 역시 중요하게 우리가 곱씹어야 할 부분이라고 생각합니다.

특히, 한반도 분단이라는 한국의 안보 상황에서는 북한의 GPS 교란 공격과 같은 위협이 AAM과 드론 운영에 심각한 문제를 일으킬 가능성이 있다는 점에 주목할 필요가 있습니다. GPS 교란 공격은 항공기의 항법 시스템에 큰 혼란을 일으킬 수 있습니다. GPS 신호에 의존하는 항공기는 교란 공격을 받을 경우 정확한 위치를 파악하지 못하게 되어, 비행 경로를 이탈하거나 착륙에 어려움을 겪을 수 있습니다.

이러한 사례는 이미 인천국제공항에서 여러 차례 발생한 바 있으며, 이는 항공 교통뿐만 아니라 AAM 운영에도 큰 영향을 미칠 수 있는 중요한 문제입니다. AAM이 활성화되면 도심 내에서 자율비행하는 비행체들이 늘어나게 되는데, 이들 역시 GPS 신호에 의존하게 되므로 교란 공격에 취약할 수밖에 없습니다.

드론 역시 GPS 신호에 의존하여 비행하기 때문에, 북한의 GPS 교란 공격은 드론 운용에 심각한 장애를 초래할 수 있습니다. 그러나 최근의 드론 기술은 이러한 위협에 대응하기 위해 다양한 항법 시스템을 갖추고 있습니다. 예를 들어, 관성항법장치Inertial navigation system, INS나 시각적 항법 시스템을 통해 GPS 교란이 발생하더라도 정확한 비행 경로를 유지할 수 있습니다. 또한, 일부 고급 드론은 안티 재밍anti-jamming 기술을 탑재하여, GPS 신호가 교란되더라도 임무를 수행할 수 있는 능력을 가지고 있습니다.

하지만 드론 통신의 경우 한번 보안이 뚫리는 순간 곧바로 안전에 치명적이기 때문에, 소프트웨어 해킹 또는 전파 교란 공격 등의 잠재적인 보안 위협 요소들에 대한 철저한 준비를 고려하는 것이 중요하다는 점을 강조하고 싶습니다.

아울러 AI와 다양한 센서들의 데이터 처리 소프트웨어 기술이 함께 발전하면서, 드론이 GPS 신호에만 의지하지 않고 어느 정도 자율비행할 수 있다는 약간의 가능성도 조금씩 열리고 있습니다. AI 기반의 비전vision 시스템은 주변 환경을 실시간으로 분석하여 비행 경로를 수정하거나, 목표를 식별하고 추적하는 기능을 수행할 수 있습니다. 이러한 기술들은 GPS 교란에 대응할 수 있는 중요한 요소로, 향후 드론의 안정적인 운용에 조금이나마 기여할 수 있을 것입니다.

그리고 원론적인 이야기지만 향후 AAM 산업이 미래에 발전할수록, 본질적으로 통신 보안이 더욱 중요해질 것입니다. AAM은 도심 내에서 그리고 도시 간에 운영되는 자율 비행체를 포함하는 개념이기 때문에, 시민들과 사회의 안전에 있어 보안이 매우 중요한 요소로 작용할 것입니다. 따라서 AAM 서비스를 강화하는 과정에서 GPS 교란 공격과 같은 위협에 대비한 보안 시스템을 구축하는 것이 필수적입니다. 이는 단순히 기술적인 문제를 넘어, 국가 안보와 연계된 중요한 이슈로 고려해야 하며, 이에 대한 준비가 필요합니다.

미래 시장을 대비한 전략
▶▶

다음으로 한국이 미래의 드론 시장을 어떻게 준비하고 있는지 살펴보겠습니다. 드론을 레저용과 상업용으로 사용하는 측면에서, 국토교통부 서울지방항공청에서는 '드론 원스톱 민원 포털 서비스

drone.onestop.go.kr'를 운영하고 있습니다. 사용자 입장에서는 여러 정보들을 살펴보기 좋은 창구입니다. 이 홈페이지를 통해 드론 비행을 계획하는 단계에서 미리 비행 가능지역을 지도로 확인할 수 있습니다. 서울 인근에서는 경기도 양평과 시화호 인근에 초경량 비행장치 전용 공역이 있으며, 이 외에도 현재 전국 20여 곳 이상이 있습니다. 공역의 크기는 각 지역마다 조금씩 다릅니다. 참고로 서울지방항공청, 부산지방항공청, 제주지방항공청 3곳이 전국을 커버하고 있습니다.

한국의 도심항공교통 산업의 미래를 위해 민관이 함께 생태계를 꾸려 준비해 나가는 모습도 보입니다. 한국형 도심항공교통K-UAM 그랜드챌린지grand challenge 실증사업에 참여하는 35개 기업(현대자동차, 대한항공, 한국항공우주연구원 등) 7개 컨소시엄을 통해 여러 민관 주체들이 힘을 합쳐 UAM 운항과 관제 등 미래를 준비하고 있습니다. 여기에는 KT, SK텔레콤, LG유플러스와 같은 통신사를 비롯하여 현대건설, GS건설, 대우건설, 롯데건설 등 건설사, 그리고 대한항공, 제주항공, 티웨이항공 등 항공사까지 다양한 주체들이 참여하고 있습니다.

국토교통부는 버티포트vertiport 설계 기준을 만들기 시작했습니다. 버티포트는 UAM 기체를 위한 수직 이착륙장으로, 도시 내 거점 간 이동을 위한 택시 정류장이라고 이해하면 좋을 것 같습니다. 제주도에서도 버티포트 건설 후보지에 대한 검토와 기본계획을 수립하기 시작했다는 소식도 들려오고 있습니다.

드론은 단순히 작은 무인기에 그치지 않습니다. UAM과 관련하여, 국토교통부 차원에서 구성한 UAM 팀 코리아Team Korea의 구성을 보면 정말 많은 중앙부처와 지방자치단체, 여러 기업들, 학계 및 공공기관들 등 수많은 이들이 참여하는 것을 알 수 있습니다. 드론 관련 시장이 아직 당장 크게 열린 것은 아니지만, 유망한 미래 기술의 하나로서 그리고 앞으로 스마트 시티와 연결되는 부분이라는 관점에서 숲과 나무를 모두 보며 미래를 촘촘히 준비해 나가고 있는 상황입니다. 앞으로 계속해서 관련 법도 꾸준히 개선해 나가야 하며, UAM 기체 운항에 대한 부분, 인프라, 교통관제, 관련 부가서비스 등 많은 영역들을 포괄하고 있는 큰 시장이 될 수 있겠다는 생각이 듭니다.

마지막으로 생각합니다. '한국은 무엇에 강한가? 어디서 차별성을 가져가야 하는가?'에 대한 단상입니다. 우리는 ICT 기술에 강한 나라 중 하나입니다. 하지만 중국과 미국이 민간 상용 및 군사 방산과 관련한 드론 기술, 시장 경쟁력 모두 상당히 강력한 것 또한 사실입니다.

그럼에도 불구하고, 드론을 비롯한 미래 항공 모빌리티 관련 시장 전반에서 한국의 산업 경쟁력을 끌어 올려 나가야 하는 것도 분명한 과제입니다. 지금 단계에서는 저도 뚜렷한 답을 제시하기는 쉽지 않을 것 같습니다만, 그래도 우리나라가 어떤 포인트에서 드론과 저고도 항공 모빌리티라는 미래를 그려 나가야 할지에 대한 질문을 한번 던져보고 싶습니다.

기회를 잡는 것은 서핑에서 파도를 기다리는 것과 비슷하다고 생각합니다. 우리는 분명 ICT 관련 기술적 수준이 높은 국가입니다. 차분하게 미래를 잘 준비한다면 좋은 파도가 오는 기회가 분명 올 것이고, 전체 글로벌 밸류체인에서 우리만의 강점strength과 우리를 위한 자리market position가 분명 있을 것입니다. 우리가 포기하지 않는다면 말이죠.

더 치열해진 총성 없는
첨단 기술 전쟁

‖‖‖

　우리는 저명한 사람들이 모여서 미래를 걱정하는 영상을 종종 볼 경우가 있습니다. 혹자들은 지금 당장 하루 먹고사는 것도 힘들어 죽겠는데, 무슨 한가하게 미래나 걱정하고 앉았냐며 볼멘소리를 할 지도 모릅니다. 맞습니다. 현재도 중요합니다. 하지만, 미래는 우리 다음 세대를 위해서 중요합니다.

　미래는 불확실한 것이고, 위기는 늘 존재하며, 사회적인 어려움 들은 통상 맥락들과 행위 당사자들이 너무 복잡하게 얽혀있어 풀어 내기가 쉽지 않은 경우가 많습니다. 그렇지만 손 놓고 앉아 내리막 길로 가는 걸 보고 있을 수도 없는 노릇입니다. 경쟁은 국가 안에서 이뤄지지 않습니다. 기본적으로 국제정치에서는 '국가'라는 단위^{unit} 로 경쟁합니다. 이 총성 없는 전쟁은 각 사회의 사활을 걸고 머리를 싸매고 전략을 짜내야 하며, 그리고 그걸 실천해야 그나마 미래를 잘 준비하고 있다고 말할 수 있을 것입니다.

미래를 어떻게 준비해야 할까?
▶▶

우리는 국가의 미래와 경쟁력을 지키기 위한 전략들을 수립하는 데 있어서 여러 요소를 고려해야 합니다. 우선, 사람이 전부입니다. 인재 유치와 인력양성이 필수적입니다. 사람 없이 사회와 국가는 존재할 수 없습니다. 사람 없이 기술은 없습니다. 사람이 전부이고, 우리 사회는 좋은 사람을 키워내야 합니다. 이건 원론적으로는 대부분 동의하는 이야기일 것입니다. 그럼 어떻게 좋은 사람들을 양성할 수 있을까요?

이 질문을 답변하기 위한 실마리를 찾아보려면, 한발 더 깊이 들어가서 우리 사회의 아픈 부분을 짚어봐야 합니다. 좋은 사람을 양성하려면 좋은 사회 문화가 필요합니다. 우리는 '혁신innovation'을 너무 쉽고 안일하게 말하는 경향이 있습니다.

우리가 새로운 혁신을 정치적 수사에 그치는 것이 아니라, 진정으로 이루길 원한다면 뿌리부터 그리고 문화부터 통째로 바꿔낼 각오로 달려들어야 합니다. 다양성에 대한 사회적 관용 및 수용과 새로운 도전, 접근에 대한 허용이 없이는 불가능한 일입니다. 기존의 익숙한 방식을 고수한다면, 새로운 접근을 시도하기에 너무나도 사

딥테크 전쟁, 시장을 파괴하는 창조적 독재자들

회적인 허들이 높을 것입니다.

우리는 평소 '혁신'을 너무나 쉽게 말하는 사람들을 자주 보곤 합니다. 무슨 옳은 말 대잔치처럼 또는 오래된 기도 주문처럼 혁신을 되뇌는 사람들입니다. 그러나 혁신은 과거의 구습을 깨부숴야만 가능한 것입니다. 혁신은 우리가 아주 공격적으로 정반합을 통해 기존의 익숙한 문법을 뒤집어야 하고, 문제를 근본적이고 본질적으로 재구성해야만 달성할 수 있는 매우 어려운 작업입니다. 안락하게 얻어낼 수 있는 것이라면, 왜 다들 손쉽게 혁신을 이루지 못했을까요? 왜 아주 극소수의 집념 있고 깊이 있게 근본적으로 문제에 천착한 사람들만이 혁신을 만들어 냈겠습니까?

인류 역사에서 혁신을 방해하는 요소들은 수많은 집단주의와 권위 의식, 안일한 현상 유지와 같은 정체된 조직 문화였습니다. 과거 소련의 과학자들은 미국에 비해 부족한 자원적 열세와 매우 열악한 환경에서도 고군분투하며 원천기술을 개발하고, 냉전 시기 미국과의 우주 경쟁에서 애꿎게 희생되는 경우도 많았습니다. 많은 과학자들이 극심한 스트레스와 위험한 환경에 노출되었으며, 때로는 정치적 압력과 자원 부족으로 인해 애꿎게 희생되는 경우도 있었습니다. 소련의 과학 및 기술 개발은 종종 정부의 엄청난 기대와 압박 아래 이루어졌으며, 실패했을 때는 과학자들이 그 책임을 져야 했던 경우가 많았습니다(물론, 그 불모지 같은 상황 속에서도 엄청난 혁신을 만들어내고 성과를 끌어낸 불세출의 영웅들도 분명 있었습니다).

1997년, 스티브 잡스가 직접 내레이션을 넣은 버전이 있었던 애플 광고처럼 '다르게 생각think different'하는 그리고 자신만의 길을 개척해 나가는 사람들의 다양한 길을 우리 사회가 응원할 수 있어야 합니다. 이건 사람들 의식에 뿌리 깊게 자리한 문화적인 요소이므로, 개선하는 데 상당히 오랜 시간이 걸리는 일입니다.

미래 산업의 핵심 경쟁력은 뛰어난 인재들로부터 나온다는 건 두 말하면 입 아픈 소리입니다. 이를 위해 정부와 민간 기업은 협력하여 교육과 훈련 프로그램을 강화하고, 글로벌 인재를 유치하는 전략을 세워야 합니다. 다행히도 우리의 제도적인 틀은 잘 갖춰진 편입니다. 첨단 기술 분야의 경우, 결국 '기술력을 갖춘 인재'가 혁신을 도모할 중요한 조건 중 하나입니다. 단기에 될 일은 아니지만, 새로운 세대의 과학자와 엔지니어를 양성하는 것이 중요합니다. 아울러 말하기와 글쓰기 교육을 통해 서로 생각을 나누고, 문제 상황들에 대해 합리적으로 토론하는 문화를 형성해 타협점을 만들어 나가고, 다양하고 새로운 아이디어들을 사회적으로 너그럽게 수용할 수 있는 문화도 형성되어야 합니다.

양적 성장을 기반으로 질적 성숙이 필요한 때
▶▶

한 걸음 더 들어가서 본질적인 문제들을 생각해 보려는 노력들도 이어져야 합니다. 왜 공부를 잘하고 뜻이 있으면 미국에서 공부하고 미국 회사에 가려고 할까요? 왜 한국에서 학생들이 같은 점수면

딥테크 전쟁, 시장을 파괴하는 창조적 독재자들

공대가 아니라 의대로 가는 선택을 하게 될까요? 왜 학생들이 전자 공학^{EE}보다 컴퓨터 공학을^{CS} 전공해서 소프트웨어 개발을 선호할까요? 기초 과학에서 경쟁력을 키우려면 어떻게 해야 할까요? 한국은 다른 선도 그룹과 대비하여 어느 부분에서 경쟁력과 차별성을 가져야 할까요? 왜 한국 IT업계는 일본 IT업계보다 외국 인재들에게 매력이 덜할까요? 이런 질문들에 우리 사회가 대답할 준비를 해야 하지 않나 싶습니다.

시민들이 이런 문제에 관심을 가지고, 정치인들에게 이런 상황들에 대한 답을 요구해야, 우리 사회에서 이 문제를 제도적으로 풀기 위한 제대로 된 논의들이 이어질 것입니다. 수박 겉핥기식, 보여주기식은 곤란합니다. 그런 것들은 다 티가 나고, 오래 못 가고, 효과도 없을 확률이 높겠죠. 제도적 인센티브를 주든, 무형의 가치나 노력을 하든, 적극적으로 글로벌 수준에서 좋은 인재들을 끌어오고, 국내에서도 좋은 인재들을 키우는 투 트랙 전략을 써야 합니다. 물론 한국 정부와 기업에 계신 분들이 이에 대한 노력을 많이 기울이는 건 잘 알고 있습니다. 다만, 사회적으로도 충분하게 많은 구성원들이 이런 부분에 대한 필요성을 인지하고, 공론장에서 대화를 더 많이 해야 한다는 의미입니다.

또한 연구개발^{R&D}과 기술 고도화가 필수적입니다. 이는 기업들이 지속적으로 혁신하고 경쟁력을 유지할 수 있게 하는 핵심 요소입니다. 정부는 기업들이 혁신적인 기술을 개발할 수 있도록 세제 혜택, 연구비 지원, 규제 완화 등의 정책을 통해 R&D를 적극적으로 지원해야 합니다. 특히, 중소·중견 기업과 스타트업이 R&D에 투자할 수 있는 환경을 조성하는 것이 중요합니다. 개방형 혁신 차원에서 대기업과 중소기업, 중견기업, 스타트업들이 협력하여 새로운 기술을 개발하고, 이를 상용화하는 과정에서 스케일업 할 수 있는, 보다 실질적인 지원이 절실합니다.

더 나아가, 글로벌 시장 진출을 목표로 삼아야 합니다. 글로벌 시장은 국내 시장보다 훨씬 큰 잠재력을 가지고 있으며, 성공적인 글로벌 진출은 기업 성장에 큰 기여를 할 수 있습니다. 이를 위해서는 정부와 민간이 함께 노력해야 합니다. 특히 테슬라와 스페이스X의 사례처럼, 민간 기업과 정부 기관이 협력하여 시너지를 창출하는 것이 중요합니다. 미국의 에너지부DoE와 NASA가 스페이스X의 성장을 도왔던 것처럼, 정부의 정책적 지원과 기업의 혁신이 결합될 때 글로벌 시장에서의 성공 가능성이 커질 것입니다.

마지막으로, 이러한 모든 과정은 민관 협력을 통해 함께 협력하는 생태계를 키우면서 나아가야 합니다. 정부는 적절한 규제와 지원을 제공하고, 기업은 이를 바탕으로 혁신을 추구하며, 함께 시너지를 만들어야 합니다. 이 과정에서 다양한 이해관계자들이 참여하는 공론장을 형성하고, 사회적 합의를 이끌어 내는 것이 필요합니다. 정부와 기업이 함께 노력하여 인재를 양성하고, 기술을 고도화하며, 글로벌 시장에서 경쟁력을 키워 나가는 것이 앞으로의 미래를 준비하는 것이라는, 교과서 같은 말이지만 한번 짚어보고 넘어가야 하는 부분인 것 같습니다.

딥테크 전쟁, 시장을 파괴하는 창조적 독재자들

한국은 다른 국가들과 비교해도 제도적으로 비교적 잘 돼있는 편입니다. 하지만, 공공이 민간을 끌어가는 형태 외에도 민간에서 주도적으로 혁신을 이룰 수 있도록 환경을 조성해 줬는지도 곰곰이 한번 생각해 보면 좋겠습니다. 이 문제에 있어서 이러한 혁신 제도의 수요자인 기업들 입장에서 우리가 진짜 고민을 해본 것이긴 한지 자문해 볼 때인 것 같습니다.

그동안의 국가적 노력과 기업들의 노력이 헛되었다는 뜻이 아닙니다. 하지만, 이제는 제대로 정면 승부를 해야 하는 절체절명의 상황입니다. 한국의 체급에서 더 올라가서 경쟁력을 갖추려면, 이제 진짜 어려운 싸움이 될 것입니다. 제대로 한번 글로벌과 붙어봐야 하는 때입니다. 우리가 앞으로 제대로 잘해 보려면 어디서부터 어떻게 변화를 꾀해야 하는지, 뼈아프게 한 번 제대로 돌아봐야 할 것입니다.

글로벌 경쟁은 이제 시작입니다. 한국은 GDP로 치면 세계 15위 안에는 드는 경제 규모를 갖췄습니다. 이제 아무도 한국을 개발도상국으로 보지 않습니다. 1인당 GDP로 봐도 한국은 선진국 문턱에 와 있는, 혹은 선진국에 막 진입하는 단계의 국가입니다. 경쟁은 한국 안에서 하는 게 아니라, 글로벌에서 제대로 맞붙어야 합니다. 우리 사회는 이에 대한 준비가 충분히 되었을까요? 우리는 분명 지난 20세기 동안 엄청난 양적 성장을 이뤘습니다. 하지만 이제는 질적 성숙이 필요한 때인 것 같습니다. 숙성된 경험을 쌓아야 하고, 아주 세세한 전략들이 필요합니다. 치열하고 세세하게 파고 들어가서,

다면적인 여러 전장에서 우리만의 강점과 기술 경쟁력을 쌓아 올리는 장기적인 전략과 노력을 기울여야 합니다. 진짜 승부는 이제 시작입니다.

기술 경쟁력은 좋은 인재로부터 나온다
▶▶

한 국가의 기술 경쟁력은 국력의 여러 요소 중 하나입니다. 그리고 이러한 기술과 경쟁력은 인재들이 모여 좋은 경험을 축적해 나가는 데에서 시작됩니다. 기술 경쟁력을 강화하기 위해서는 다양한 요소들이 조화를 이뤄야 합니다. 무엇보다도, 각 분야에서 자신만의 전문성을 발휘할 수 있는 인재들이 많아져야 합니다.

이러한 인재들이 의료나 법률 같은 전통적으로 안정적인 사회경제적 지위가 보장되는 것으로 알려진 분야만이 아니라, 과학, 공학, 기술, 수학 분야science, technology, engineering, and mathematics; STEM로도 많이 진출할 수 있어야 합니다. 이는 사회가 물질적 성공만을 추구하는 가치관에서 벗어나, 각 개인이 자신만의 길을 찾고, 차별화된 전문성을 키워 나갈 수 있는 환경을 제공할 때 가능합니다. 또한, 그 과정에서 자신이 하는 일이 단순히 생계 수단이 아닌, 사회에 기여할 수 있다는 사명감도 함께 가질 수 있어야 하지 않을까요?

이런 변화는 단순히 개인의 선택과 가치관에서만 끝나는 것이 아니라, 교육과 사회 구조 전반에 걸쳐 큰 영향을 미칩니다. 우선,

'왜?'라는 질문을 던지고 깊이 있게 토론하는 문화가 자리 잡아야 합니다. 학생들이 정해진 답을 찾는 것에만 익숙해지는 것이 아니라, 문제를 다양한 관점에서 분석하고, 비판적으로 사고하며, 이를 바탕으로 글을 쓰고 논리적으로 자신의 생각을 표현하는 능력을 길러야 합니다. 우리는 아직도 20세기 초반 형성된 학교 시스템에서, 20세기 산업화 시기의 일방향적 강의와 암기 및 숙달 반복 체계를 가지고 있습니다.

물론 어떤 부분에 있어서는 교육이라는 측면에 있어 강의 내용에 대한 이해와 더불어 필수적인 암기사항도 존재할 것입니다. 하지만, 우리 사회는 자신의 생각을 자유롭게 말과 글로 표현하고, 서로 간의 생각을 존중하면서 건강하게 토론하고, 이를 통해 사회적 합의를 도출하는 경험에 대해 큰 가치를 느끼지 못하거나 너무나 인색하게 교육 과정을 구성했던 경향이 있었던 것 같습니다. 앞으로는 새로운 관점에서 바라보고, 서로의 생각을 전하는 교육 과정들이 더 많아지기를 희망해 봅니다. 이는 장기적으로 단단한 기술 혁신의 기초가 될 것입니다.

기술의 발전은 단순히 새로운 제품이나 서비스의 개발에 그치지 않고, 사회 전반에 걸쳐 큰 영향을 미칩니다. 따라서, 기술이 사회에 미칠 영향에 대해 진지하게 고민하고 논의하는 사회적 공론장이 형성되는 것이 중요합니다. 이러한 공론장은 단지 전문가들만의 토론이 아니라, 다양한 경험과 배경을 가진 사람들이 참여해 기술의 방향성과 윤리적 측면까지 함께 고려할 수 있어야 합니다. 이는 기술 발전이 사회적 가치와 조화를 이룰 수 있도록 돕고, 불필요한 갈등을 예방하는 데 기여할 것입니다.

결국, 혁신은 '좋은 사람들'이 모여서 이루어집니다. 여기서 '좋은'이란 단순히 기술 개발 역량이 뛰어난 사람들만을 의미하는 것이 아닙니다. 서로 다른 배경과 역량을 가진 사람들이 모여, 기존의 문제들을 새로운 관점에서 바라보고, 남들이 놓쳤던 해결책을 찾기 위해 함께 노력할 때 진정한 혁신이 발생합니다. 이 과정에서 상당한 시간도 소요되고, 시행착오들도 경험하겠지만, 이러한 시도가 쌓일수록 사회적 합의social consensus를 이뤄 나가는 경험적 자산이 될 것입니다.

새로운 것에 대한 호기심은 우리를 본질로 다가가게 하는 중요한 동력이 됩니다. 하지만 우리가 사회의 본질적 문제에 대한 깊이 있는 탐구를 충분히 이어가고 있는지 자문해 볼 필요가 있습니다. 현대 사회는 다양한 문제들로 복잡하게 얽혀있지만, 여러 문제 중 많은 것이 표면적인 관심만 받거나 쉽게 소비되는 트렌드로 치부되곤 합니다.

본질적인 문제를 다루는 것은 표면적인 현상 너머의 구조적 원인을 탐구하는 것에서 시작됩니다. 사회적 불평등, 환경 위기, 인간성의 위기 등 우리 시대의 중요한 문제들은 얕은 표면적인 관심만으로는 해결될 수 없으며, 깊은 천착과 꾸준하게 본질로 파고드는 자세를 필요로 합니다. 대중의 관심이 새로운 단기 이슈나 트렌드로만 쏠릴 때, 정작 다루어야 할 근본적인 문제들은 아래로 가라앉아 모래 밑에 가려져 있을지도 모릅니다. 따라서 우리는 새로운 것에 대한 호기심을 잃지 않고, 사회적 문제의 본질을 들여다보고자 노력해야 합니다.

국가의 기술 경쟁력을 강화하기 위해서는 단지 뛰어난 기술만이 아니라, 기술을 뒷받침하는 다양성, 새로움, 그리고 호기심이 지속적으로 발현될 수 있는 환경이 뒷받침되어야 합니다. 이는 교육, 사회 구조, 그리고 개인의 가치관까지 모든 측면에서 균형 있게 변화가 이뤄질 때 가능합니다. 그렇게 될 때 국가 전체의 혁신 역량이 높아지며, 이는 결국 기술 경쟁력으로 이어지게 될 것입니다.

감 사 의 글 ||||||||||||||||||||||||||||||||||||||||||||||||||||||||||||||||||||||||||||||||||||||||||||||||||||

이번 작업은 개인적으로 그간의 성장 과정을 돌아볼 수 있는 좋은 기회였습니다. 저는 어린 시절부터 책과 글에 대한 남다른 애정이 있었습니다.

시작은 초등학교 3학년 때였습니다. 수업 시간에 퀴즈들이 담긴 낱말 퍼즐 세션이 있었는데, 몇 문제를 못 풀었습니다. 그 문제의 답이 왠지 학교 도서관에 있을 것 같아서 쉬는 시간에 처음으로 학교 도서관에 갔던 기억이 있고, 책에서 필요한 답도 찾은 기억이 납니다. 지금은 정확히 무슨 문제였는지는 기억나지 않지만, 그때 도서관에서 서성였던 책장이 300번대 아니면 400번대였던 어렴풋한 기억은 있어서 아마 사회과학 또는 자연과학 관련 내용이지 않을까 싶기도 합니다.

딥테크 전쟁, 시장을 파괴하는 창조적 독재자들

초등학교 4학년 때에는 책을 읽고 독후감을 쓰면 교실 문에 붙인 포스터에 선생님이 스티커를 하나씩 붙여주셨습니다. 스티커를 쌓아가는 데 재미를 붙이면서 이때부터 도서관에 밥 먹듯이 들락거리게 되었습니다. 이때 처음으로 학년 대표로 운동장 조회에서 교장 선생님께 상을 받았던 것 같습니다.

초등학교 5학년과 6학년 때는 매달 '주제풀이'라는 것이 있어서, 일정 주제에 대해 글을 써서 내면, 상을 주는 프로그램이 있었습니다. 컴퓨터에 나름대로 열심히 써서 프린터로 인쇄해 가던 기억이 납니다. 이때부터 의무로 써야하는 일기 외에 사회에 대한 이야기를 쓰는 중수필을 처음으로 썼던 것 같습니다.

초등학교 6학년이었던 2001년에는 9.11 테러를 뉴스로 보고 충격에 빠졌던 기억이 납니다. 실제 비행기가 건물에 충돌하는 장면이 머릿속에 잔상으로 깊게 남았던 것 같습니다. 이후에 아프가니스탄 전쟁과 오사마 빈 라덴Osama Bin Laden에 대해 주목하면서 국제정치에 대한 관심이 깊어지게 됩니다. 중학교 때에는 빌 클린턴Bill Clinton 미국 전 대통령이 쓴 자서전을 보면서 종이책을 출간하는 것에 대해 막연한 동경을 하기도 했습니다.

학부에서는 제가 가장 좋아하는 학문 분야인 정치학political science을 전공으로 삼게 됩니다. 석사 시절에는 국가 간 분쟁과 내전, 선거 등의 주제에 관심이 많았고, 체계적인systematic 과학적 접근approach를 배우는 방법론methodology 수업도 좋아했습니다. 제가 석사를 하던 2014~2015년에도 미국에서 '중국이 미국을 따라잡을 수 있을까?'

라는 세력전이이론power transition theory 관련 논의들은 있었으나, 지금 수준의 노골적인 미·중 패권 경쟁, 특히 기술 패권 경쟁이 이렇게 심화될 지는 미처 상상하지 못했습니다.

사회생활을 본격적으로 시작한 2016년부터 IT 기술에 대해 관심을 많이 갖게 됩니다. 이는 많은 빅테크들이 미국과 중국에서 등장하고, 세상에 막대한 영향력을 끼치기 시작한 점을 주목했기 때문입니다. 인간 사회의 자원을 투입, 분배하고, 가치를 창출하는 일에 언젠가부터 빅테크들이 스멀스멀 조금씩 지분을 넓히는 상황들이 보였습니다. 이러한 상황에 대해 일반 시민들도 이러한 빅테크들의 막대한 사회적 영향력에 대해 충분히 관심을 가져야 한다고 생각했습니다.

아무래도 저는 기술로 세상을 이롭게 한다는 가치에 매력을 느낀 것 같습니다. 과학과 공학이 세상의 문제들을 풀어가는 것이 신기했습니다. 기술이 결코 만능은 아니지만, 그래도 기술을 통해서 조금이나마 세상의 발전과 긍정적인 변화에 기여할 수 있다면 좋겠다는 마음을 조금씩 키워 나갔습니다.

그러면서 일반 시민들이 어렵고 딱딱하게만 생각하는 기술을 어떻게 하면 쉽게 설명해서, 우리 사회에서 여러 기술 수용에 관한 공론장을 형성할 수 있을지 생각했습니다. 제가 내린 답은 제가 할 수 있는 수준에서 조금씩 글을 써서 세상에 메시지를 남겨보자는 것이었습니다.

저는 스티브 잡스를 이을 혁신가로 일론 머스크를 떠올립니다.

일론 머스크란 인물의 삶에 관심을 가지고 2022년 8월부터 11월까지 4개월 남짓한 기간 동안 일론 머스크에 대한 10편의 글을 총 5만 자 정도로 연재하기도 했습니다. 브런치스토리brunch Story에서 활동하던 저를 먼저 발굴해 주시고, 전담 편집자님을 붙여주셔서 여러모로 지원해 주신 온라인 논픽션 연재 플랫폼 파이퍼piper와의 인연 덕분에 무사히 연재를 완료할 수 있었습니다. 이 자리를 빌어 감사의 말씀을 다시 한 번 전합니다. 개인적으로 스페이스X와 테슬라 두 기업에 거는 기대가 큽니다. 일론의 기행과 기업의 금전적인 가치를 떠나서 스페이스X와 테슬라가 인류에게 제시하는 이상적인 비전과 꿈이 좋았습니다.

저는 어린 시절, 길거리에 돌아다니는 차 이름을 줄줄 외우고 다닐 정도로 차를 무척 좋아했습니다. 지금 이렇게 모빌리티에 주목하는 것도 어쩌면 이런 어릴 적 기억에서 시작된 것인지도 모르겠습니다. 좋은 기회로 딥테크 스타트업을 지원하는 업무를 수행하게 되면서, 국내 여러 딥테크 스타트업 분들과 함께 성장할 수 있는 기회가 5년째 이어지고 있습니다. 덕분에 새로운 경험들을 많이 했고, 제가 성장할 수 있는 기회가 되었으니 감사한 일입니다.

마블Marvel의 캐릭터인 아이언맨Iron Man의 소신인 '기술이 세상을 이롭게 한다'는 생각에 대해서, '아이언맨의 긍정적인 태도는 취하되 잠재적인 위험 요소나 사회적 수용 범위에 대해서는 충분한 사회적 논의가 필요하다'는 것이 평소 저의 지론입니다. 이러한 차원의 연장선상에서 제가 평소 가지고 있던 생각들을 정리하고, 관심 있는 기술 분야를 학습한 후에 이를 정리해서 쉽게 풀어 설명하는 작업을 하기 위해서, 2021년부터 '드라이트리'라는 필명으로 IT 기술 관련 주제를 잡고, 블로그 플랫폼인 브런치스토리를 시작했습니다.

2024년 7월 기준으로 누적 120편 이상의 글을 브런치스토리에 남겼습니다. 1편당 1,000자로만 계산해도 3년간 쓴 글의 양이 12만 자가 넘습니다. 이번 책 원고를 쓰면서 15만 자 이상의 문자를 꾹꾹 눌러 적은 것 같습니다. 짧은 기간 동안 꽤나 집중해서 그리고 마음속에서부터 다시 뜨겁게 열정을 끌어올리고, 최선을 다해 이 주제를 팠습니다. 돌아보면 무척 몰입했던 것 같습니다. 제가 엄청나게 좋아하는 주제이고, 사람들에게 전하고 싶은 주제였으니까요. 글 쓸 구상과 계획을 하고, 글에 필요한 자료들을 미친듯이 탐독하고, 최대한 온전히 몰입하기 위해 애써 온 마음을 모아 수양하는 마음으로, 글에만 집중해 보려 애쓰며 글을 한 자 한 자 적어 나갔습니다. 정말 엄청난 경험을 한 것 같습니다. 뿌듯하고, 짜릿합니다.

앞서 꺼낸 브런치스토리 얘기로 다시 돌아가면, 오픈AI의 샘 올트먼Sam Altman의 "하루는 길지만, 10년은 짧다"라는 말을 변용해서 하루하루는 길고 힘들 수 있어도, 지나고 나서 돌아보는 3년은 빠르게 시간이 흐른 것 같습니다. 〈더 베어The Bear〉라는 미드에 나오는 "Every second counts(모든 순간이 중요하다)"라는 말처럼, 샘은 절대 헛되게 하루하루를 살면 안 되고, 제대로 된 목표 방향으로 가고 있는지, 스스로 끊임없이 점검해야 한다는 걸 강조했습니다. 방향성의 중요함을 말한 것이었습니다. 개인적으로는 꾸준히 글을 쓴 것에 대해 뿌듯함을 느낍니다. 브런치스토리를 통해 TV 방송에도 세 번 정도 출연할 기회가 있었고, 여러 좋은 기회들이 있었습니다. 감사한 일입니다.

2024년 7월에 좋은 기회로 시크릿하우스 전준석 대표님께서 우연히 제 브런치스토리를 보시고 먼저 연락을 주셨습니다. 처음에는 어떻게 글을 써 나갈지 조금 걱정도 됐지만, 막상 만나서 얘기를 나눠보니 재미난 이야기를 쓸 수 있겠다는 확신이 생겨났습니다. 황혜정 편집부장님께서도 편집과 출판 진행 전반을 꼼꼼히 잘 챙겨주셔서 마음 깊이 감사드린다는 말씀을 전합니다.

원고를 쓰면서 끊임없이 머릿속에서 구상하고, 문장을 하나하나 고치면서, 많은 시간과 에너지를 썼습니다. 때때로 내적 고통에 몸부림치며 '내가 이걸 왜 시작한다고 했지?'라고 끙끙거리면서 부정적인 마음이 들 때마다 황혜정 부장님께서 메일을 통해 따뜻하게 응원해 주셨던 메시지를 떠올리며, '일단 해보자just do it'는 마음으로 '재미있는 밝은 미래를 꿈꾸며' 원영적 사고를 하려 애썼습니다.

저를 응원해 주시는 여러분들 덕분에 첫 종이책 집필을 잘 진행할 수 있었습니다. 많이 배웠습니다. 다시 한번 감사의 인사를 드립니다. 이번이 끝이 아니고, 작은 시작이라고 생각합니다. 앞으로도 꾸준하게 글을 써나가도록 더욱 정진하겠습니다.

그리고 그 누구보다 아내에게 가장 고마움이 큽니다. 제가 이렇게 시간을 내어 글을 쓸 수 있게 응원해 주고, 집필하는 상황을 이해해줘서 너무나 감사한 마음입니다. 사실 제가 쓰는 거의 모든 글의 첫 번째 독자이자 최고의 리뷰어는 제 아내입니다. 브런치스토리를 시작해 보라고 권유한 것도 아내였습니다. 아내와 함께하면 언제나 재미있고, 아내에게 좋은 기운을 받을 수 있으며, 아내와 생각이 잘 통해서 행복합니다. 아내는 제가 살아가는 가장 중요한 이유이자, 삶의 원동력입니다. 늘 함께 할 수 있어서 감사한 마음입니다.

아울러 가족들에게도 감사 인사를 전하고 싶습니다. 무엇보다 엄마와 아빠의 헌신적인 육아가 없었다면 저는 이 자리에 존재하지 않을 것이기 때문입니다. 잘 키워주셔서 감사합니다. 묵묵히 자신의 길을 찾아 나아가고 있는 동생에게도 애정 어린 격려와 감사의 마음을 전하고 싶습니다. 부모님은 제가 처음 브런치스토리를 개설했을 때부터 관심을 가져주셨고, 모빌리티 관련 글과 영상들도 꼼꼼히 챙겨봐 주셨습니다. 언제나 감사드립니다. 오래오래 건강하세요.

회사분들의 도움도 컸습니다. 기업들에 대한 이야기를 구상하게 된 것은 오래전 머릿속에서 있던 다소 모호한 아이디어였습니다. 이 구상을 세상에 어떻게 구현해야할지 막연했던 것 같습니다. 기술과 특허, 창업, 투자 등 기술사업화의 여러 주제들에 대한 이해도를 높이고 여러 경험을 쌓을 수 있었습니다. 회사에서 일하면서 여러 이야기들을 나누고, 함께 좋은 스토리들을 만들어 나가는 시간을 가지고 있습니다. 때로는 고단하기도 하고, 막막할 때도 많았지만, 함께 아이디어를 활발하게 소통하며 추억이 된 순간들도 분명 있었습니다. 감사합니다. 치열한 주변 환경에 굴복하지 않고, 최선을 다해 몰입하여, 최상을 지향하는 경험들을 쌓아가려 애쓰고 있습니다. 앞으로도 좋은 태도와 겸손한 첫 마음을 마음속에 안고, 끊임없이 진화하며 꾸준하게 좋은 모습을 건강하게 이어나갈 수 있도록 정진해 보겠습니다.

그리고 무엇보다 우리 초격차 멤버분들께 특별한 감사 인사를 전하고 싶습니다. 함께 일할 수 있어서 행운이라고 생각합니다. 늘 감사합니다. 원팀으로 함께 일하며 호흡과 케미를 잘 맞춰나가고 있어 감사한 마음입니다. 어떤 어려움도 함께하면 극복할 방법이 언제나 생긴다고 생각합니다. 앞으로도 지금처럼 함께 국내 딥테크 스타트업분들의 스케일업과 글로벌 진출을 미력하나마 도울 수 있었으면 좋겠습니다.

2024년 7월에 영화 〈인사이드 아웃 2〉를 볼 기회가 있었습니다. 인간의 머릿속 감정을 탐구하는 영화인데, 1편은 무려 2015년에 나왔습니다. 후속작 한 편을 만드는데 꼬박 10년이라는 시간이 걸린 셈입니다. 긴 시간 꾸준하게 무언가를 해나가는 일만큼 존경respect할 만한 일이 또 없는 것 같습니다.

무엇보다 영화를 만드는데 조금이라도 기여한 수백 명의 이름을 엔딩크레딧에 꾹꾹 눌러 담은 것이 인상적이었습니다. 종이라는 공간에 활자를 통해 글을 적어 나가는 일 역시 제가 주도적으로 한 일이나, 저 혼자만의 성과나 결과물은 아닙니다. 지면에 다 적지 못했지만, 제가 살아오는 동안 인생의 여러 경험들 속에서 직간접적인 도움을 주신 여러분께 감사 인사드립니다. 아울러 이번 작업에 대해 애정 어린 피드백과 코멘트를 통해 응원해 주신 많은 분들께도 감사 인사를 전합니다.

그리고 무엇보다 여기까지 이 책을 끝까지 읽어주신 독자 여러분께도 감사의 말씀을 드립니다. 애정을 담은 피드백은 언제나 환영입니다. 좋은 글들로 다시 인사드릴 수 있도록 하겠습니다. 고맙습니다.

DEEP

TECH

WAR

딥테크 전쟁
시장을 파괴하는 창조적 독재자들
▶ 전기차, 자율주행, 우주 개발, 드론 편

초판 1쇄 인쇄 | 2024년 12월 4일
초판 1쇄 발행 | 2024년 12월 18일

지은이 | 이재훈(드라이트리)
펴낸이 | 전준석
펴낸곳 | 시크릿하우스
주소 | 서울특별시 마포구 독막로3길 51, 402호
대표전화 | 02-6339-0117
팩스 | 02-304-9122
이메일 | secret@jstone.biz
블로그 | blog.naver.com/jstone2018
페이스북 | @secrethouse2018
인스타그램 | @secrethouse_book
출판등록 | 2018년 10월 1일 제2019-000001호

ⓒ 이재훈, 2024

ISBN 979-11-988257-6-6 03320